Joana d'Arc

MÉDIUM

Léon Denis

Joana d'Arc

MÉDIUM

Suas vozes, visões, premonições — Seu modo de ver atual expresso em mensagem

Dói-me ver que os franceses disputam entre si minh'alma.
JOANA

FEB

Copyright © 1944 *by*
FEDERAÇÃO ESPÍRITA BRASILEIRA – FEB

24ª edição – Impressão pequenas tiragens – 1/2025

ISBN 978-85-7328-885-8

Título do original francês:
Jeanne d'Arc Médium

Todos os direitos reservados. Nenhuma parte desta publicação pode ser reproduzida, armazenada ou transmitida, total ou parcialmente, por quaisquer métodos ou processos, sem autorização do detentor do *copyright*.

FEDERAÇÃO ESPÍRITA BRASILEIRA – FEB
SGAN 603 – Conjunto F – Avenida L2 Norte
70830-106 – Brasília (DF) – Brasil
www.febeditora.com.br
editorial@febnet.org.br
+55 61 2101 6161

Pedidos de livros à FEB
Comercial
Tel.: (61) 2101 6161 – comercial@febnet.org.br

Adquirindo esta obra, você está colaborando com as ações de assistência e promoção social da FEB e com o Movimento Espírita na divulgação do Evangelho de Jesus à luz do Espiritismo.

Dados Internacionais de Catalogação na Publicação (CIP)
(Federação Espírita Brasileira – Biblioteca de Obras Raras)

D395j   Denis, Léon, 1846–1927

          Joana d'Arc médium: suas vozes, visões, premonições: seu modo de ver atual expresso em mensagem. / Léon Denis; [tradução de Guillon Ribeiro]. – 24. ed. – Impressão pequenas tiragens – Brasília: FEB, 2025.

          268 p.; 23 cm – (Coleção Léon Denis)

          Tradução de: *Jeanne d'Arc Médium*

          ISBN 978-85-7328-885-8

          1. Joana d'Arc, Santa, 1412–1431 – Interpretações espíritas. 2. Mediunidade. 3. Espiritismo. I. Ribeiro, Luís Olímpio Guillon, 1875–1943. II. Federação Espírita Brasileira. III. Título. IV. Coleção.

                                           CDD 133.9
                                           CDU 133.7
                                           CDE 90.02.00

Sumário

Introdução 7

Primeira parte
VIDA E MEDIUNIDADE DE JOANA D'ARC

I	Domremy	19
II	A situação em 1429	23
III	Infância de Joana d'Arc	27
IV	A mediunidade de Joana d'Arc.	33
V	Vaucouleurs	67
VI	Chinon, Poitiers, Tours	71
VII	Orléans	81
VIII	Reims	89
IX	Compiègne	97
X	Rouen: a prisão	103
XI	Rouen: o processo	107
XII	Rouen: o suplício	125

Segunda parte
AS MISSÕES DE JOANA D'ARC

XIII	Joana d'Arc e a ideia de pátria	135
XIV	Joana d'Arc e a ideia de humanidade	145

XV	Joana d'Arc e a ideia de religião	151
XVI	Joana d'Arc e o ideal céltico	171
XVII	Joana d'Arc e o Espiritualismo Moderno; as missões de Joana	187
XVIII	Retrato e caráter de Joana d'Arc	203
XIX	Gênio militar de Joana d'Arc	219
XX	Joana d'Arc no século; seus admiradores, seus detratores	235
XXI	Joana d'Arc no estrangeiro	251

Conclusões 265

Introdução

Nunca a memória de Joana d'Arc foi objeto de controvérsias tão ardentes, tão apaixonadas, como as que, desde alguns anos, se vêm levantando em torno desta grande figura do passado. Enquanto de um lado, exaltando-a sobremaneira, procuram monopolizá-la e encerrar-lhe a personalidade no paraíso católico, de outro, por uma tática, ora brutal com Thalamas e Henri Bérenger, ora hábil e erudita, servida por um talento sem-par, com Anatole France, esforçam-se por lhe amesquinhar o prestígio e reduzir-lhe a missão às proporções de um simples fato episódico.

Onde encontraremos a verdade sobre o papel de Joana d'Arc na história? A nosso ver, nem nos devaneios místicos dos crentes, nem tampouco nos argumentos terra a terra dos críticos positivistas. Nem estes nem aqueles parecem possuir o fio condutor, capaz de guiar-nos por entre os fatos que compõem a trama de tão extraordinária existência. Para penetrar o mistério de Joana d'Arc, afigura-se-nos preciso estudar, praticar longamente as ciências psíquicas, haver sondado as profundezas do Mundo Invisível, oceano de vida que nos envolve, onde emergimos todos ao nascer e onde mergulharemos pela morte.

Como poderiam compreender Joana escritores cujo pensamento jamais se elevou acima do âmbito das contingências terrenas, do horizonte estreito do mundo inferior e material, e que jamais consideraram as perspectivas do Além?

Há cinquenta anos, um conjunto de fatos, de manifestações, de descobertas, projeta luz nova sobre os amplos aspectos da vida, pressentidos desde todos os tempos, mas sobre os quais só tínhamos até aqui dados vagos e incertos. Graças a uma observação atenta, a uma experimentação metódica dos fenômenos psíquicos, vasta e poderosa ciência pouco a pouco se constitui.

O Universo nos aparece como um reservatório de forças desconhecidas, de energias incalculáveis. Um infinito vertiginoso se nos abre ao pensamento, infinito de realidades, de formas, de potências vitais, que nos escapavam aos sentidos, algumas de cujas manifestações já puderam ser medidas com grande precisão, por meio de aparelhos registradores.[1]

A noção do sobrenatural se esboroa; mas a Natureza imensa vê os limites de seus domínios recuarem sem cessar, e a possibilidade de uma vida orgânica invisível, mais rica, mais intensa do que a dos humanos, se revela, regida por majestosas leis, vida que, em muitos casos, se mistura com a nossa e a influencia para o bem ou para o mal.

A maior parte dos fenômenos do passado, afirmados em nome da fé, negados em nome da razão, podem doravante receber explicação lógica, científica. São dessa ordem os fatos extraordinários que matizam a existência da Virgem de Orléans. Só o estudo de tais fatos, facilitado pelo conhecimento de fenômenos idênticos, observados, classificados, registrados em nossos dias, pode explicar-nos a Natureza e a intervenção das forças que nela e em torno dela atuavam, orientando-lhe a vida para um nobre objetivo.

* * *

Os historiadores do século XIX — Michelet, Wallon, Quicherat, Henri Martin, Siméon Luce, Joseph Fabre, Vallet de Viriville, Lanéry d'Arc, foram acordes em exaltar Joana, em considerá-la uma heroína de gênio, uma espécie de messias nacional.

Somente no século XX a nota crítica se fez ouvir e, por vezes, violenta. Thalamas, professor substituto da universidade, teria chegado ao ponto de qualificar de "ribalda" a heroína, conforme à acusação que lhe atiram certas folhas católicas? Ele se defende. Em sua obra *Jeanne d'Arc; l'histoire et la légende* (Paclot & C. editores) jamais sai dos limites de uma crítica honesta e cortês. Seu ponto de vista é o dos materialistas: "Não nos cabe

---

1   Ver *Annales des Sciences Psychiques*, ago./set./nov. 1907 e fev. 1909.

a nós", diz (p. 41), "que consideramos o gênio uma neurose, reprochar a Joana o ter objetivado em santas as vozes de sua própria consciência".

Todavia, nas conferências que fez através da França, foi geralmente mais incisivo. Em Tours, a 2 de abril de 1905, falando sob os auspícios da Liga do Ensino, recordava a opinião do professor Robin, de Cempuis, um de seus mestres, segundo quem Joana d'Arc nunca existira, não passando de mito a sua história. Thalamas, talvez um tanto constrangido, reconhece a realidade da vida de Joana, mas acomete as fontes em que seus panegiristas[2] beberam. Engendra amesquinhar-lhe o papel, sem descer a injuriá-la. Nada, ou muito pouco, teria ela feito de si mesma. Aos orleaneses, por exemplo, cabe todo o mérito de se haverem libertado.

Henri Bérenger e outros escritores abundaram em apreciações análogas, e o próprio ensino oficial como que se impregnou, até certo ponto, dessas opiniões. Nos manuais das escolas primárias, eliminaram da história de Joana tudo que trazia cor espiritualista. Neles não mais se alude às suas vozes; é sempre "a voz de sua consciência" que a guia. Sensível a diferença.

Anatole France, em seus dois volumes, obra de arte e de inteligência, não vai tão longe. Não tenta deixar de reconhecer-lhe as visões e as vozes. Aluno da Escola de Chartes, não ousa negar a evidência, ante a documentação que lhe sobeja. Sua obra é uma reconstituição fiel da época. A fisionomia das cidades, das paisagens e dos homens do tempo, ele a pinta com mão de mestre, com uma habilidade, uma finura de toque, que lembram Renan. Entretanto, a leitura de seu escrito nos deixa frios e desapontados. As opiniões que emite são às vezes falsas, por efeito do espírito de partido, e, coisa mais grave, sente-se, varando-lhe as páginas, uma ironia sutil e penetrante, que já não é história.

Em verdade, o juiz imparcial deve dar testemunho de que Joana, exaltada pelos católicos, é deprimida pelos livres-pensadores, menos por ódio do que por espírito de contradição e de oposição aos primeiros. A heroína, disputada por uns e outros, se torna assim uma espécie de joguete nas mãos dos partidos. Há excessos nas apreciações de ambos os lados, e a verdade, como quase sempre, equidista dos extremos.

O ponto capital da questão é a existência de forças ocultas que os materialistas ignoram, de potências invisíveis, não sobrenaturais e miraculosas, como pretendem, mas pertencentes a domínios da Natureza, que

---
2 N.E.: Elogiadores, louvadores.

ainda não exploraram. Daí, a impossibilidade de compreenderem a obra de Joana e os meios pelos quais lhe foi possível realizá-la.

Não souberam medir a enormidade dos obstáculos que avultavam diante da heroína. Pobre menina de 18 anos, filha de humildes camponeses, sem instrução, não sabendo o abecê, diz a crônica, ela vê contra si a própria família, a opinião pública, toda a gente!

Que teria feito sem a inspiração e sem a visão do Além, que a sustentavam?

Figurai essa campônia na presença dos nobres do reino, das grandes damas e dos prelados.

Na corte, nos acampamentos, por toda parte, simples vilã, vinda do fundo dos campos, ignorante das coisas da guerra, com seu sotaque defeituoso, cumpre-lhe afrontar os preconceitos de hierarquia e de nascimento, o orgulho de casta; depois, mais tarde, os chascos, as brutalidades dos guerreiros, habituados a desprezar a mulher, não podendo admitir que uma os comandasse e dirigisse. Juntai a isto a desconfiança dos homens da Igreja, que, nessa época, viam em tudo que é anormal a intervenção do demônio; esses não lhe perdoarão obrar com exclusão deles, malgrado a autoridade que se arrogavam, e aí estará, para ela, a causa principal de sua perda.

Imaginai a curiosidade malsã de todos e particularmente dos soldados, no meio dos quais, virgem sem mácula, tem que viver constantemente, suportando as fadigas, as penosas cavalgadas, o peso esmagador de uma armadura de ferro, dormindo no chão, sob a tenda, pelas longas noites do acampamento, presa dos acabrunhadores cuidados e preocupações de tão árdua tarefa.

Todavia, durante sua curta carreira, vencerá todos os obstáculos e, de um povo dividido, fragmentado em mil facções, desmoralizado, extenuado pela fome, pela peste e por todas as misérias de uma guerra que dura perto de cem anos, fará uma nação vitoriosa.

Eis aí o que escritores de talento, mas cegos, flagelados por uma cegueira psíquica e moral, que é a pior das enfermidades intelectuais, procuram explicar por meios puramente materiais e terrenos. Pobres explicações, pobres argúcias claudicantes, que não resistem ao exame dos fatos! Pobres almas míopes, almas de trevas, que as luzes do Além deslumbram e tonteiam! É a elas que se aplica esta sentença de um pensador: o que sabem não passa de um nada e, com o que ignoram, se criaria o Universo!

Coisa deplorável: certos críticos da atualidade como que experimentam a necessidade de rebaixar, de diminuir, de nulificar com frenesi tudo que é grande, tudo que paira acima de sua incapacidade moral. Onde quer que brilhe um luzeiro, ou uma chama se acenda, haveis de vê-los acorrer e derramar um dilúvio d'água sobre o foco luminoso.

Ah! como Joana, na ignorância das coisas humanas, mas com a sua profunda visão psíquica, lhes dá uma lição magnífica por estas palavras que dirigia aos examinadores de Poitiers e que tão bem quadram aos céticos modernos, aos pretensiosos Espíritos Superiores de nosso tempo: "Leio num livro em que há mais coisas do que nos vossos!".

Aprendei a ler nele também, senhores contraditores, e a conhecer os problemas a que aquelas palavras aludem; em seguida, podereis, com um pouco mais de autoridade, falar de Joana e de sua obra.

Através das grandes cenas da História, cumpre vejais passar as almas das nações e dos heróis.

Se souberdes amá-las, elas virão a vós e vos inspirarão. É esse o arcano do gênio da História. É isso o que produz os escritores pujantes como Michelet, Henri Martin e outros. Esses compreenderam o gênio das raças e dos tempos, e o sopro do Além lhes perpassa nas páginas. Os outros, Anatole France, Lavisse e seus colaboradores são áridos e frios, malgrado o talento, porque não sabem nem percebem a comunhão eterna que fecunda a alma pela alma, comunhão que constitui o segredo dos artistas de escol, dos pensadores e dos poetas. Sem ela, não há obra imperecível.

* * *

Fonte abundante de inspiração jorra do Mundo Invisível por sobre a Humanidade. Liames estreitos subsistem entre os homens e os desaparecidos. Misteriosos fios ligam todas as almas e, mesmo neste mundo, as mais sensíveis vibram ao ritmo da vida universal. Tal o caso da nossa heroína.

Pode a crítica atacar-lhe a memória: inúteis serão seus esforços. A existência da virgem de Lorena, como as de todos os grandes predestinados, está burilada no granito eterno da História, nada poderia esmaecer-lhe os traços. É daquelas que mostram com a evidência máxima, por entre a onda tumultuosa dos eventos, a mão soberana que conduz o mundo.

Para lhe surpreendermos o sentido, para compreendermos a potestade que a dirige, é mister nos elevemos até à lei superior, imanente, que preside ao destino das nações. Mais alto do que as contingências terrenas, acima da confusão dos feitos oriundos da liberdade humana, preciso é se perceba a ação de uma vontade infalível, que domina as resistências das vontades particulares, dos atos individuais, e sabe rematar a obra que empreende. Em vez de nos perdermos na balbúrdia dos fatos, necessário é lhes apreendamos o conjunto e descubramos o laço oculto que os prende. Aparece então a trama, o encadeamento deles; sua harmonia se desvenda, enquanto suas contradições se apagam e fundem num vasto plano. Compreende-se para logo que existe uma energia latente, invisível, que irradia sobre os seres e que, a cada um deixando certa soma de iniciativa, os envolve e arrasta para um mesmo fim.

Pelo justo equilíbrio da liberdade individual e da autoridade da lei suprema é que se explicam e conciliam as incoerências aparentes da vida e da História, do mesmo passo que o sentido profundo e a finalidade de uma e outra se revelam àquele que sabe penetrar a natureza íntima das coisas. Fora desta ação soberana, não haveria mais do que desordem e caos na variedade infinita dos esforços, dos impulsos individuais, numa palavra — em toda a obra humana.

De Domremy e Reims, esta ação se evidencia na epopeia da virgem. É que até aí a vontade dos homens se associa, em larga medida, aos fins visados lá do Alto. A partir da sagração, porém, predominam a ingratidão, a maldade, as intrigas dos cortesãos e dos eclesiásticos, a má vontade do rei. Segundo a expressão de Joana, "os homens se recusam a Deus". O egoísmo, o desregramento, a rapacidade criarão obstáculo à ação divina servida por Joana e seus invisíveis auxiliares. A obra de libertação se tornará mais incerta, inçada de vicissitudes, de recuos e de reveses. Contudo, não deixará de prosseguir, mas reclamará, para seu acabamento, maior número de anos e mais penosos labores.

* * *

É, já o dissemos, unicamente do ponto de vista de uma ciência nova, que empreendemos este trabalho. Insistimos em repeti-lo, a fim de que não haja equívoco sobre nossas intenções. Procurando lançar alguma luz sobre a vida de Joana d'Arc, a nenhum móvel de interesse obedecemos, a nenhum preconceito político, ou religioso; colocamo-nos tão longe dos anarquistas, quanto dos reacionários, a igual distância dos fanáticos cegos e dos incrédulos.

É em nome da verdade e também por amor à pátria francesa que procuramos destacar a nobre figura da inspirada virgem, das sombras que tantos trabalham por lhe acumular em torno.

Sob o pretexto de análise e de livre crítica, há, ponderamos, em nossa época, uma tendência profundamente lamentável a denegrir tudo o que provoca a admiração dos séculos, a alterar, a conspurcar tudo o que se mostra isento de taras e de nódoas.

Consideramos como um dever, que incumbe a todo homem capaz de exercer, por meio da pena ou da palavra, alguma influência à volta de si, manter, defender, realçar o que constitui a grandeza do nosso país, todos os nobres exemplos por ele oferecidos ao mundo, todas as belas cenas que lhe enriquecem o passado e cintilam na sua história.

Ação má, quase crime, é tentar empobrecer o patrimônio moral, a tradição histórica de um povo. Com efeito, não é isso que lhe dá a força nos momentos difíceis? Não é aí que ele vai buscar os mais viris sentimentos nas horas do perigo? A tradição de um povo e sua história são a poesia de sua vida, seu consolo nas provações, sua esperança no futuro. É pelas ligações que ela cria entre todos, que nos sentimos verdadeiramente filhos de uma mesma mãe, membros de uma pátria comum.

Assim, convém lembrar frequentemente as grandes cenas da nossa história nacional e pô-la em relevo. Ela se mostra cheia de lições brilhantes, rica de ensinos fecundos e, por este lado, é talvez superior às de outras nações. Desde que exploramos os antecedentes de nossa raça, por toda parte, em todos os tempos, vemos erguerem-se vultosas sombras, que nos falam e exortam. Do fundo dos séculos se elevam vozes que nos avivam notáveis recordações, lembranças tais que, se estivessem presentes sempre ao nosso espírito, bastariam para nos inspirar, para clarear--nos a vida. Mas o vento do ceticismo sopra, e o olvido e a indiferença se fazem; as preocupações da vida material nos absorvem e acabamos por perder de vista o que há de mais grandioso, de mais eloquente nos testemunhos do passado.

Nenhuma, dentre essas lembranças, mais tocante, mais gloriosa do que a da donzela, que iluminou a noite da Idade Média com a sua aparição radiosa, da qual pôde Henri Martin dizer: "Nada de semelhante ainda se produziu na História do mundo".

Em nome, pois, do passado, como do futuro de nossa raça, em nome da obra que lhe resta completar, esforcemo-nos por lhe conservar íntegra a herança, e não hesitemos em retificar as opiniões falsas que certos escritores formularam em publicações recentes. Trabalhemos por exaurir da alma do povo o veneno intelectual que se lhe procura inocular, a fim de guardarmos para a França a beleza e a força que ainda a farão grande nas horas de perigo, a fim de restituirmos ao gênio nacional todo o seu prestígio, todo o seu esplendor, ofuscados por tantas teorias malfazejas e tantos sofismas.

* * *

Forçoso é reconhecer que no mundo católico, melhor que algures, têm sabido render a Joana homenagens solenes. Nos meios crentes, louvam-na e a glorificam, erigem-lhe estátuas e basílicas. De seu lado, os republicanos livres-pensadores imaginaram, recentemente, criar em sua honra uma festa nacional, que seria ao mesmo tempo a do patriotismo. Porém, num campo como noutro, nunca lograram compreender o verdadeiro caráter da heroína, entender o sentido de sua vida. Poucos hão sabido analisar essa admirável figura que se alça acima dos tempos e domina as mais elevadas concepções da epopeia, essa figura que nos parece mais imponente à proporção que dela nos afastamos.

A história de Joana é inesgotável mina de ensinamentos, cuja extensão total ainda se não mediu e da qual se não tirou ainda todo o partido desejável para a elevação das inteligências, para a penetração das leis superiores da alma e do Universo.

Há, em sua vida, profundezas capazes de causar vertigem aos Espíritos mal preparados; nela se deparam fatos suscetíveis de lançar a incerteza, a confusão no pensamento dos que carecem dos dados necessários para resolver tão majestoso problema. Daí, tantas discussões estéreis, tantas polêmicas inúteis. Mas, para aquele que levantou o véu do Mundo Invisível, a vida de Joana se aclara e ilumina. Tudo que essa vida contém se explica, se torna compreensível.

Falo de discussões. Vede, com efeito, entre os que enaltecem a heroína, quantos pontos de vista diversos, quantas apreciações contraditórias! Uns buscam, antes de tudo, na sua memória, uma ilustração para o partido a que pertencem; outros, mediante uma glorificação tardia, sonham aliviar certa instituição secular das responsabilidades que lhe pesam.

Contam-se ainda os que não querem ver nos sucessos de Joana mais do que a exaltação do sentimento popular e patriótico.

Parece lícito duvidar-se de que, aos elogios que sobem de todos os pontos da França à grande inspirada, não se mesclem muitas intenções egoísticas, muitos propósitos interesseiros. Pensa-se em Joana, é fora de dúvida; ama-se Joana; porém, os que dizem querer-lhe não pensarão ao mesmo tempo em si próprios, ou no partido a que se filiaram? Não se procurará também nessa vida augusta o que pode lisonjear os sentimentos pessoais, as opiniões políticas, as ambições inconfessáveis? Bem poucos homens, infelizmente, sabiam colocar-se acima de seus preconceitos, acima dos interesses de classe ou de casta. Bem poucos se esforçam por descobrir o segredo daquela existência e, entre os que o penetraram, nenhum até hoje, salvo casos restritos, ousou altear a voz e dizer o que sabia, o que via e percebia.

Quanto a mim, se meus títulos são modestos para falar em Joana d'Arc, pelo menos um há que reivindico altivamente: o de estar liberto de qualquer preocupação de partido, de todo cuidado de agradar ou desagradar. É na liberdade plena de meu pensamento, com a minha consciência independente, isento de qualquer ligação, não procurando, não querendo em tudo senão a verdade, é neste estado de espírito que entro em tão elevado assunto e vou buscar a chave do mistério que envolve tão incomparável destino.

Primeira parte
Vida e mediunidade de Joana d'Arc

I
Domremy

*Encantador o vale; deslumbrante,
Ao vivo cintilar da luz esplendorosa,
Desliza e brinca uma torrente: o Mosa.*
SAINT-YVES D'ALVEYDRE

Filho de Lorena, nascido como Joana no vale do Mosa, tive a acalentar-me a infância as recordações que ela deixou no país.

Durante a minha mocidade, visitei amiúde os lugares onde ela vivera. Aprazia-me vagar por sob as grandes abóbadas das nossas florestas lorenas, outros tantos destroços da antiga floresta das Gálias.

Como Joana, muitíssimas vezes prestei ouvido às harmonias dos campos e dos bosques. Posso dizer que também conheço as vozes misteriosas do espaço, as vozes que, na solidão, inspiram o pensador e lhe revelam as verdades eternas.

Homem feito, quis seguir-lhe as pegadas através da França. Refiz, quase que etapa a etapa, a dolorosa viagem. Vi o castelo de Chinon, onde Carlos VII a recebeu, reduzido hoje a ruínas. Vi, ao fundo da Touraine, a pequenina igreja de Fierbois, donde fez que retirassem a espada de Carlos Martel; vi as grutas de Courtineau, onde buscou refúgio durante uma tempestade; em seguida, Orléans e Reims, Compiègne, onde a renderam. Em nenhum só lugar por onde a virgem tenha passado deixei de ir meditar, orar, chorar em silêncio.

Mais tarde, na cidade de Rouen, por sobre a qual adeja a sua sombra imensa, terminei a minha peregrinação. Como os cristãos que percorrem passo a passo o caminho que leva ao calvário, assim perlustrei a via dolorosa que conduzia a grande mártir ao suplício.

Voltei depois a Domremy. Tornei a contemplar a humilde casinha que a viu nascer; o aposento, arejado por estreito respiradouro, cujas paredes seu corpo virginal, destinado à fogueira, roçou; o armário rústico, onde guardava as roupas, e o sítio, onde, transportada, em êxtase, ouvia as suas vozes; finalmente, a igreja onde tantas vezes orou.

Daí, pelo caminho que trepa a colina, cheguei ao lugar sagrado, onde ela gostava de cismar; vi de novo a vinha de que foi dono seu pai, a árvore das fadas e a fonte de suaves murmúrios. Cantava o cuco no bosque pardacento; embalsamavam o ar os perfumes do espinheiro; a brisa agitava a folhagem e sussurrava um como lamento, ao fundo da balsa. A meus pés se desdobravam as campinas risonhas, esmaltadas de flores, irrigadas pelos meandros do Mosa.

Defronte, ergue-se abrupta a costa de Juliano, recordação da era romana e do César apóstata. Ao longe, outeiros cobertos de matas, grotas profundas se sucedem, até ao horizonte fugidio; penetrante doçura e serena paz dominam toda a região. É bem esse o lugar abençoado, próprio às meditações; o lugar onde as vagas harmonias do céu se misturam com os longínquos e brandos rumores da terra. Oh! alma sonhadora de Joana! Busco aqui as impressões que te envolviam e as encontro vívidas, empolgantes. Elas me enlaçam o espírito e o enchem de pungente embriaguez. E tua vida inteira, epopeia resplandecente, se desenrola ante o meu pensamento, como grandioso panorama, rematado por uma apoteose de chamas. Um instante vivi essa vida, e o que meu coração sentiu nenhuma pena humana poderia descrever!...

Por trás de mim, como forasteiro monumento, nota discordante nesta sinfonia das impressões e das lembranças, se ostentam a basílica e a escultura teatral onde Joana figura ajoelhada aos pés de um São Miguel e de duas imagens de santas, opulentas e douradas. Só a estátua da virgem, rica de expressão, toca, interessa, prende o olhar. Um nome se lê gravado no soco, o de Allar. É obra, essa, de um espírita.

A alguma distância de Domremy, sobre um morro escarpado, em meio dos bosques, oculta-se a modesta capela de Bermont. Joana aí vinha todas as semanas; seguia a vereda que, de Greux, se estira por sobre o planalto, some por baixo das copas do arvoredo e passa perto da fonte de Saint-Thiébault. Galgava a colina para se ajoelhar diante da antiga madona, cuja imagem, do século VIII, ainda se venera em nossos dias. Caminhei pensativo, recolhido, por essa pitoresca vereda e atravessei os copados bosques onde os pássaros gorjeiam. Toda a região está prenhe de lembranças célticas; lá erigiram nossos pais um altar de pedra. Aquelas fontes sagradas, aquelas austeras sombras da folhagem foram testemunhas das cerimônias do culto druídico. A alma da Gália vive e palpita em tais lugares. Sem dúvida, essa alma falava ao coração de Joana d'Arc, como fala ainda hoje ao coração dos patriotas e dos crentes esclarecidos.

Levei meus passos mais longe; quis ver, nos arredores, tudo o que participara da vida de Joana, tudo o que no-la traz à memória: Vouthon, onde nascera sua mãe, e a pequena aldeia de Burey-la-Côte, que ainda guarda a casa onde morava seu tio Durand Laxart, que lhe facilitou o cumprimento da missão, levando-a à presença do senhor de Baudricourt, em Vaucouleurs. A humilde habitação se mantém de pé, com os escudos de flores de lis, que lhe decoram o limiar, porém, transformada em estábulo. Uma simples corrente lhe segura a porta; abro-a e, a meus olhos, um cabrito, encolhido à sombra, faz ouvir sua voz fanhosa e plangente.

Errei em todos os sentidos por aquelas redondezas, embriagando-me com a contemplação dos sítios que serviram de quadro à infância de Joana. Percorri os apertados vales que ladeiam o Mosa, cavados por entre matas sombrias. Meditei na solidão, à noitinha, à hora em que canta o rouxinol, quando as estrelas se acendem na amplidão dos céus. Dava atenção a todos os ruídos, a todas as vozes misteriosas da Natureza. Sentia-me, em tais sítios, longe do homem; um Mundo Invisível me rodeava.

A prece, então, irrompeu das profundezas de meu ser; depois, evoquei o Espírito de Joana e logo percebi o amparo e a doçura de sua presença. O ar fremia; tudo à volta de mim parecia iluminar-se; imperceptíveis asas ruflavam na escuridão; desconhecida melodia, baixada dos espaços, embalava-me os sentidos e me fazia correr o pranto.

E o anjo da França ditou-me palavras que, conforme a sua ordem, reproduzo aqui piedosamente:

Mensagem de Joana

Tua alma se eleva e sente neste instante a proteção que Deus lança sobre ti. Comigo, que a tua coragem aumente, e, patriota sincera, ames e desejes ser útil a esta França tão querida, que, do Alto, como protetora, como mãe, contemplo sempre com felicidade.
Não sentes em ti nascerem pensamentos de suave indulgência? Junto de Deus aprendi a perdoar; mas esses pensamentos não devem fazer com que, em mim, nasça a fraqueza, e, divino dom! encontro em meu coração força bastante para procurar esclarecer, às vezes, aqueles que, por orgulho, me querem monopolizar a memória.
E quando, cheia de indulgência, peço para eles as luzes do Criador, do Pai, sinto que Deus me diz: "Protege, inspira, porém jamais faças fusão com os teus algozes. Os padres, recordando teu devotamento à pátria, não devem pedir senão perdão para aqueles cuja sucessão tomaram".
Cristã piedosa e sincera na terra, sinto no Espaço os mesmos arroubos, o mesmo desejo de oração, mas quero minha memória livre e desprendida de todo cálculo; não dou meu coração, em lembrança, senão aos que em mim não veem mais do que a humilde e devota filha de Deus, amando a todos os que vivem nessa terra de França, aos quais procuro inspirar sentimentos de amor, de retidão e de energia.

II
A situação em 1429

> *Jazia a França como em túmulo encerrada!*
> *Do seu grande esplendor restava quase nada;*
> *Chorosa urna — o Loire, a serpear no Oeste;*
> *E o Dauphiné, qual sombra, a Leste.*
>
> SAINT-YVES D'ALVEYDRE

Qual a situação da França no século XV, no momento em que Joana d'Arc vai aparecer na cena da História?

A luta contra a Inglaterra dura perto de cem anos. Em quatro derrotas sucessivas, a nobreza francesa fora esmagada, quase aniquilada. De Crécy a Poitiers e dos Campos de Azincourt aos de Verneuil, nossa cavalaria juncou de mortos o solo. O que dela resta está dividido em partidos rivais, cujas querelas intestinas enfraquecem e acabrunham a França. O duque d'Orléans é assassinado pelos lacaios do duque de Borgonha, que pouco mais tarde, é morto pelos Armagnacs. Tudo isto ocorre às vistas do inimigo, que avança passo a passo e invade as províncias do Norte, sendo que já, de muito tempo, ocupa a Guiena.

Depois de encarniçada resistência, curso de um cerco que excede em horror a tudo quanto a imaginação possa engendrar de lúgubre, Rouen teve que capitular. Paris, cuja população é dizimada pelas epidemias e pela fome, está nas mãos dos ingleses. O Loire os vê nas suas margens. Orléans, cuja ocupação entregaria ao estrangeiro o coração da França, resiste ainda; mas por quanto tempo o fará?

Vastas superfícies do país se encontram mudadas em desertos; as aldeias abandonadas. Só se veem sarças e cardos brotando livremente das ruínas enegrecidas pelo incêndio; por toda a parte os sinais das devastações da guerra, a desolação e a morte. Os camponeses, desesperados, se ocultam em subterrâneos, outros se refugiam nas ilhas do Loire, ou procuram abrigo nas cidades, onde morrem famintos. Muitas vezes, tentando escapar à soldadesca, os desgraçados emigram para os bosques, se agrupam em hordas e logo se tornam tão cruéis como os bandidos, a cuja sanha fugiram. Os lobos rondam as cercanias das cidades, nelas penetram à noite e devoram os cadáveres deixados insepultos. Tal "a grande lástima em que se encontra a terra de França", como à Joana dizem suas vozes.

O pobre Carlos VI, em sua demência, assinou o tratado de Troyes, que lhe deserda o filho e constitui Henrique de Inglaterra herdeiro de sua coroa. Enquanto, na Basílica de Saint-Denis, junto ao esquife do rei louco, um arauto proclama Henrique de Lancaster rei da França e da Inglaterra, os restos dos nossos monarcas, sob as pesadas lápides de seus túmulos, certo fremiram de vergonha e de dor. O delfim Carlos, despojado e chamado por irrisão "o rei de Bourges", se entrega ao desânimo e à inércia. Faltam-lhe engenho e valor. Cuida de ganhar a Escócia ou Castela, renunciando ao trono, ao qual pensa não ter talvez direito, pois que o assaltam dúvidas sobre a legitimidade do seu nascimento. E não se ouve senão a queixa lamentosa, o grito de agonia de um povo, cujos vencedores se aprestam para enterrá-lo num sepulcro.

A França se sente perdida, ferida no coração. Ainda alguns reveses, e mergulhará no grande silêncio da morte. Que socorro se poderia, com efeito, esperar? Nenhum poder da terra é capaz de realizar este prodígio: a ressurreição de um povo que se abandona. Há, porém, outro poder, invisível, que vela pelo destino das nações. No momento em que tudo parece abismar-se, ele fará surgir do seio das multidões a assistência redentora.

Certos presságios parecem anunciar-lhe a vinda. Já, entre outros sinais, uma visionária, Maria d'Avignon, se apresentara ao rei; vira em seus êxtases, dizia, uma armadura que o céu reservava para uma jovem destinada a salvar o reino.[3] Por toda a parte se falava da antiga profecia de Merlin, anunciando uma virgem libertadora, que sairia de Bois Chesnu.[4]

E como um raio de luz, vindo do alto, em meio dessa noite de luto e de miséria, apareceu Joana.

Escutai, escutai! Do extremo dos campos e das florestas de Lorena ressoou o galope de seu cavalo. Ela acorre; vai reanimar este povo desesperado, reerguer-lhe a coragem abatida, dirigir a resistência, salvar da morte a França.

---

3   J. Fabre — depoimento de Jean Barbin, advogado do rei, no *Processo de reabilitação de Joana d'Arc*, t. I, p. 157 e 158.
4   Id. Ibid., 123, 162, 202 e 366.

III
Infância de Joana d'Arc

Ao som plangente do Ave-Maria,
Vibra a memória sua e do Céu irradia!
Saint-Yves d'Alveydre

Ao pé das colinas que bordam o Mosa, algumas choupanas se grupam em volta de modesta igreja; para cima e para baixo, verdes campinas se estendem, que o riozinho de límpidas águas rega. Ao longo das vertentes, sucedem-se plantações e vinhedos, até à floresta profunda, que se eleva qual muralha em frente dos outeiros, floresta cheia de murmúrios misteriosos e de gorjeios de pássaros, donde surgem, por vezes, de improviso, os lobos, terror dos rebanhos, ou os homens de guerra, saqueando e devastando, mais perigosos que as feras.

É Domremy, aldeia ignorada até então, mas que, pela criança a cujo nascimento assistiu em 1412, se vai tornar célebre no mundo inteiro.

Lembrar a história dessa criança, dessa donzela, constitui ainda o melhor meio de refutar os argumentos de seus detratores. É o que, antes de tudo, faremos, apegando-nos de preferência às circunstâncias, aos fatos que hão permanecido na obscuridade, alguns dos quais nos foram revelados por via mediúnica.

Numerosas obras, primores da ciência e de erudição, se têm escrito sobre a virgem de Lorena. Longe de mim a pretensão de igualá-las. Este livro se distingue de tais obras por um traço característico: ilumina-o, aqui e ali, o pensamento da heroína. Graças às mensagens obtidas dela, em condições satisfatórias de autenticidade, mensagens que se encontram sobretudo na segunda parte do volume, ele se torna como que um eco de sua própria voz e das vozes do Espaço. É por semelhante título que se recomenda a atenção do leitor.

* * *

Joana não descendia de alta linhagem; filha de pobres lavradores, fiava a lã junto de sua mãe, ou guardava o seu rebanho nas veigas do Mosa, quando não acompanhava o pai na charrua.[5]

Não sabia ler nem escrever;[6] ignorava todas as coisas da guerra. Era uma boa e meiga criança, amada por todos, especialmente pelos pobres, pelos desgraçados, os quais nunca deixava de socorrer e consolar. Contam-se, a este respeito, anedotas tocantes. Cedia de boa mente a cama a qualquer peregrino fatigado e passava a noite sobre um feixe de palha, a fim de proporcionar descanso a anciães extenuados por longas caminhadas. Cuidava dos enfermos, como por exemplo do pequeno Simon Musnier, seu vizinho, que ardia em febre; instalando-se-lhe à cabeceira, velava-lhe o sono.

Cismadora, gostava, à noite, de contemplar o céu rutilante de estrelas, ou, então, de acompanhar, de dia, as gradações da luz e das sombras. O sussurrar do vento nas ramagens ou nos arbustos, o rumorejo das fontes, todas as harmonias da Natureza a encantavam. Mas, a tudo isso, preferia o toque dos sinos. Era-lhe como que uma saudação do Céu à terra. E qualquer que fosse o acidente do terreno onde seu rebanho se abrigasse, lá ela lhes ouvia as notas argentinas, as vibrações calmas e lentas, anunciando o momento do regresso, e mergulhava numa espécie de êxtase, numa longa prece, em que punha toda a sua alma, ávida das coisas divinas. Malgrado a pobreza, achava meio de dar ao sineiro da aldeia alguma gratificação para que prolongasse, além dos limites habituais, a canção de seus sinos.[7]

---

[5] J. Fabre – *Processo de reabilitação*, t. I, p. 80, 106, etc.
[6] Id. Ibid., t.II, p. 145.
[7] Id. Ibid., t. I, p. 106.

Penetrada da intuição de que sua vinda ao mundo tivera um fim elevado, afundava-se, pelo pensamento, nas profundezas do Invisível, para discernir o caminho por onde deveria enveredar. "Ela se buscava a si mesma", diz Henri Martin.[8]

Ao passo que, entre seus companheiros de existência, tantas almas se mantêm fechadas e, por assim dizer, extintas na prisão carnal, todo o seu ser se abre às altas influências. Durante o sono, seu Espírito, liberto dos laços materiais, se libra no espaço etéreo; percebe-lhe as intensas claridades, retempera-se nas possantes correntes de vida e de amor que aí reinam, e, ao despertar, conserva a intuição das coisas entrevistas. Assim, pouco a pouco, por meio desses exercícios, suas faculdades psíquicas despertam e crescem. Bem cedo vão entrar em ação.

No entanto, estas impressões, estes cismares não lhe alteravam o amor ao trabalho. Assídua em sua tarefa, nada desprezava para satisfazer aos pais e a todos aqueles com quem lidava. "Viva o trabalho!", dirá mais tarde, afirmando assim que o trabalho é o melhor amigo do homem, seu amparo, seu conselheiro na vida, seu consolador na provação e que não há verdadeira felicidade sem ele. "Viva o trabalho!" é a divisa que sua família adotará e mandará inscrever-lhe no brasão, quando o rei a houver feito nobre.

Até nas insignificantes minúcias da existência de Joana se manifestam um sentimento muito vivo do dever, um juízo seguro, uma clara visão das coisas, qualidades que a tornam superior aos que a cercam. Já se reconhece ali uma alma extraordinária, uma dessas almas apaixonadas e profundas, que descem à terra para desempenhar elevada missão. Misteriosa influência a envolve. Vozes lhe falam aos ouvidos e ao coração; seres invisíveis a inspiram, dirigem-lhe todos os atos, todos os passos. E eis que essas vozes comandam. Ordens superiores se fazem ouvir. É-lhe preciso renunciar à vida tranquila. Pobre menina de 17 anos, deverá afrontar o tumulto dos acampamentos! E em que época! Numa época bárbara em que, quase sempre, os soldados são bandidos. Deixará tudo: sua aldeia, seus pais, seu rebanho, tudo o que amava, para correr em socorro da França que agoniza. À boa gente de Vaucouleurs que se apieda de sua morte, que responderá? "Foi para isto que nasci!".

* * *

---
8 *Histoire de France*, t. VI, p. 140.

A primeira visão se lhe produziu num dia de verão, ao meio-dia. O céu era sem nuvens e o Sol derramava sobre a terra modorrenta todos os encantos de sua luz. Joana orava no jardim contíguo à casa de seu pai, perto da igreja. Escutou uma voz que lhe dizia: "Joana, filha de Deus, sê boa e cordata, frequenta a igreja,[9] põe tua confiança no Senhor".[10] Ficou atônita; mas, levantando o olhar, viu, dentro de ofuscante claridade, uma figura angélica, que exprimia ao mesmo tempo a força e a doçura, e se mostrava cercada de outras formas radiantes.

Doutra vez, o Espírito, o arcanjo São Miguel, e as santas que o acompanhavam, falam da situação do país e lhe revelam a missão: "É preciso que vás em socorro do delfim, para que, por teu intermédio, ele recobre o seu reino".[11] Joana, a princípio, se escusa: "Sou uma pobre rapariga, que não sabe cavalgar, nem guerrear!". "Filha de Deus, vai, serei teu amparo", responde a voz.

Pouco a pouco seus colóquios com os Espíritos se tornavam mais frequentes; não eram, porém, de longa duração. Os conselhos do Alto são sempre breves, concisos, luminosos. É o que ressalta de suas respostas nos interrogatórios de Rouen. "Que doutrina te revelou São Miguel?", perguntam-lhe. "Sobre todas as coisas, dizia-me: 'Sê dócil e Deus te ajudará...'".[12] Isto é simples e sublime ao mesmo tempo, e resume toda a lei da vida. Os Espíritos elevados não se comprazem nos longos discursos. Ainda hoje, os que podem comunicar com os planos superiores do Além não recebem mais do que instruções curtas, profundas e marcadas com o cunho de alta sabedoria. E Joana acrescenta: "São Miguel me ensinou a bem proceder e a frequentar a igreja". Com efeito, para toda alma que aspira ao bem, a inteireza nos atos, o reconhecimento e a prece são as condições primeiras de uma existência reta e pura.

Um dia São Miguel lhe diz: "Filha de Deus, tu conduzirás o delfim a Reims, a fim de que receba aí sua digna sagração".[13] Santa Catarina e Santa Margarida lhe repetiam sem cessar: "Vai, vai, nós te ajudaremos!".

---

9 Naqueles tempos, o Catolicismo era a forma religiosa mais espalhada e quase a única mediante a qual poderiam as almas unir-se a Deus. Eis por que o Espírito, que se anunciava sob o nome de São Miguel, subordinando-se às vistas do século para melhor atingir o seu fim, não podia ter outra linguagem. Ver, nesta obra, "A mediunidade e a ideia de Religião em Joana d'Arc".
10 Henri Martin — *Histoire de France*, t. VI, p. 140.
11 Henri Martin — *Histoire de France*, t. VI, p.142.
12 J. Fabre — *Processo de condenação*, 7º interrogatório secreto, p. 174.
13 Id. Ibid., t. I, p. 130.

Estabelecem-se, então, entre a virgem e seus guias, estreitas relações. No seio de seus "irmãos do paraíso", vai ela cobrar o ânimo necessário para levar a termo sua obra, da qual está inteiramente compenetrada. A França a espera, é preciso partir!

Aos primeiros albores de um dia de inverno Joana se levanta e, já tendo preparado a ligeira bagagem, um embrulhozinho e o bastão de viagem, vem ajoelhar-se ao pé do leito em que ainda repousam seu pai e sua mãe e, silenciosa, murmura em prantos um adeus. Recorda, nesse momento doloroso, as inquietações, as carícias, os desvelos da mãe, os cuidados do pai, cuja fronte a idade já curva. Pensa no vácuo que a sua partida abrirá, na amargura de todos aqueles com quem até ali partilhara vida, alegrias e dores. Mas o dever ordena: não faltará à sua tarefa. Adeus, pobres pais! adeus, tu que te encheste de tantos desassossegos por teres visto, em sonho, tua filha na companhia de gentes de guerra![14] Ela não procederá conforme às tuas apreensões, pois que é pura, pura como o lírio sem mácula; seu coração só conhece um amor: o de seu país.

"Adeus, vou a Vaucouleurs", diz ao passar pela casa do lavrador Gérard, cuja família era ligada à sua. "Adeus, Mengette", disse a uma de suas companheiras. "Adeus, vós todos com quem convivi até hoje."

Houve, entretanto, uma amiga, de quem evitou despedir-se: a sua querida Hauviette. Os adeuses, por demasiado comoventes, a abalariam talvez, e ela precisava de toda a coragem.[15]

Joana partiu em direção a Burey, onde habitava um de seus tios, para lá ganhar Vaucouleurs e a França. Aos 17 anos, partiu sozinha debaixo do céu imenso, por uma estrada semeada de perigos. E Domremy nunca mais tornou a vê-la.

---

14 J. Fabre — *Processo de condenação*, 3º interrogatório secreto, p. 142 e 143.
15 Id. — *Processo de reabilitação*, t. I. Depoimentos de três amigas de Joana. Depoimentos de seis lavradores.

IV
A mediunidade de Joana d'Arc

O que eram suas vozes; fenômenos análogos, antigos e recentes

De pé, banhada em pranto, escuta atentamente
Alguma voz do céu, dolente.
Paul Allard

    Os fenômenos de visão, de audição, de premonição, que pontilham a vida de Joana d'Arc, deram lugar às mais diversas interpretações. Entre os historiadores, uns não viram neles mais do que casos de alucinação; outros chegaram a falar de histeria ou nevrose. Alguns lhe atribuíram caráter sobrenatural e miraculoso.
    O fim capital desta obra é analisar tais fenômenos, demonstrar que são reais, que obedecem a leis por muito tempo ignoradas, mas cuja existência se revela cada dia de modo mais imponente e mais preciso.
    À medida que se dilata o conhecimento do Universo e do ser, a noção do sobrenatural recua e se apaga. Sabe-se hoje que a Natureza é una; porém, que na sua imensidade encerra domínios, formas de vida, que durante largo tempo nos escaparam aos sentidos. Sendo estes, como são, extremamente limitados, não nos deixam perceber senão as faces mais grosseiras e elementares do Universo e da vida. Sua pobreza e insuficiência se manifestaram,

sobretudo, quando do invento dos poderosos instrumentos de ótica, o telescópio e o microscópio, que alargaram em todas as direções o campo de nossas percepções visuais. Que sabíamos dos infinitamente pequenos, antes da construção dos aparelhos de aumento? Que sabíamos das inúmeras existências, que pululam e se agitam em derredor de nós e em nós mesmos?

Entretanto, isso constitui apenas os baixos da Natureza e, por assim dizer, o substrato da vida. Para o alto se sucedem e escalonam planos sobre os quais se graduam existências cada vez mais sutis, etéreas, inteligentes, com um caráter ainda humano; depois, em certas alturas, angélico, pertencentes sempre, pelo exterior, senão pela essência, aos estados imponderáveis da matéria, estados que, sob muitos aspectos, a Ciência hoje reconhece, como, por exemplo, na radioatividade dos corpos, nos raios de Roentgen, em todo o conjunto das experiências realizadas sobre a matéria radiante.

Além dos que, visíveis e tangíveis, nos são familiares, sabemos agora que a matéria também comporta múltiplos e vários estados invisíveis e impalpáveis, que ela pouco a pouco se apura, se transforma em força e luz, para tornar-se o éter cósmico dos físicos. Em todos esses estados, sob todos esses aspectos, continua sendo a substância em que se tecem inúmeros organismos, formas de viver de uma inimaginável tenuidade. Num largo oceano de matéria sutil, intensa vida palpita por sobre e em torno de nós. Para lá do círculo apertado das nossas sensações, cavam-se abismos, desdobra-se um vasto mundo desconhecido, povoado de forças e de seres que não percebemos, porém que participam de nossa existência, de nossas alegrias e sofrimentos e que, dentro de determinados limites, nos podem influenciar e socorrer. Nesse mundo incomensurável é que uma nova ciência se esforça por penetrar.

Numa conferência que fez, há anos, no Instituto Geral Politécnico, o Dr. Duclaux, diretor do Instituto Pasteur, se exprimia nos seguintes termos:

> Esse mundo, povoado de influências que experimentamos sem as conhecer, penetrado de um *quid divinum* que adivinhamos sem lhe percebermos as minúcias, é mais interessante do que este em que até agora se confinou o nosso pensamento. Tratemos de abri-lo às nossas pesquisas: há nele, por fazerem-se, infindáveis descobertas, que aproveitarão à Humanidade.

Oh! maravilha! Nós mesmos pertencemos, por uma parte do nosso ser, à mais importante, a esse Mundo Invisível que dia a dia se desvenda aos observadores atentos. Existe em todo ser humano uma forma fluídica, um corpo imperceptível, indestrutível, imagem fiel do corpo físico, do qual este último é apenas o revestimento transitório, o estojo grosseiro, dispondo de sentidos próprios, mais poderosos do que os do invólucro material, que não passam de enfraquecido prolongamento dos primeiros.[16]

No corpo fluídico está a verdadeira sede das nossas faculdades, da nossa consciência, do que os crentes de todas as eras chamaram alma. A alma não é uma entidade metafísica, mas sim um centro imperecível de força e de vida, inseparável de sua forma sutilíssima. Preexistia ao nosso nascimento, e a morte carece de ação sobre ela. Vem a encontrar-se, Além-Túmulo, na plenitude das suas aquisições intelectuais e morais. Tem por destino continuar, através do tempo e do espaço, a evoluir para estados sempre melhores, sempre mais iluminados pela luz da justiça, da verdade, da beleza eterna. O ser, indefinidamente perfectível, colhe aumentado, quando no estado psíquico, o fruto dos trabalhos, dos sacrifícios e das provações de todas as suas existências.

Os que viveram entre nós e continuam sua evolução no Espaço não se desinteressam dos nossos sofrimentos e das nossas lágrimas. Dos páramos superiores da vida universal manam de contínuo sobre a Terra correntes de força e de inspiração. Vêm daí as centelhas inesperadas do gênio, os fortes sopros que passam sobre as multidões, nos momentos decisivos; daí também o amparo e o conforto para os que vergam ao peso do fardo da existência. Misterioso laço une o visível ao Invisível. Relações de diversas ordens se podem estabelecer com o Além, mediante o auxílio de certas pessoas especialmente dotadas, nas quais os sentidos profundos, que jazem adormecidos em todo ser humano, são capazes de despertar e entrar em ação desde a vida terrena. Esses auxiliares é que damos o nome de — médiuns.[17]

* * *

---

16 A existência do duplo eu, ou fantasma dos vivos, está firmada por uma infinidade de fatos e de testemunhos. Essa dupla personalidade pode separar-se do envoltório carnal durante o sono, quer natural, quer provocado, e manifestar-se a distância. Os casos de telepatia, os fenômenos de desdobramento, de exteriorização, de aparição de vivos em pontos afastados do lugar em que repousam, relatados tantas vezes por F. Myers, C. Flammarion, professor Charles Richet, Drs. Dariex e Maxwell, etc., são a demonstração experimental mais evidente daquela existência. Os anais da Sociedade de Pesquisas Psíquicas de Londres, constituída pelos mais eminentes sábios da Inglaterra, se mostram ricos de fatos desse gênero. Ver, para maiores minudências: Léon Denis, *Depois da morte* (edição de 1909, "O períspirito ou corpo fluídico", cap. XXI); *No invisível* ("O Espírito e a sua forma", cap. III); G. Delanne, *Les fantômes de vivants*.
17 Ver Léon Denis, *Depois da morte*, edição de 1959, capítulo II, e *No invisível*, caps. IV e V.

No tempo de Joana d'Arc estas coisas não eram compreensíveis. As noções sobre o Universo e sobre a verdadeira natureza do ser permaneciam ainda confusas e, em muitos pontos, incompletas, ou errôneas. Entretanto, marchando, há séculos, de conquista em conquista, mal grado as suas hesitações e incertezas, o espírito humano já hoje começa a levantar o voo. O pensamento do homem se eleva, acabamos de vê-lo, acima do mundo físico, e mergulha nas vastas regiões do mundo psíquico, onde principia a entrever o segredo das coisas, a chave de todos os mistérios, a solução dos grandes problemas da vida, da morte e do destino.

Não esquecemos ainda os motejos de que estes estudos foram, a princípio, objeto, nem as críticas acerbas que ferem os que, corajosamente, perseveram em semelhantes pesquisas, em manter relações com o Invisível. Mas não chasquearam também, até no seio das sociedades sábias, de muitas descobertas que, mais tarde, se impuseram como outras tantas refulgentes verdades? O mesmo se dará com a existência dos Espíritos. Um após outro, os homens de ciência são obrigados a admiti-la e, frequentemente, por efeito de experiências destinadas a demonstrar o seu nenhum fundamento. *Sir* W. Crookes, o célebre químico inglês, que pelos seus compatriotas é igualado a Newton, pertence a esse número. Citemos também Russell Wallace e O. Lodge; Lombroso, na Itália; os doutores Paul Gibier e Dariex, na França; na Rússia, o Conselheiro de Estado Aksakof; na Alemanha, o barão du Prel e o astrônomo Zöllner.[18]

---

18 Conhecem-se as experiências do ilustre físico *Sir* W. Crookes, que, durante três anos, obteve em sua casa materializações do Espírito Katie King, em condições de rigorosa fiscalização. Crookes, falando dessas manifestações, declarava: "Não digo que isto é possível; digo: isto é fato".
Pretendeu-se que ele se retratara. Ora, há poucos anos, W. Stead escrevia ao *New York American*; Londres, 7 fev. 1909. Estive com *Sir* W. Crookes, no *Ghost Club* (Clube dos fantasmas), onde fora jantar, e ele me autoriza a dizer o seguinte: "depois das minhas experiências acerca do Espiritismo, começadas há trinta anos, nenhuma razão encontro para modificar a minha opinião de outrora".
Oliver Logde, reitor da Universidade de Birmingham, membro da Academia Real, escreveu: "Fui levado pessoalmente à certeza da existência futura por provas assentes em base puramente científica".
F. Myers, o professor de Cambridge, que o Congresso Oficial e Internacional de Psicologia, de Paris, em 1900, elegera seu presidente honorário, no magnífico livro *A personalidade humana*, chega à conclusão de que do Além-Túmulo nos vêm vozes e mensagens. Falando do médium *Mrs*. Thompson, escreve: "Creio que a maior parte dessas mensagens vêm de Espíritos que se servem temporariamente do organismo dos médiuns para no-las transmitir".
O célebre professor Lombroso, de Turim, declara na *Lettura*: "Os casos de habitações em que, durante anos, se reproduzem aparições ou ruídos, observados na ausência de médiuns, coincidindo com a narração de mortes trágicas, depõem a favor da *ação dos defuntos*". — "trata-se amiúde de casas desabitadas, onde tais fenômenos se produzem às vezes durante muitas gerações e mesmo durante séculos." (Ver *Annales des Sciences Psychiques*, fev.1908.)
Compreende-se a importância de tais testemunhos, que poderíamos multiplicar, se o quadro desta obra no-lo permitira.

Todo homem sério, que se conserva à igual distância de uma credulidade cega e de uma não menos cega incredulidade, é forçado a reconhecer que as manifestações de que aqui se trata ocorreram em todos os tempos. Encontrá-las-eis em todas as páginas da História, nos livros sagrados de todos os povos, assim entre os videntes da Índia, do Egito, da Grécia e de Roma, como entre os médiuns de nossos dias. Os profetas da Judeia, os Apóstolos cristãos, as druidisas da Gália, os inspirados das Cevenas, na época dos camisardos, tiram suas revelações da mesma fonte que a nossa boa lorena.

A mediunidade sempre existiu, pois que o homem sempre foi Espírito e, como Espírito, manteve em todas as épocas uma brecha aberta sobre o mundo inacessível aos nossos sentidos ordinários.

Constantes, permanentes, tais manifestações em todos os meios se dão e sob todas as formas, das mais comuns às mais grosseiras, como as das mesas falantes, dos transportes de objetos sem contato, das casas assombradas, até as mais delicadas e sublimes, como êxtase, ou as altas inspirações, tudo conforme à elevação das inteligências que intervêm.

* * *

Entremos agora no estudo dos fenômenos que, em avultado número, a vida de Joana d'Arc nos depara. Convém primeiramente notar: graças às suas faculdades psíquicas extraordinárias é que ela pôde conquistar rápido ascendente sobre o exército e o povo. Consideravam-na um ser dotado de poderes sobrenaturais. O exército não passava de um agregado de aventureiros, de vagabundos movidos pela gana da pilhagem. Todos os vícios reinavam naquelas tropas sem disciplina e prontas sempre a debandar. No meio de soldados assim, sem continência, sem vergonha, é que cumpria a uma jovem de 18 anos viver. De tais brutos, que não respeitavam sequer o nome de Deus,[19] tinha ela que fazer crentes, homens dispostos a sacrificar tudo por uma nobre e santa causa.

Joana soube praticar esse milagre. Acolheram-na a princípio como intrigante, como uma dessas mulheres que os exércitos levam na cauda. Mas sua linguagem inspirada, seus costumes austeros, sua sobriedade e os prodígios

---
19 "Se Deus fosse homem de guerra", dizia La Hire, "ter-se-ia feito bandido".

que se operaram logo em torno dela, impuseram-na bem depressa àquelas imaginações gastas. O exército e o povo se viam, assim, tentados a encará-la como uma espécie de fada, de feiticeira, e lhe davam os nomes dessas formas fantásticas a que atribuem o assombramento das fontes e dos bosques.

O desempenho de sua tarefa não se tornava com isso senão mais difícil. Era-lhe preciso fazer-se ao mesmo tempo respeitada e amada como chefe; obrigar, pelo ascendente, aqueles mercenários a verem na sua pessoa uma imagem da França, da pátria que ela queria constituir.

Pelas predições realizadas, pelos acontecimentos verificados, conseguiu inspirar-lhes absoluta confiança. Chegaram quase a divinizá-la. Sua presença era tida como garantia de bom êxito, símbolo da intervenção celeste. Admirando-a, devotando-se-lhe, mais fiéis se lhe tornaram do que o rei e os nobres. Ao divisarem-na, sopitavam os pensamentos e sentimentos malévolos, e nos seus corações se acendiam os da veneração. Todos a consideravam um ser sobre-humano, segundo o testemunho de seu intendente, Jean d'Aulon, no processo.[20] O conde Guy de Laval escrevia à sua mãe, em 8 de junho de 1429, depois de tê-la visto em Selles-sur-Cher, na companhia do rei: "É coisa toda divina vê-la e ouvi-la".[21]

Sem assistência alguma oculta, como é que uma simples rapariga dos campos houvera podido adquirir tal prestígio, alcançar tais resultados? O que soubera a respeito da guerra na sua meninice: os constantes sobressaltos dos campônios, a destruição das aldeias, os lamentos dos feridos e dos moribundos, o rubro crepitar dos incêndios, tudo isso fora antes de molde a afastá-la da profissão das armas. Era, porém, a escolhida do Alto para levantar a França de sua queda e incutir a noção de pátria em todas as almas. Para atingir esse escopo, maravilhosas faculdades e socorros poderosos lhe foram outorgados.

* * *

Examinemos de mais perto a natureza e o alcance das faculdades mediúnicas de Joana. Há, em primeiro lugar, as vozes misteriosas que ouvia, tanto no silêncio dos bosques, como no tumulto dos combates, no fundo

---

20 Fabre — *Processo de reabilitação*, t. I. Depoimento do intendente de Joana, p. 248. Ver também o depoimento do advogado Barbin, t. I, p. 158.
21 E. Lavisse — *Histoire de France*, t. IV, p. 55.

da masmorra e até diante dos juízes, vozes frequentemente acompanhadas de aparições, conforme ela própria o diz, no curso do processo, em 12 interrogatórios diferentes. Depois, há os numerosos casos de premonição, isto é, as profecias realizadas, anúncio dos acontecimentos vindouros.

Antes de tudo: são autênticos estes fatos? Nenhuma dúvida é possível. Os textos, os depoimentos aí estão copiosos; as cartas, as crônicas abundam.[22]

Existe, sobretudo, o processo de Rouen, cujas peças, redigidas pelos inimigos da acusada, dão a seu favor testemunhos ainda mais fortes do que os do processo de reabilitação. Neste último, os mesmos fatos são atestados sob juramento pelos conhecedores de sua vida, depondo perante os inquisidores, ou em presença do tribunal.[23]

Acima, porém, dos testemunhos, colocaremos a opinião de um contemporâneo, que os resume todos e cuja autoridade é grande. Queremos falar de Quicherat, diretor da Escola de Chartres. Não era um místico, um iluminado, mas homem grave e frio, eminente crítico de História, que se entregou a uma pesquisa aprofundada, toda de erudição, a um exame escrupuloso da vida de Joana d'Arc. Eis aqui a sua apreciação:[24] "Aproveite ou não à Ciência, impossível é deixar de admitir-lhe as visões".

Acrescentarei: à Ciência nova aproveitará, pois todos esses fenômenos, considerados outrora miraculosos, se explicam hoje pelas leis da mediunidade.

Joana era ignorante: por únicos livros tivera a Natureza e o firmamento estrelado.

A Pedro de Versailles, que a interroga em Poitiers sobre o grau de sua instrução, responde: "Não sei o abecê". Muitos o afirmam no processo de reabilitação.[25] Entretanto, realizou maravilhosa obra, como igual mulher alguma jamais empreendeu. Para levá-la a bom termo, porá em jogo aptidões e qualidades raras. Iletrada, confundirá e convencerá os doutores de Poitiers. Por seu gênio militar e pela habilidade dos seus planos, adquirirá pronta influência sobre os chefes do exército e os soldados. Em Rouen, fará frente a 60 eruditos, casuístas destros em sutilezas jurídicas e teológicas;

---

22 Perceval de Cagny — *Chroniques*, publicadas por H. Moranvillé, Paris, 1902. — Jean Chartier, *Chronique de Charles VII, roi de France*. — *Journal du Siége d'Orléans* (1428–1429), publicado por P. Charpentier e C. Guissart. — *Chronique de la Pucelle*. — *Mystére du Siége d'Orléans*, etc.
23 Este processo de reabilitação compreende, segundo Anatole France, 140 depoimentos, prestados por 123 testemunhas.
24 J. Quicherat — *Aperçus Nouveaux sur le Procès de Jeanne d'Arc*, p. 60 e 61.
25 J. Fabre — *Processo de reabilitação*, t. I. Depoimento do escudeiro Gobert Thibault, p. 161. — t. II. Depoimento do cavaleiro Aimond de Macy, p. 145.

frustrar-lhes-á as ciladas e lhes responderá a todas as objeções. Mais de uma vez os deixará embaraçados pelo poder de suas réplicas, rápidas como relâmpagos, penetrantes quais pontas de espadas.

Como conciliar tão esmagadora superioridade com a falta de instrução? Ah! é que existe outro manancial de ensinamentos que não a ciência da escola! Pela comunhão constante com o Mundo Invisível, desde a idade de 13 anos, quando teve a sua primeira visão, é que Joana alcança as luzes indispensáveis ao desempenho de sua missão espinhosa. As lições dos nossos guias do Espaço são mais eficazes do que as de um professor, mais abundantes, sobretudo, em revelações morais. Essas vias de instrução, que se chamam as universidades e as igrejas, quase não as praticam; seus representantes pouco leem nesse "livro de Deus" de que fala Joana, nesse imenso livro do universo invisível, onde ela haurira sabedoria e luzes! "Há nos livros de nosso Senhor muito mais do que nos vossos. O Senhor tem um livro no qual nenhum clérigo jamais leu, por mais perfeito que seja no clericato!", afirma em Poitiers.[26]

Por estas palavras, faz sentir que os mundos ocultos e divinos possuem fontes de verdades, infinitamente mais ricas e profundas do que as nascentes em que bebem os humanos, fontes que se abrem por vezes aos simples, aos humildes, os ignorantes, àqueles que Deus marcou com seu selo, os quais encontram nelas elementos de saber, que excedem quanto o estudo nos pode proporcionar.

A ciência humana nunca é isenta de um certo orgulho. Seus ensinos cheiram quase sempre a convenção, a afetação, a pedantismo. Falta-lhe, de contínuo, clareza, simplicidade. Algumas obras de Psicologia, por exemplo, são de tal modo obscuras, complexas, eriçadas de expressões barrocas, que chegam ao ridículo. É divertido apreciar a que esforços de imaginação, a que ginástica intelectual, homens, como o professor Théodore Flournoy e o Dr. Grasset, se dão para edificar teorias tão burlescas, quanto eruditas. As verdades que promanam das altas revelações aparecem, ao contrário, em traços de luz e, com poucas palavras, pela boca dos humildes, resolvem os mais escabrosos problemas.

"Eu te bendigo, ó meu Pai", exclama o Cristo, "por teres revelado aos pequeninos o que ocultaste aos sábios".[27]

---

26 J. Fabre — *Processo de reabilitação*, t. I. Depoimento de Jean Pasquerel, p. 228. Depoimento de Marguerite la Touroulde, p. 292.
27 Lucas, 10:21.

Bernardin de Saint-Pierre exprime o mesmo pensamento, dizendo: "Para achar a verdade, é preciso procurá-la com um coração simples".

Era com um coração simples que Joana escutava suas vozes, que as interrogava nos casos importantes, e que, sempre confiante na sábia direção delas, se constitui, sob o impulso das potências superiores, um instrumento admirável, rico de preciosas faculdades psíquicas.

Não só vê e ouve maravilhosamente, como também sente pelo tato e pelo olfato as aparições que se apresentam: "Toquei em Santa Catarina, que me apareceu visivelmente", diz. "Beijaste ou abraçaste Santa Catarina ou Santa Margarida?", perguntam-lhe. "Abracei-as ambas." "Rescendiam perfumes?" "É bom se saiba que rescendiam perfumes".[28]

Noutro interrogatório, exprime-se assim: "Vi São Miguel e os anjos, com os olhos do meu corpo, tão perfeitamente como vos vejo. E, quando se afastavam de mim, eu chorava e bem quisera que me levassem consigo".[29]

É essa a impressão de todos os médiuns que entreveem os esplendores do Espaço e os seres radiosos que lá vivem. Experimentam um enlevo que lhes torna mais tristes e duras as realidades deste mundo. Haver partilhado, por um instante, da vida celeste e cair de novo, pesadamente, nas trevas do nosso planeta: que pungente contraste! Mais ainda o era para Joana, cuja alma seleta, depois de se achar, por alguns momentos, no meio que lhe era familiar, donde viera, e de receber dele "grande conforto", se via novamente em face dos rudes e penosos deveres que lhe corriam.

Poucos homens compreendem estas coisas. As vulgaridades da terra lhes encobrem as belezas do Mundo Invisível que os cerca e no qual penetram como cegos na luz. Há, porém, almas delicadas, seres dotados de sutilíssimos sentidos, para as quais o espesso véu da matéria se rasga por segundos, e que, através desses rasgões, lobrigam um recanto do mundo divino, do mundo das verdadeiras alegrias, das felicidades reais, onde nos encontraremos todos depois da morte, tanto mais livres e venturosos, quanto melhor tivermos vivido pelo pensamento e pelo coração, quanto mais houvermos amado e sofrido.

Todavia, não era unicamente sobre esses fatos extraordinários, sobre suas visões e vozes, que Joana assentava a confiança que punha em seus amigos do Espaço. A razão lhe demonstrava também quão pura e elevada

---

28 J. Fabre — *Processo de condenação*, 9º interrogatório secreto, p. 187.
29 Id. Ibid., 4º interrogatório público, p. 81.

era a fonte de suas inspirações, porquanto aquelas vozes a guiavam sempre para a prática de ações úteis, no sentido do devotamento e do sacrifício. Ao passo que certos visionários se extraviam por entre devaneios estéreis, em Joana os fenômenos psíquicos concorrem todos para a realização de uma grande obra. Daí sua fé inabalável: "Creio tão firmemente", responde aos juízes, "nos ditos e feitos de São Miguel que me apareceu, como creio que nosso Senhor Jesus Cristo sofreu morte e paixão por nós. E o que me move a crê-lo são os bons conselhos, o conforto e os ensinamentos que me deu".[30]

Tudo ponderando com seguro critério, é principalmente o lado moral das manifestações que constitui, a seus olhos, uma prova da autenticidade delas. Pelos avisos eficazes, pelo amparo que lhe concediam, pelas sãs instruções que lhe prodigalizavam, reconhece que seus guias são enviados do Alto.

No decurso do processo, como no de sua ação militar, as vozes lhe aconselham o que deve dizer e fazer. Recorre a elas em todos os casos difíceis: "Pedi conselho à voz acerca do que devia responder, dizendo-lhe que, por sua vez, pedisse conselho a nosso Senhor. E a voz me disse: 'Responde ousadamente; Deus te ajudará'".[31]

Os juízes a interrogam sobre esse ponto: "Como explicas que as santas te respondam?". "Quando faço apelo à Santa Catarina", diz Joana, "ela e Santa Margarida apelam para Deus e, depois, por ordem de Deus, me dão a resposta".[32]

Assim, para os que sabem interrogar o invisível por meio da concentração e da prece, o pensamento divino desce, degrau a degrau, das maiores alturas do espaço até às profundezas da Humanidade. Mas nem todos o discernem como Joana.

Quando suas vozes emudecem, ela se recusa a responder sobre qualquer questão importante: "Por enquanto, nada obtereis de mim; ainda não tenho a permissão de Deus".

"Creio que não vos digo tudo o que sei. Porém, muito mais temo cair em falta dizendo qualquer coisa que desagrade às minhas vozes, do que receio vos responder".[33]

---

30 J. Fabre — *Processo de condenação*, 8º interrogatório secreto, p. 176.
31 Id. Ibid., 3º interrogatório público, p. 68.
32 Id. Ibid., 5º interrogatório secreto, p. 157.
33 Id. Ibid., *Processo de condenação*, 3º interrogatório público, p. 69.

Admirável discrição que muitos homens bem andariam imitando, quando as vozes da consciência e do bom senso não lhes ordenam que falem.

Até ao fim de sua vida trágica, Joana mostrará grande amor aos seus guias, inteira confiança na proteção que lhe dispensavam. Mesmo quando pareceu que a abandonavam depois de lhe terem prometido a salvação, nenhuma queixa, nenhuma blasfêmia proferiu. Na prisão, confessa-o ela própria, eles lhe haviam dito: "Serás libertada por uma grande vitória"[34] e, em lugar da libertação, era a morte o que lhe vinha. Seus inquiridores, que nenhum meio de desesperá-la desprezavam, insistiam nesse abandono aparente, e Joana respondia sem se perturbar: "Nunca praguejei nem de santo, nem de santa".

A história da boa lorena apresentava casos de clarividência e de premonição em número bastante elevado para lhe emprestarem, aos olhos de toda gente, um misterioso poder divinatório. Às vezes parece ler no futuro; por exemplo, quando diz ao soldado de Chinon que a injuriara, ao vê-la entrar no castelo: "Ah! tu renegas de Deus e, no entanto, estás tão perto da morte!". Efetivamente, nessa mesma tarde, o soldado, por um acidente, morre afogado.[35] Fato idêntico sucede com relação ao inglês Glasdale, no ataque à bastilha da Ponte, diante de Orléans. Ela o intima a se render ao Rei dos Céus, acrescentando: "tenho grande compaixão de tua alma!". No mesmo instante, Glasdale cai, armado, no Loire, onde se afoga.[36] Mais tarde, em Jargeau, prevê o perigo que ameaça o duque d'Alençon, cuja vida prometera proteger: "Gentil duque", exclama, "retire-se daí, senão aquela boca de fogo que lá vê lhe dará a morte".

A previsão era justa, pois o senhor du Lude, indo ocupar o lugar deixado pelo duque, foi morto pouco depois.[37]

Doutras vezes e com muita frequência, atesta-o a própria Joana, suas vozes a previnem. Em Vaucouleurs, sem jamais o ter visto, vai direto ao senhor de Baudricourt: "Reconheci-o", refere, "graças à minha voz. Foi ela que me disse: 'Está ali ele!'".[38] Conforme às revelações que tivera, Joana lhe prediz a libertação de Orléans, a sagração do rei em Reims e lhe anuncia a

---

34 J. Fabre – *Processo de condenação,* 5º interrogatório secreto, p. 159.
35 Id. – *Processo de reabilitação*. Depoimento de Jean Pasquerel, t. I, p. 218.
36 Id. Ibid., p. 227.
37 Id. Ibid., *Processo de reabilitação*, p. 179.
38 J. Fabre. Op. Cit., 2º interrogatório público, p. 58

derrota dos franceses na jornada dos Arenques, no instante mesmo em que acabava de verificar-se.[39]

Em Chinon, levada à presença do rei, não hesitou em descobri-lo entre os trezentos cortesãos no meio dos quais se dissimulara: "Quando fui introduzida no aposento do rei", diz, "logo o reconheci entre os outros, porque a minha voz mo indicou".[40] Numa entrevista íntima, lembra-lhe ela os termos da prece muda que, sozinho no seu oratório, ele dirigira a Deus.

Suas vozes lhe comunicam que a espada de Charles Martel está enterrada na igreja de Sainte-Catherine-de-Fierbois e mostram-lha.[41]

É ainda a voz que a desperta em Orléans, quando, extenuada de fadiga, se atira no leito, ignorando o ataque à bastilha de Saint-Loup: "Meu conselho me disse que vá contra os ingleses", exclama de repente. "E não me dizíeis que o sangue da França estava sendo derramado!"[42]

Porque seus guias lho prediseram, sabe que será ferida por um dardo no ataque às Tourelles, a 7 de maio de 1429. Uma carta do encarregado de negócios de Brabant, conservada nos arquivos de Bruxelas e datada de 22 de abril do mesmo ano, escrita, por consequência, quinze dias antes do fato, relata essa predição e a maneira por que havia de realizar-se. Na véspera do combate, Joana ainda declara: "Amanhã sairá sangue de meu corpo".[43]

Nessa mesma jornada, prediz, contra toda a verossimilhança, que o exército vitorioso reentraria em Orléans pela ponte, que se achava então destruída. E foi o que se deu.

Libertada a cidade, Joana insiste com o rei para que não defira a partida para Reims, repetindo: "Não durarei mais que um ano, Sire; é preciso, pois, que me aproveitem bem!".[44] Que presciência da curteza de sua carreira!

Por suas vozes foi avisada de que Troyes, em breve, se renderia, assim como, mais tarde, o foi também do seu próprio cativeiro. "Na semana da Páscoa, achando-me junto ao fosso de Melun, minhas vozes me disseram que seria presa antes do dia de São João" — refere a acusada aos juízes de Rouen — "e como eu lhes pedisse que, quando fosse presa, morresse logo, sem o prolongado tormento da prisão, elas me disseram: 'Recebe tudo com

---

39 *Journal du Siège*, p. 48. — *Chronique de la Pucelle*, p. 275.
40 J. Fabre — *Processo de condenação*, 2º interrogatório público, p. 61 e 62.
41 Id. Ibid., 4º interrogatório público, p. 85 e 86.
42 Id. – *Processo de reabilitação*, t. I. Depoimento do pajem de Joana, p. 210.
43 Id. Ibid., t. I. Depoimento de Jean Pasquerel, p. 226.
44 Id. Ibid., t. I. Depoimento do duque d'Alençon, p.182.

resignação. É preciso que assim se faça'. Mas não me disseram a hora".[45] A propósito, citemos, de passagem, esta bela resposta aos seus inquiridores: "Se eu soubera a hora, não me teria ido entregar voluntariamente. Entretanto, teria feito segundo me ordenassem minhas vozes, quaisquer que fossem para mim as consequências".[46]

Conta-se também uma cena tocante passada na igreja de Compiègne. diz ela, chorando, aos que a cercavam: "Bons amigos e queridos filhos, sabei que me venderam e traíram. Dentro em breve, dar-me-ão a morte. Orai por mim!".[47]

Na prisão, seus guias lhe predizem a libertação de Compiègne,[48] o que lhe causa grande alegria. Teve também a revelação do seu fim trágico, sob uma forma que ela não compreendeu, mas cujo sentido seus juízes apreenderam: "O que minhas vozes mais me dizem é que serei salva...". Acrescentam: "Recebe tudo com resignação, não te aflijas por causa do teu martírio. Virás, enfim, para o reino do paraíso".[49]

De contínuo suas vozes a advertem dos conciliábulos secretos dos capitães, ciosos da sua glória, e que dela se ocultam para deliberarem sobre os feitos da guerra. Mas, de súbito, Joana aparece e, conhecendo-lhes de antemão as resoluções, as frustra: "Estivestes no vosso conselho e eu estive no meu. O conselho de Deus se cumprirá, o vosso perecerá".[50]

Não é, igualmente, às inspirações de seus guias que Joana deve a posse das eminentes qualidades que formam os grandes generais: o conhecimento da estratégia, da balística, a habilidade no emprego da artilharia, coisa inteiramente nova naquela época? Como teria podido saber que os franceses gostam mais de avançar do que de combater por trás das trincheiras? E como explicar de maneira diversa que uma simples camponesa se tenha tornado, de um dia para outro e aos 18 anos, incomparável comandante de exército, consumado tático?

Sua mediunidade, vê-se, revestia formas variadas. Estas faculdades, disseminadas, fragmentadas, na maior parte dos indivíduos do nosso tempo, nela se acham reunidas, grupadas em possante unidade. Além disso,

---
45 J. Fabre — *Processo de condenação*, 1º interrogatório secreto, p. 129.
46 Id. Ibid., p. 130.
47 Ver Henri Martin, *Histoire de France*, t. IV, p. 228 nota 2.
48 J. Fabre. Op. Cit., 5º interrogatório secreto, p. 156.
49 Id. Ibid., 5º interrogatório secreto, p. 159.
50 Id. Ibid., t. I. Depoimento de Jean Pasquerel, p. 226.

seu grande valor moral as reforçava. A heroína era a intérprete, o agente desse Mundo Invisível, sutil, etéreo, que se estende para além do nosso e cujas harmonias e vozes alguns seres humanos percebem.

Os fenômenos que enchem a vida de Joana se encadeiam e concorrem para o mesmo fim. É nítida e precisa a missão que recebeu das altas entidades e cuja natureza e caráter mais longe procuraremos determinar. Foi anunciada previamente e se cumpriu segundo as linhas principais. Toda a sua história o atesta. Aos juízes de Rouen, dizia: "Vim da parte de Deus; nada tenho que fazer aqui; mandai-me de novo a Deus, de quem vim".[51]

E quando, na fogueira, as chamas a envolvem e lhe mordem as carnes, ainda exclama: "Sim, minhas vozes eram de Deus! Minhas vozes não me enganaram".[52] Poderia Joana mentir? Por ela respondem a sinceridade, a retidão que manifestou em todas as circunstâncias. Uma alma tão leal, que preferiu todos os sacrifícios a renegar da França e de seu rei, uma alma assim não podia degradar-se até à mentira. Há nas suas palavras tal acento de verdade, de convicção, que ninguém, mesmo entre os seus detratores mais ardentes, ousou acusá-la de impostura. Anatole France, que, certo, não a poupa, escreve: "O que, sobretudo, ressalta dos textos é que ela foi uma santa. Foi uma santa, com todos os atributos da santidade no século XV. Teve visões, e estas visões não foram nem fingidas, nem forçadas". E, mais adiante: "Não pode ser suspeita de mentira".[53]

Sua lealdade era absoluta; para apoiar o que dizia, não se servia, como tanta gente, de termos excessivos, de expressões descomedidas. "Nunca jurara", diz uma testemunha no processo de reabilitação, e, para afirmar, contentava-se com acrescentar: "Sem dúvida".[54] Estas palavras se encontram também nos interrogatórios do processo de Rouen. Revestiam uma significação particular na sua boca, pronunciadas no tom de franqueza e com aquela fisionomia aberta, que lhe eram peculiares.

Outro ponto de vista: ter-se-ia ela enganado? Seu bom senso, sua lucidez de espírito, seu critério firme, os relâmpagos de gênio que lhe iluminam, aqui e ali, a vida, não permitem que em tal se creia. Joana não era uma alucinada!

---

51 J. Fabre — *Processo de condenação*, 3º interrogatório público, p. 66.
52 Id., *Processo de reabilitação*, t. II, p. 91.
53 Anatole France — *Vie de Jeanne d'Arc*, t. I, p. 32 e 39.
54 Op. Cit., — *Processo de reabilitação*, t. I. Depoimento das três madrinhas de Joana, p. 78.

Certos críticos, entretanto, o acreditaram. A maior parte dos fisiologistas, por exemplo, Pierre Janet, Th. Ribot, o Dr. Grasset, aos quais convém juntar alguns alienistas, como os Drs. Lélut, Calmeil, etc., não veem na mediunidade senão uma das formas de histeria ou de neurose. Para eles, os videntes são enfermos, e a própria Joana d'Arc não lhes escapa às apreciações sob este critério. Ainda recentemente, o professor Morselli, no seu estudo *Psicologia e espiritismo*, não considerou os médiuns como Espíritos fracos ou desequilibrados?

É sempre fácil qualificar de quimeras, de alucinações, ou de loucuras os fatos que nos desagradam, ou que não podemos explicar. Nisto, muitos céticos se consideram pessoas bastante criteriosas, quando não passam de vítimas dos seus preconceitos.

Joana não era neurótica, nem histérica. Robusta, gozava de saúde perfeita. Era de costumes castos e, ainda que de uma beleza plena de atrativos, sua presença impunha respeito, veneração, mesmo aos soldados que lhe partilham da vida.[55] Três vezes: em Chinon, no princípio de sua carreira, em Poitiers e em Rouen, sofreu exame feito por matronas, que lhe atestaram a virgindade.

Suportava, sem fraquejar, as maiores fadigas. "Sucede-lhe passar até seis dias em armas", escreve, a 21 de junho de 1429, Perceval de Boulainvilliers, conselheiro-camarista de Carlos VII. E, quando a cavalo, excitava a admiração de seus companheiros de armas, pelo tempo que podia permanecer assim, sem ter necessidade de apear-se.[56] Muitos depoimentos lhe atestam a resistência física. "Ela se comportava de tal maneira", diz o cavaleiro Thibault d'Armagnac, "que não seria possível a qualquer homem melhor atitude no que respeita à guerra. Todos os capitães se maravilhavam das fadigas e trabalhos que suportava".[57]

O mesmo ocorre com a sua sobriedade: há, sobre esse ponto, numerosos testemunhos, desde o de pessoas que a viram por pouco tempo, como a senhora Colette, até os de homens de seu séquito habitual. Citemos as palavras do pajem, Luís de Contes:

---

[55] J. Fabre — *Processo de reabilitação*, t. I. Depoimento de Jean de Metz, p. 128. Depoimento de Bertrand de Poulengy, p. 133. Depoimento do escudeiro Gobert Thibault, p. 164. Depoimento do duque d'Alençon, p. 183. Depoimento do intendente de Joana, p. 249 e 250. Depoimento de Dunois, p. 201, etc.
[56] J. Fabre. Op. Cit., t. I. Depoimento do presidente Simon Charles, p. 149.
[57] Id., Ibid., t. I. Depoimento do cavaleiro Thibault d'Armagnac, p. 282.

> Joana era extremamente sóbria. Muitas vezes, durante um dia inteiro, não comeu mais do que um pedaço de pão. Admirava-me que comesse tão pouco. Quando ficava em casa, só comia duas vezes por dia.[58]

A rapidez maravilhosa com que a nossa heroína se curava dos próprios ferimentos mostra a sua poderosa vitalidade; alguns instantes, alguns dias de repouso lhe bastam e volta para o campo de batalha. Ferida gravemente, por haver saltado da torre de Beaurevoir, recobra a saúde assim que consegue tomar algum alimento.

Denotarão todos estes fatos uma natureza fraca e nevrótica?

E se, das qualidades físicas, passamos às do Espírito, a mesma conclusão se impõe. Os numerosos fenômenos de que Joana foi o agente, longe de lhe turbarem a razão, como sucede com os histéricos, parece, ao contrário, terem-na robustecido, a julgar pelas respostas lúcidas, claras, decisivas, inesperadas que dá aos seus interrogadores de Rouen. A memória se lhe conservou fiel; o juízo, são; manteve a plenitude de suas faculdades e foi sempre senhora de si.

O Dr. G. Dumas, professor da Sorbonne, em comentário publicado por Anatole France no fim do seu segundo volume, declara não ter conseguido, pelos testemunhos, descobrir em Joana qualquer dos estigmas clássicos da histeria. Insiste demoradamente sobre a exterioridade dos fenômenos, sobre a clareza objetiva deles, sobre a "independência e autoridade relativas" da inspirada em presença das "santas". Não lhe parece que suas visões possam ser filiadas a qualquer tipo patológico verificado experimentalmente.

Diz por sua vez Andrew Lang:[59]

> Nenhum indício permite supor que Joana, enquanto em comunhão com suas santas, se houvesse achado em estado de *dissociação*, ou inconsciente do que a cercava. Pelo contrário, vemos que, na cena terrível da abjuração, ela ouve ao mesmo tempo, com igual nitidez, as vozes das santas e o sermão do pregador, cujos erros não teme criticar.

---

58 J. Fabre — *Processo de reabilitação*, t. I. Depoimento de Luís de Contes, pajem de Joana, p. 211. Depoimento de Dunois, p. 201. – Depoimento do casal Millet, p. 273. – Depoimento do padeiro Richarville, p. 279, etc.
59 Andrew Lang – *Le Jeanne d'Arc de M. Anatole France*, p. 126 e 127.

Acrescentemos que nunca foi vítima de obsessão, pois que seus Espíritos não intervêm senão em certos momentos e sobretudo quando os chama, ao passo que a obsessão se caracteriza pela presença constante, inevitável, de seres invisíveis.

Todas as vozes de Joana tratam da sua grande missão; jamais se ocupam com puerilidades; sempre tem razão de ser o que fazem ouvir, não se contradizem, nem se mostram eivadas das crenças errôneas do tempo, o que teria cabimento se Joana fosse predisposta a sofrer de alucinações. Longe de acreditar em fadas, nas virtudes da mandrágora e em mil outras ideias falsas da época, a donzela demonstra, nos interrogatórios, ignorância a esse respeito, ou exprime o desprezo que vota a tudo isso.[60]

Nada, nela, de sentimentos egoístas, nenhum orgulho, como se nota nos alucinados que, atribuindo grande importância às suas insignificantes pessoas, só veem, à roda de si, inimigos e perseguidores. É à França e ao rei que se dirigem seus pensamentos, sob a inspiração divina.

O grande alienista Brierre de Boismont, que se consagrou a um estudo atento da questão,[61] reconhece em Joana uma inteligência superior. Entretanto, qualifica de alucinações os fenômenos de que ela é objeto, mas emprestando-lhes caráter fisiológico e não patológico. Quer com isso dizer que tais alucinações não a impediram de conservar a integridade da razão; seriam fruto de uma exaltação mental, o que todavia nada tem de mórbido. Para ele, a concepção da ideia diretriz, "estimulante poderoso", se fez imagem no cérebro de Joana, em quem admira uma alma de escol, um desses "mensageiros que nos são enviados do fundo do misterioso infinito".

Sem ser da mesma opinião do célebre prático da Salpêtrière, quanto às causas determinantes dos fenômenos, o Dr. Dupouy, que os atribui à influência de entidades celestes, conclui no mesmo sentido. Somente, no seu entender, as alucinações de Joana teriam tido o dom de objetivar as personalidades angélicas que lhe serviam de guias. Poderíamos adotar este modo de ver, pois sabemos que ela considerava suas santas como sendo aquelas cujas imagens adornavam a igreja de Domremy.

Mas diremos ainda: pode-se atribuir caráter alucinatório a vozes que nos despertam em pleno sono, para prevenir-nos de acontecimentos

---

60 J. Fabre — *Processo de condenação*, 3º e 5º interrogatórios públicos; 9º interrogatório secreto; auto de acusação.
61 Brierre de Boismont — *Des Hallucinations. De L'hallucination Historique.*

presentes ou futuros, como foi o caso de Orléans e durante o processo de Joana, em Rouen? A vozes que nos aconselham proceder por forma diversa da que preferimos? Por ocasião de seu cativeiro na torre de Beaurevoir, recebeu bastantes recomendações de seus guias, desejosos de lhe evitarem um erro; no entanto, não puderam impedi-la de saltar do alto da torre, do que teve que se arrepender.

Dizer com Lavisse, A. France e outros, que a voz ouvida por Joana era a da sua consciência, afigura-se-nos igualmente em contradição com os fatos. Tudo prova que as vozes eram exteriores. O fenômeno nada tinha de subjetivo, pois que ela é despertada, como vimos, aos chamados de seus guias, e muitas vezes não apanha mais do que as últimas palavras do que dizem.[62]

Não as escuta bem, senão nas horas de silêncio, conforme o reconhece o próprio Anatole France.[63] "A agitação das prisões e as disputas entre os guardas[64] obstam a que compreenda claramente o que seus guias lhe comunicam." É, pois, de toda evidência que as palavras vêm de fora; o ruído não embaraça a voz interior, que se percebe no segredo da alma, até nos momentos de tumulto.

Concluamos, pois, de nossa parte, reconhecendo, mais uma vez, em Joana, um grande médium.

Em que pese ao Dr. Morselli[65] e a tantos outros, a mediunidade não se manifesta exclusivamente nos indivíduos de espírito fraco ou de almas inclinadas à loucura. Há talentos de amplas envergaduras, tais como Petrarca, Pascal, La Fontaine, Goethe, Sardou, Flammarion e quantos mais, pensadores profundos, como Sócrates, homens penetrados do Espírito Divino, santos ou profetas, que tiveram suas horas de mediunidade, nas quais essa faculdade, latente em todos, se revelou, sendo que, nalguns, repetidas vezes.

Nem a altura da inteligência, nem a elevação da alma servem de empecilho a esta espécie de manifestações. Se há muitas produções mediúnicas, cuja forma ou substância deixam a desejar, é que são raras as altas inteligências e os grandes caracteres, qualidades que se achavam reunidas em Joana d'Arc, razão pela qual suas faculdades psíquicas atingiram tão elevado grau de pujança.

---

62 J. Fabre — *Processo de condenação*, 3º interrogatório público p. 68.
63 A. France — *Vie de Jeanne d'Arc*, t. I, p. 359.
64 J. Fabre. Op. Cit., 5º interrogatório secreto, p. 157.
65 *Psychologie et Spiritisme*, por H. Morselli.

Da virgem de Orléans se pode dizer que realizava o ideal da mediunidade.

Agora uma outra questão se apresenta e da mais alta importância: Quais eram as personalidades invisíveis que a inspiravam e dirigiam? Por que santas, anjos, arcanjos? Que devemos pensar dessa intervenção constante de São Miguel, Santa Catarina, Santa Margarida?

Para resolver o problema, seria necessário primeiramente analisar a psicologia dos videntes e dos sensitivos, e compreender a necessidade, em que eles se veem, de emprestar às manifestações do Além as formas, os nomes, as aparências que a educação recebida, as influências experimentadas, as crenças do meio e da época em que vivem lhes sugeriram. Joana d'Arc não escapava a esta lei. Servia-se, para traduzir suas percepções psíquicas, dos termos, das expressões, das imagens que lhe eram familiares. É o que fazem os médiuns de todos os tempos. Conforme aos meios, os habitantes do mundo oculto receberão os nomes de deuses, de gênios, de anjos ou demônios, de Espíritos etc.

As próprias inteligências invisíveis, que intervêm ostensivamente na obra humana, se sentem obrigadas a entrar na mentalidade daqueles a quem se manifestam, de adotar as formas e os nomes de entes ilustres, conhecidos deles, a fim de impressioná-los, de lhes inspirar confiança, de melhor prepará-los para o papel a que estão destinados.

Em geral, no Além, não se liga tanta importância, como entre nós, aos nomes e às personalidades. Lá se empreendem obras grandiosas, e as potências prepostas à sua realização recorrem aos expedientes reclamados pelo estado de espírito, poder-se-ia dizer de inferioridade e de ignorância, das sociedades e dos tempos em que desejam intervir.

Objetar-me-ão, talvez, que à virgem de Domremy essas potências sobre-humanas teriam podido revelar sua verdadeira natureza, iniciando-a num conhecimento mais alto, mais largo do Mundo Invisível e de suas leis. Mas, além de muito demorado e difícil iniciar um ser humano, por melhor dotado que seja, nas leis da vida superior e infinita, que nenhum ainda apreende no conjunto, o mesmo fora que contrariar o fim visado; que tornar, no caso de Joana, irrealizável a obra concebida, obra toda de ação, com o criar, na heroína, um estado de espírito e divergências de vista, que a houveram colocado em oposição à ordem social e religiosa sob que era chamada a operar.

Examinando-se com atenção o que diz Joana, em respeito às suas vozes, um fato significativo ressalta logo: é que o Espírito, a quem ela dá o nome de São Miguel, nunca declarou chamar-se assim.[66]

As duas outras entidades teriam sido designadas pelo próprio São Miguel sob os nomes de Santa Catarina e de Santa Margarida.[67] Lembremos que as estátuas destas santas ornavam a igreja de Domremy, onde Joana ia orar diariamente. Nas suas longas meditações e nos seus êxtases, tinha quase sempre diante de si as imagens de pedra daquelas duas virgens mártires.

Ora, a existência destas duas personagens é mais do que duvidosa. O que sabemos de ambas consiste em lendas muito contestadas. Cerca do ano 1600, um censor da Universidade, Edmond Richer, que acreditava nos anjos, mas não em Santa Catarina, nem em Santa Margarida, aventa a ideia de que as aparições percebidas pela donzela se fizeram passar, a seus olhos, como sendo as santas que ela venerava desde a infância. "O Espírito de Deus, que governa a Igreja, se amolda à nossa imperfeição", dizia ele.[68]

Mais tarde, outro doutor da Sorbonne, Jean de Launoy, escrevia: "A vida de Santa Catarina, virgem e mártir, é inteiramente fabulosa, do começo ao fim. Não se lhe deve dar crédito algum".[69] Bossuet, na sua *Histoire de France pour l'instruction du Dauphin*, não menciona as duas santas.

Em nossos dias, Marius Sepet, aluno da Escola de Chartres e membro do Instituto, prefaciando a *Vie de Sainte Catherine*, de Jean Miélot,[70] se manifesta com patentes reservas acerca dos documentos que serviram de base à obra: "*A vida de Santa Catarina*", diz ele, "sob a forma que tomou no manuscrito 6449 do cabedal francês da Biblioteca Nacional, não poderia aspirar a nenhum valor canônico".[71]

---

66 Henri Martin diz o contrário (*Histoire de France*), t. VI, p. 142, mas, nas fontes que indica, *Processo de condenação*, 2º interrogatório público, não se fala em São Miguel. Joana se exprime deste modo: "a voz de um anjo" (Ver também o 7º interrogatório secreto).
67 J. Fabre — *Processo de condenação*, 7º interrogatório secreto, p. 173 e 174.
68 Edmond Richer — *Histoire de la Pucelle d'Orléans*, manuscrito Biblioteca Nacional.
69 Ver A. France — *Vie de Jeanne d'Arc*, t. I, p. LIX.
70 Edição Hurtel, 1881, p. 35. Ver também F. X. Feller, *Dictionnaire Historique*.
71 Críticos eminentes, muitos dos quais católicos e até prelados, mostraram, em trabalhos recentes, que os hagiógrafos cometeram numerosos erros. Monsenhor Duchesne, diretor da Escola Francesa de Roma, que goza de grande autoridade no mundo religioso, provou que muitos santos e santas, entre os quais São Maurício, da legião tebana, patrono da catedral de Angers, nunca existiram. Demonstrou que as santas Marias jamais vieram à França e que a lenda, de que são objeto em Provença, é puramente obra de imaginação. Fato mais grave: oito nomes de papas foram dados por inexatos. Em consequência, por uma ordem emanada de Roma, emendou-se a lista dos pontífices. Pio X, que correspondia na relação ao número 264º, passou a ser o 256º papa. Por exemplo, Santo Cleto e Santo Anacleto são uma só individualidade. Ora, se tantos enganos foram possíveis no tocante a personagens que ocuparam o trono

Notemos ainda que o caso mais moderno do Cura d'Ars apresenta muita analogia com o de Joana d'Arc. Como a donzela, o célebre taumaturgo era vidente e se entretinha com Espíritos, especialmente com o de Santa Filomena, sua protetora habitual. Sofria também as importunações de um Espírito inferior chamado Grappin. Ora, do mesmo modo que Catarina e Margarida, Filomena é simplesmente um nome simbólico, significando "que ama a Humanidade".[72]

* * *

Se é certo que os nomes atribuídos às potências invisíveis que influenciaram a vida de Joana d'Arc só têm importância relativa e são, em si, muito contestáveis, outro tanto não se dá, já o vimos, com a realidade objetiva das mesmas potências e com a ação constante que exerceram sobre a heroína.

Parecendo-nos insuficiente a explicação católica, somos levados a nelas ver entidades superiores, que resumem, concentram, acionam as forças divinas, nas ocasiões em que o mal se alastra sobre a terra, quando os homens, por suas obras, entravam ou ameaçam o desenvolvimento do plano eternal.

Essas potências se nos deparam, sob as mais diversas denominações, em épocas bem diferentes. Mas, qualquer que seja o nome que se lhes dê, é fora de dúvida a intervenção que têm tido na História. No século XV, são os gênios protetores da França, as grandes almas que mais particularmente velam pelo nosso país.

Dir-se-á talvez: tudo isso é sobrenatural. Não! por esta palavra o que se designa são as regiões elevadas, as alturas sublimes e, por assim dizer, o coroamento da Natureza. Pela inspiração dos videntes e dos profetas, pelos mediadores, pelos Espíritos mensageiros, a Humanidade esteve sempre em relação com os Planos Superiores do Universo.

---

pontifício, como pode haver certeza quanto à existência de personalidades ainda mais hipotéticas? Ver as obras de Monsenhor Duchesne intituladas: *Catalogues Épiscopaux des Diocéses*; *Origines Chrétiennes* (lições dadas na Sorbonne).
72 Ver P. Saintyves: *Les Saints, Successeurs des Dieux*, p. 109 a 112, resumo da questão de Santa Filomena segundo Marucchi e os Anacleta Bollandiana.
Consultar igualmente, com relação a Santa Margarida: P. Saintyves, *Les Saints, Successeurs des Dieux*, p. 365 a 370.
Com relação à Santa Catarina de Alexandria, ver Hermann Knust, *Geschichte der Legenden der H. Katarina von Alexandria und der H. Maria Aegyptiaca*. Halle, 890, in-8º. Aí se encontram todas as referências anteriores. Segundo certos eruditos, Catarina de Alexandria não seria pessoa diversa da bela e sábia Hipátia.

Os estudos experimentais, que vêm sendo feitos há meio século,[73] já lançaram alguma claridade sobre a vida do Além. Assim é que sabemos ser o Mundo dos Espíritos povoado de seres em número incalculável, ocupando todos os degraus da escala da evolução. A morte não nos transforma, sob o ponto de vista moral. No Espaço, achar-nos-emos de novo com todas as qualidades que houvermos adquirido, mas também com todos os nossos erros e defeitos. Daí resulta que na atmosfera terrestre formigam almas inferiores, sôfregas por se manifestarem aos humanos, o que às vezes torna perigosas as comunicações e exige, da parte dos experimentadores, um preparo laborioso e muito discernimento.

Esses estudos também demonstram que, acima de nós, há legiões de almas benfazejas e protetoras, as almas dos que sofreram pelo bem, pela verdade e pela justiça, e que, esvoaçando sobre a pobre Humanidade, procuram guiá-la pela senda de seu destino. Mais para além dos acanhados horizontes da terra, uma completa hierarquia de seres invisíveis se distende na luz. É a lendária escada de Jacó, a escada das inteligências e das consciências superiores, cujos degraus chegam até aos Espíritos radiosos, até às poderosas entidades, depositárias das forças divinas.

Estas entidades invisíveis, temo-lo dito, intervêm de quando em quando na vida dos povos, de modo esplendente, como nos tempos de Joana d'Arc. As mais das vezes, porém, a ação que exercem permanece obscura, primeiro para salvaguarda da liberdade humana, e, sobretudo, porque, se é indubitável que elas desejam ser conhecidas, não menos certo é quererem que o homem se esforce e se faça apto a conhecê-las.

Os grandes fatos da História, devidos à intervenção delas, são comparáveis às aberturas que se produzem de súbito entre as nuvens, quando o tempo está sombrio, para nos mostrarem o céu profundo, luminoso, infinito, claros esses que, entretanto, logo se cerram, porque o homem ainda não se acha bastante maduro para apanhar e compreender os mistérios da vida superior.

Quanto à escolha das forças e dos meios que os grandes seres empregam para intervir no campo terrestre, cumpre reconheçamos que o nosso saber é bem fraco para os apreciar e julgar, que nossas faculdades são impotentes para medir os vastos planos do Invisível. O que sabemos é que os

---

73 Ver *Depois da morte* e *No invisível*, passim.

fatos aí estão, incontestáveis, inegáveis. De longe em longe, através da obscuridade que nos envolve, por entre o fluxo e refluxo dos acontecimentos, nas horas decisivas, quando a Humanidade se desencaminha, então, uma emanação, uma personificação da Potência suprema desce, para lembrar aos homens que, acima do mundo em que se debatem, recursos infinitos existem, que eles podem atrair a si por seus pensamentos e apelos, e se grupam sociedades de almas, que eles alcançarão um dia por seus merecimentos e esforços.

A intervenção, na obra humana, das altas entidades, a que chamaremos os anônimos do Espaço, constitui uma lei profunda, sobre a qual cremos dever insistir ainda, procurando torná-la mais compreensível.

Em geral, já por mais de uma vez o dissemos, os Espíritos Superiores que se manifestam aos homens não se nomeiam, ou, se o fazem, tomam de empréstimo nomes simbólicos, que lhes caracterizam a natureza, ou o gênero da missão em que foram investidos.

Mas, por que, ao passo que o homem neste mundo se mostra tão cioso de seus menores méritos, tão apressurado em ligar seu nome às obras mais efêmeras, os excelsos missionários do Além, os gloriosos mensageiros do Invisível se obstinam em guardar o incógnito, ou em usar de nomes alegóricos? É que bem diferentes são as regras do mundo terrestre e as dos mundos superiores, onde se movem os Espíritos de redenção.

Aqui, a personalidade prima e absorve tudo. O "eu" tirânico se impõe: é sinal da nossa inferioridade a fórmula inconsciente do nosso egoísmo. Sendo imperfeita e provisória a presente condição humana, é lógico que todos os atos do homem gravitem ao redor de sua individualidade, isto é, do "eu", que mantém e assegura a identidade do ser, no estágio inferior de sua evolução, através das flutuações do espaço e das vicissitudes do tempo.

Nas altas esferas espirituais, dá-se o contrário. A evolução se opera sob formas mais etéreas, formas que, em certa altura, se combinam, associam e realizam o que se poderia chamar a compenetração dos seres.

Quanto mais o Espírito sobe e progride na hierarquia infinita, mais se desbastam os ângulos de sua personalidade, mais o seu "eu" se dilata e expande na vida universal, sob a lei da harmonia e do amor. Sem dúvida, a identidade do ser permanece, porém sua ação se confunde cada vez mais com a atividade geral, isto é, com Deus, que, em realidade, é o *ato puro*.

Consistem o progresso infinito e a vida eterna em nos aproximarmos continuamente do Ser absoluto, sem jamais o alcançarmos, em confundirmos cada vez mais plenamente a obra que nos é própria com a obra eterna.

Chegado a tão elevados cumes, o Espírito não mais é designado por meio de tal ou tal nome; já não é um indivíduo, uma pessoa, e sim uma das formas da Atividade infinita. Chama-se: Legião. Pertence a uma escala de forças e de luzes, tal como uma parcela da chama pertence ao foco que a engendra e alimenta. É parte integrante de imensa associação de Espíritos harmonizados entre si por leis de afinidade luminosa, de sinfonia intelectual e moral, pelo amor que os identifica. Fraternidade sublime, ante a qual a terra não passa de pálido e fugidio reflexo!

Por vezes, desses grupos harmoniosos, dessas plêiades rutilantes, um raio vivo se destaca, uma forma radiosa se separa e vem, qual projeção de luz celeste, explorar, iluminar os recônditos de nosso escuro mundo. Ajudar a ascensão das almas, fortalecer uma criatura em hora de grande sacrifício, amparar a fronte de um Cristo na agonia, salvar um povo, resgatar uma nação prestes a perecer: tais as missões incomparáveis que esses mensageiros do Além descem a cumprir.

A lei da solidariedade exige que os entes superiores atraiam a si os Espíritos jovens ou retardados. Assim, uma imensa cadeia magnética se desenrola pelo incomensurável Universo e ata as almas e os mundos.

E, como a sublimidade da grandeza moral consiste em fazer o bem por amor do bem, sem propósito egoísta, os Espíritos benfeitores obram sob o duplo véu do silêncio e do incógnito, a fim de que a glória e o mérito de seus atos se reportem só a Deus e nele se reintegrem...

Desta maneira se explicam as visões de Joana, suas vozes, as aparições do arcanjo e das santas, que nunca existiram como personalidades individuais, batizadas com aqueles nomes, mas que, entretanto, são realidades vivas, seres luminosos, destacados dos centros divinos e que fizeram dela a libertadora de seu país.

Miguel, Micaël, a força de Deus; Margarida, Margarita, a pérola preciosa; Catarina, Katarina, a virgem pura: todos nomes simbólicos, que caracterizam uma beleza moral, uma força superior e refletem uma cintilação de Deus.

* * *

Joana d'Arc era, pois, uma intermediária de dois mundos, uma médium poderosa. Por isso, foi martirizada, queimada. Tal, em regra, a sorte dos enviados do Alto; expõem-se às perseguições dos homens, porque estes não querem ou não podem compreendê-los. Os exemplos que dão e as verdades que espalham são um óbice aos interesses terrenos, uma condenação das paixões ou dos erros humanos.

O mesmo ocorre em nossos dias. Conquanto menos bárbara do que a Idade Média, que os lançava em massa às fogueiras, nossa época ainda persegue os agentes do Além. Eles se veem quase sempre repudiados, desprezados, escarnecidos. Falo dos médiuns sinceros e não dos simuladores, que são numerosos e se insinuam por toda a parte. Esses que como tais prostituem uma das coisas mais respeitáveis que há no mundo; mas, por isso mesmo, assumem pesadas responsabilidades para o futuro. Pois que tudo se paga, cedo ou tarde, todos os nossos atos, bons ou maus, recaem sobre nós com as suas consequências. É a lei do destino.[74]

As manifestações do Mundo Invisível são constantes, dizíamos; porém, não são iguais. O embuste, o charlatanismo, às vezes, se misturam com a inspiração; ao lado de Joana d'Arc encontrareis Catherine de La Rochelle e Guillaume, o pastor, impostores ambos. Há também médiuns reais, que se enganam a si mesmos e obram, em dadas ocasiões, sob o império da autossugestão. A fonte nem sempre é pura; a visão é algumas vezes confusa. Há, todavia, fenômenos tão brilhantes, que não permitem a dúvida, quais os fatos mediúnicos que ilustram a vida de Joana d'Arc.

A mediunidade, como todas as coisas, apresenta uma diversidade infinita, uma gradação, uma espécie de hierarquia. Quase todos os grandes predestinados, os profetas, os fundadores de religião, os mensageiros da verdade, todos os que proclamaram os princípios superiores de que se tem nutrido o pensamento humano, foram médiuns, pois que suas vidas estiveram em contínuas relações com os altos círculos espirituais.

Demonstrei algures,[75] apoiando-me em testemunhos abundantes e precisos, que o gênio, sob diversos pontos de vista e em muitos casos, pode ser considerado um dos aspectos da mediunidade. Os homens geniais, na maior parte, são inspirados, na mais elevada acepção desta palavra. Suas obras são como luzeiros que Deus acende na noite dos séculos, para clarear a marcha

---
74 Ver *O problema do ser, do destino e da dor*, caps. VIII e XIX.
75 Ver *No invisível*, cap. XXVI, "A mediunidade gloriosa".

da Humanidade. Depois da publicação do livro que acima citei, colhi novos documentos em apoio desta tese. Mais adiante mencionarei alguns.

Toda a filosofia da História se resume em duas palavras: a comunhão do visível e do invisível, que se exprime pela alta inspiração. Os homens de gênio, os grandes poetas, os sábios, os artistas, os inventores célebres, todos são, no mundo, executores do plano divino, desse plano majestoso de evolução, que carrega a alma para os pináculos da vida universal.

De algumas vezes, as nobres Inteligências que presidem a essa evolução se humanizam para poderem exercer ação mais eficaz e mais direta. Tendes então Zoroastro, o Buda e, acima de todos, o Cristo. De outras, inspiram e sustentam os missionários encarregados de dar mais viva impulsão aos voos do pensamento. Moisés, São Paulo, Maomé e Lutero foram deste número. Mas, em todos os casos, a liberdade humana é respeitada. Daí os múltiplos entraves com que os grandes Espíritos topam no caminho.

O fato mais saliente, entre os sucessos que assinalam a vida desses mensageiros do Alto, é a ideia religiosa sobre que se apoiam, ideia que basta para lhes exaltar a coragem e para congregar em torno deles, humildes quase todos e não dispondo de nenhuma força material, imensas multidões, prontas a disseminar os ensinamentos cuja grandeza sentiram.

Todos hão falado de suas comunicações com o Invisível; todos tiveram visões, ouviram vozes e se reconheceram simples instrumentos da Providência, para o desempenho de uma missão. Sós, entregues a si mesmos, nenhum êxito teriam conseguido; a influência do Alto era necessária, indispensável ao triunfo completo da ideia que defendiam e contra a qual se encarniçavam tantos inimigos.

Também a Filosofia conta gloriosos inspirados:

Sócrates, como Joana d'Arc, percebia vozes, ou, antes, uma voz, a de um Espírito familiar, a que ele chamava seu *demônio*,[76] voz que se fazia ouvir em todas as circunstâncias.

No *Théagès*, de Platão, se lê que Timarco houvera evitado a morte, se escutara a voz desse Espírito: "Não vás"— aconselha-lhe Sócrates, ao levantar-se ele do banquete com Filêmon, seu cúmplice e o único sabedor de suas intenções de matar Nícias — "não vás: a voz me diz que te retenha". Se bem que advertido mais duas vezes, Timarco partiu, porém

---

[76] Em grego, *daimon* significa gênio familiar, espírito.

saiu-se mal da empresa e foi condenado à morte. Na hora do suplício, reconheceu, embora demasiado tarde, que devera ter obedecido à voz: "Oh! Clitômaco!", diz ele ao irmão, "vou morrer por não haver dado ouvidos ao que me aconselhava Sócrates".

Um dia, a voz recomenda ao filósofo que não vá mais longe pela estrada por onde passeava com alguns amigos. Estes se recusam a atendê-lo; continuam a caminhar e encontram um rebanho que os derruba e pisa.

Depois de reconhecer bastas vezes o acerto dos conselhos que se lhe eram ditados pela voz, inteira razão tinha Sócrates para acreditar nela e fazer sentir a seus amigos que, "tendo-lhes comunicado as predições que recebia, jamais verificara a inexatidão de alguma".

Recordemos ainda a sua declaração solene diante do tribunal dos Efetos, quando para ele se agita a questão de vida ou de morte:

> Esta voz profética do *demônio*, que nunca deixou de fazer-se ouvir durante todo o curso de minha existência, que jamais deixou, até nas circunstâncias mais comezinhas, de me desviar de tudo o que me pudera causar dano, eis que esse *deus* se cala, agora que me sucedem coisas, que poderiam ser encaradas como o pior dos males. Por que isto? É que, muito verossimilmente, o que ora acontece é um bem para mim. *Sem dúvida, nos enganamos, supondo ser a morte uma desgraça!*

Na França, também os filósofos foram visitados pelo Espírito: Pascal passava horas em êxtase; a *Recherche de la vérité*, de Malebranche, foi escrita em plena escuridão; e Descartes nos conta como, por súbita intuição, rápida qual relâmpago, concebeu a ideia da *Doute méthodique*, sistema filosófico a que devemos a libertação do pensamento moderno. Nos seus *Annales Médico-psychologiques*,[77] diz Brierre de Boismont: "Descartes, ao cabo de longo repouso, era instado por invisível pessoa para continuar as pesquisas da verdade".

Schopenhauer, na Alemanha, igualmente reconhece haver sofrido a influência do Além: "Meus postulados filosóficos", diz ele, "se produziram em mim sem que eu nisso interviesse, nos momentos em que tinha a von-

---

[77] 1851, p. 543.

tade como que adormecida... Minha pessoa era também, por assim dizer, estranha à obra".

Quase todos os poetas de renome gozaram de uma assistência invisível. Dentre eles, citemos unicamente[78] Dante e Tasso, Schiller e Goethe, Pope,[79] Shakespeare, Shelley, Camões, Victor Hugo, Lamartine, Alfred de Musset,[80] etc.

Entre os pintores e os músicos, Rafael, Mozart, Beethoven e outros encontrariam lugar aqui, pois que, sem cessar, a inspiração se derrama em abundantes jorros sobre a Humanidade.

Diz-se constantemente: "Estas ideias andam no ar". Andam, com efeito, porque as almas do Espaço as sugerem aos homens. É lá que se devem procurar as origens dos fortes movimentos de opinião em todos os domínios.

Cumpre, pois, reconhecê-lo: o fenômeno da mediunidade enche todas as eras. Toda a História se aclara pela luz. Aqui se concentra numa personalidade eminente e brilha com vivo fulgor: é o caso de Joana d'Arc. Ali se dissemina, repartida por grande número de intérpretes, como na época atual.

A mediunidade há sido repetidamente a inspiradora do gênio, o meio que Deus emprega para elevar e transformar as sociedades. No século XV, serviu para tirar a França do abismo de males em que se precipitara.

Hoje, é como um sopro novo que passa por sobre o mundo, para restituir a vida a tantas almas adormecidas na matéria, a tantas verdades que jazem na sombra e no esquecimento!

Os fenômenos de visão, de audição, as aparições de defuntos, as manifestações dos invisíveis pela incorporação, a escrita, a tiptologia, etc., vão sendo inúmeros; multiplicam-se cada dia em torno de nós.

As pesquisas de muitas sociedades de estudos, as experiências e os testemunhos de sábios eminentes, de publicistas de primeira ordem, cujos nomes temos declinado, não deixam dúvida sobre a realidade desses fatos. Eles foram observados em condições que desafiam qualquer mistificação.

---

78 Ver Léon Denis, *No invisível*, cap. XXVI, "A mediunidade gloriosa".
79 Pope escrevia, é ele próprio quem o diz, sob a inspiração dos Espíritos. Suas obras encerram predições concernentes ao futuro da Inglaterra, algumas das quais já se realizaram, aguardando outras o momento da sua realização.
80 Referindo-se à sua maneira de escrever, Musset dizia: "Não se trabalha nunca, espera-se, escutando. Incógnito, ao ouvido, alguém sentis falando".

Mencionaremos apenas alguns dos mais recentes, entre os que apresentam analogias com os da vida de Joana d'Arc.

Há primeiramente as vozes:

Em *Human Personality*, F. Myers trata da que *lady* Caidly ouviu, numa circunstância em que sua existência perigava.

François Coppée fala igualmente de uma voz misteriosa que o chamava pelo nome em certos momentos bastante graves de sua vida, quando, deitado, suas preocupações não lhe permitiam adormecer: "Seguramente não durmo nesse momento", afirma ele; "e a prova é que, malgrado a forte emoção que então experimento, sempre respondi logo: Quem é? Quem me fala? Porém, nunca a voz acrescentou coisa alguma ao seu simples chamado".[81]

No mês de maio de 1897, o Sr. Wiltshire foi despertado alta madrugada, ouvindo seu nome pronunciado por uma pessoa invisível. Como a voz insistisse, ele teve a impressão de um perigo imediato na vizinhança. Acabou por se levantar e sair; chegou precisamente a tempo de salvar a vida a uma jovem que tentara afogar-se.[82]

Na *Revue Scientifique et Morale du Spiritisme*,[83] o Dr. Breton, médico da Marinha e presidente da Sociedade de Estudos Psíquicos de Nice, refere o seguinte fato:

> A Srta. Lolla, jovem russa, habitando uma casa de campo, pertencente à sua família, na Rússia, vê em sonho entrar-lhe a mãe no quarto e gritar: "Lolla, não tenhas medo, a granja está incendiada!" Na noite seguinte, a Srta. Lolla é bruscamente acordada por sua mãe, que, penetrando-lhe em pessoa no quarto, grita: "Lolla, não tenhas medo, a granja está incendiada!" Exatamente as mesmas palavras que ouvira sonhando. A Srta. Lolla se casa, torna-se esposa do Sr. de R., oficial russo. Morre-lhe o sogro. Algum tempo depois, a jovem Sra. de R. acompanha a sogra ao cemitério para, numa capela de família, orar sobre o túmulo do defunto. Ajoelhada e orando, ouve distintamente uma voz dizer-lhe: "tu também ficarás viúva, mas não terás a consolação de orar sobre o túmulo de meu

---

81 Ver *No invisível*, p. 185 e 186, e o jornal *Le Matin*, 7 out. 1901.
82 *Revue Scientifique et Morale du Spiritisme*, jun. 1908.
83 Jun. 1909.

filho". Ouvindo isso, a moça desmaiou; acode-lhe a sogra e, logo voltando a si, ela refere a causa de sua emoção.

Estala a guerra russo-japonesa, o coronel de R. recebe ordem de seguir. Parte e sucumbe na Manchúria. Seu corpo, numa ambulância, é transportado com outros para Mukden, a fim de ser enviado para a Rússia. Mas o destacamento que os conduzira teve que abondaná-los durante a retirada geral do exército russo. Não obstante as inúmeras investigações efetuadas, nunca se pôde saber o que fora feito daqueles corpos.

A profecia do Espírito, pai do coronel de R., se cumprira: a jovem viúva não poderá jamais orar sobre o túmulo do marido.

Falemos agora das aparições, que não são raras na época presente, e cuja autenticidade, nalguns casos, se tem podido firmar por meio da fotografia.

A *Revue* de 15 de janeiro de 1909 traz a narrativa de um fato deste gênero, feito por W. Stead, o grande publicista inglês, tão conhecido pela sua lealdade, como pelo seu desinteresse e ainda pela sua coragem. Exigisse-o a verdade e vê-lo-íamos em qualquer ocasião enfrentar toda a Inglaterra. É sabido que, com grave dano para seus interesses pessoais, esquecendo os muitos milhões que herdaria de Cecil Rhodes, ousou apontar publicamente o poderoso milionário como um dos principais responsáveis pela guerra sul-africana, chegando a reclamar que lhe fosse aplicada a pena de trabalhos forçados (*hard labour*).

No decurso dessa mesma guerra, W. Stead se dirigiu ao gabinete de um fotógrafo muito ignorante, mas dotado de dupla vista, para experimentar o que poderia obter, pois que o estudo do mundo oculto o atraía vivamente. Diante do fotógrafo e de Stead surgiu uma aparição, que já dias antes se mostrara ao primeiro. Convencionaram fotografá-la com o escritor. Durante a operação, respondendo a uma pergunta, a personagem invisível aos olhos humanos disse chamar-se Piet Botha. Entre todos os Botha conhecidos de Stead, nenhum havia com aquele prenome. Efetivamente, a seu lado se via muito nítida, na fotografia, a figura de um bôer.

Quando, concluída a paz, o general Botha veio a Londres, W. Stead lhe enviou a imagem obtida. No dia seguinte recebeu a visita de um dos delegados da África do Sul, o Sr. Wessels, que, muito admirado, lhe disse: "Este homem nunca o conheceu! Jamais pôs os pés na Inglaterra. É meu parente, e tenho dele um retrato em minha casa!". "Morreu?", perguntou-lhe Stead. "Foi o primeiro comandante bôer morto no cerco de Kimberley", respondeu-lhe o interlocutor, "chamava-se Petrus Botha, mas nós o tratávamos abreviadamente por Piet".

Os outros delegados dos estados livres também reconheceram na fotografia o guerreiro bôer.

Não raro as aparições se apresentam a crianças, incapazes de qualquer enredo, de qualquer fraude, e essa circunstância milita fortemente a favor da autenticidade desejada em tais casos.

Os *Annales des Sciences Psychiques*, de 1 a 16 de fevereiro de 1909, citam muitos desses fatos. Num deles, é protagonista uma menina de dois anos e meio que, por diversas vezes e em diferentes lugares, vê uma irmãzinha que morrera havia algum tempo e estende-lhe a mão. Noutro, figura uma criança de 3 anos que, por ocasião da morte de um irmão, vê uma de suas tias já falecida e corre para ela, acompanhando-a para onde quer que se dirija o vulto.

Brierre de Boismont, nos *Annales Médico-Psychologique*s, 1851,[84] narra o seguinte:

> Um rapaz de 18 anos, sem nenhuma tendência para a exaltação, para o romanesco, ou para as superstições, fora habitar em Ramsgate por causa da saúde. Indo passear a uma das aldeias próximas, entrou, ao cair da tarde, numa igreja, e ficou transido de pavor ao dar com o espectro de sua mãe, que falecera meses antes, em consequência de uma enfermidade muito dolorosa, que infundia compaixão a quantos lhe rodeavam o leito. A aparição se conservou imóvel durante um tempo considerável, entre a parede e o rapaz, que, afinal, fugiu para casa, onde chegou quase desfalecido. Acontecendo repetir-se o fenômeno por muitas noites consecutivas, no seu próprio aposento, ele se sentiu doente e cuidou sem demora de regressar a Paris, onde residia seu pai, ao qual resolveu nada dizer da visão, com receio de aumentar a dor que o acabrunhava desde que perdera a esposa adorada.
>
> Obrigado a dormir no quarto do pai, causou-lhe surpresa haver aí uma luz acesa durante toda a noite, o que não era dos hábitos nem do gosto

---

84 *Des Hallucinations Compatibles avec la Raison*, p. 245 e 246.

de qualquer dos dois. Ao cabo de muitas horas de insônia produzida pela claridade, o rapaz levantou-se para apagar a luz. Imediatamente o pai despertou em grande agitação e lhe ordenou que tornasse a acendê-la, o que o moço fez, muito admirado da irritação do velho e do terror que lhe alterava a fisionomia. Inquirindo do motivo de tanto pavor, obteve apenas uma resposta vaga e a promessa de que a explicação do fato lhe seria revelada mais tarde. Passada uma semana, quando muito, depois dessa ocorrência, o rapaz, não podendo dormir pelo incômodo que lhe causava a luz, aventurou segunda vez apagá-la. Mal o fizera, eis que o pai salta do leito, agitado, a tremer convulso, censura-lhe a desobediência e novamente acende a lâmpada. Confessou então que, estando no escuro, o fantasma da mulher lhe aparecia e se conservava imóvel, para só desaparecer quando o quarto se iluminava. Profundamente impressionado com o que ouvira e temendo aumentar a aflição ao pai, se lhe contasse a aventura de Ramsgate, o mancebo pouco tempo depois deixou Paris e foi para uma cidade do interior, a 60 milhas de distância, visitar um irmão que aí se achava num internato e ao qual nada comunicara do que lhe sucedera, receando o ridículo.

Apenas entrara e trocara os cumprimentos de uso, o filho do diretor do internato o interroga: "Seu irmão já alguma vez manifestou sintomas de loucura? À noite passada ele desceu em camisa, fora de si, declarando ter visto o Espírito da mãe, acrescentando que não ousava mais voltar para o quarto, e desmaiou de medo".

Poderíamos enumerar muitos outros fatos da mesma natureza. Os habitantes do Espaço não desdenham um só dos meios de nos indicarem e demonstrarem que a sobrevivência é uma realidade. Os Espíritos Superiores dão acentuada preferência ao fenômeno da incorporação, por ser o que lhes permite obrar mais conscientemente nas manifestações, o que lhes faculta mais amplos recursos intelectuais. Na incorporação, o médium, imerso em profundo sono, por efeito de uma ação magnética invisível, abandona o organismo às Entidades que se querem manifestar, as quais, apoderando-se dele, entram em relação conosco, mediante o emprego da voz, dos gestos e das atitudes. Tão sugestiva e imponente é às vezes a linguagem de que usam, que, por ela, sem sombra de dúvida, se lhes reconhecem o caráter, a natureza, a identidade. Tanto tem de fácil a imitação dos fenômenos físicos, tais como as mesas falantes, a escrita automática, o aparecimento de fantasmas, quão difícil, se não impossível, se mostra a simulação das coisas de elevada ordem intelectual, pois que o talento não é imitável e ainda menos o gênio. Muitas ocasiões temos tido de assistir a cenas deste gênero, e sempre nos deixaram funda impressão. Viver, um momento que seja, na intimidade dos grandes seres, vale por uma das raras felicidades concedidas ao homem neste mundo. Graças à mediunidade de incorporação é que temos podido comunicar com os Espíritos guias, com a própria Joana, e receber deles os ensinos e as revelações que consignamos em nossas obras.

Todavia, esta faculdade mediúnica, constituindo para os experimentadores uma fonte de gozo, não dá motivo de satisfação ao médium, que, ao despertar, nenhuma lembrança conserva do que se passou, enquanto seu Espírito esteve ausente do corpo cedido a outro.

Uma imensidade de pessoas tem o dom da mediunidade em estado latente. Por toda a parte, nas moças, nos rapazes, nas meninas, se encontram em gérmen faculdades sutis e, em elaboração, poderosos fluidos, capazes de servirem de ligação entre o cérebro humano e as inteligências do Espaço. Ainda nos faltam, porém, escolas e métodos para desenvolver cientificamente e com perseverança tão inestimáveis elementos, e assim valorizá-los, tornando-os capazes de produzir todos os frutos que poderiam dar e que colheríamos, se não fora a carência, ainda reinante, de preparo metódico e de paciente estudo. Infelizmente, em vez de frutos, o que com desconsoladora frequência se observa é que, à míngua de saber e de um trabalho regular, os promissores embriões secam, e só flores envenenadas dão.

Pouco a pouco, entretanto, uma ciência nova e uma nova crença despontam e se propagam, levando a todos os homens o conhecimento das leis que regem o universo invisível e os meios de bem cultivarem as preciosas faculdades mediúnicas, transformando-as em instrumento das grandes almas depositárias dos segredos do Além. Os experimentadores, em consequência, terão que renunciar aos acanhados pontos de vista em que se colocam, aos processos rotineiros de uma ciência que já envelheceu, para se consagrarem à utilização dos poderes do Espírito, mediante a elevação do pensamento, que é o motor supremo, o traço de união entre os mundos divinos e as esferas inferiores. E desde logo verão que um raio de luz desce do Alto para lhes fecundar as pesquisas, e verificarão que o estudo dos grandes problemas filosóficos, a prática do dever, a dignidade e a retidão da vida são as condições essenciais de bom êxito. Em matéria de experimentação psíquica, além da ciência e do método, elementos indispensáveis, prodigiosa é a importância dos surtos generosos da alma por meio da prece. Eles constituem o ímã, a corrente fluídica que atraem as potências benfazejas e afastam as influências funestas, como o demonstra sobejamente a vida inteira de Joana.

No dia em que estiverem preenchidas todas essas condições, o novo Espiritualismo terá entrado plenamente no caminho de seus destinos e, para tantas crenças que oscilam ao embate das paixões, como para a alma humana que se chafurda na materialidade, por entre o rebaixamento geral dos caracteres e das consciências, será um meio de salvação, uma força, uma fé vivaz e ativa, que unirá o Céu à terra e enlaçará as almas e os mundos numa comunhão eterna e infinita.

V
Vaucouleurs

Eis, vou partir!
Adeus, vós todos a quem eu amava.
PAUL ALLARD

Retomemos o curso da história de Joana. Vimo-la sair de Domremy. A partir desse dia, as provações vão surgir sob cada um de seus passos e serão tanto mais cruéis, quanto lhe virão daqueles cuja simpatia, afeição e amparo devia esperar. São-lhe aplicáveis estas palavras: "Ela veio para o meio dos seus e os seus, não a conheceram".[85]

Desde os primórdios de sua missão, Joana sentiu as penosas alternativas que, depois, frequentemente, a assaltaram. Tão devotada a seus deveres, tão submissa à autoridade de seus genitores, ela se vê, malgrado o amor que a ambos consagra, na contingência de lhes infringir as ordens e de abandonar clandestinamente a casa onde nascera.

Seu pai tivera em sonho a revelação dos desígnios que ela acariciava. Sonhou, uma noite, que a filha deixava a terra natal, a família, e partia, acompanhada de homens de guerra. Vivamente preocupado, falou disso aos filhos, ordenando-lhes que, de preferência a consentirem que se

---

85 JOÃO, 1:11.

ausentasse assim, "a afogassem no Mosa". E acrescentava: "Se o não fizerdes, fá-lo-ei eu próprio!".

Joana fora obrigada a dissimular, resolvida, como estava, "a obedecer antes a Deus do que aos homens".

Em Rouen, os juízes lhe fazem carga dessa circunstância: "Acreditavas proceder bem", perguntam-lhe, "partindo sem permissão de teu pai e de tua mãe?". "Sempre obedeci a meu pai e a minha mãe em tudo, exceto no que respeitava à minha partida. Mas depois lhes escrevi, e eles me perdoaram."

Mostra-se assim cheia de deferência e submissão para com aqueles que a criaram. No entanto, os juízes insistem: "Quando deixaste pai e mãe, não consideraste estar cometendo um pecado?!". Joana então exprime todo o seu pensamento, nesta bela resposta: "Pois que Deus ordenava, era preciso fazer. Mesmo que eu tivesse cem pais e cem mães, e que fosse filha de rei, ainda assim teria partido!"[86]

Acompanhada por um de seus tios, Durand Laxart, a quem, passando por Burey, se reunira, o único parente que lhe acreditou na vocação, o único que a animou a executar seus projetos, apresenta-se a Robert de Baudricourt, comandante de Vaucouleurs, em nome do delfim. O primeiro acolhimento foi brutal. Joana, porém, não desanima, prevenida que fora por suas vozes. Escudada numa resolução inabalável, nada é capaz de desviá-la de seu objetivo. Afirma-o em termos enérgicos à boa gente de Vaucouleurs: "Antes que a quaresma vá em meio, hei de estar na presença do rei, ainda que tenha de gastar minhas pernas até aos joelhos!". E, pouco a pouco, à força de insistência, o rude comandante lhe presta mais atenção aos propósitos.

Como todos os que dela se aproximavam, Robert de Baudricourt experimentou o ascendente daquela criança. Depois de mandá-la exorcizar por Jean Tournier, cura de Vaucouleurs, e de convencer-se de que nenhuma tenção má a guiava, não mais ousa negar-lhe crédito à missão, nem cumular-lhe de obstáculos o caminho. Manda lhe deem um cavalo e escolta. Já o cavaleiro Jean de Metz, dominado pela ardente convicção de Joana, lhe prometera conduzi-la à presença do rei. E, como lhe perguntasse: "Mas quando?", prontamente, ela respondeu: "Antes já do que amanhã, antes amanhã do que mais tarde!".

---

86 J. Fabre — *Processo de condenação*, 2º interrogatório secreto, p. 139.

Finalmente, partiu, ouvindo do comandante da praça, por despedida, estas palavras de uma frieza pouco animadora: "Vai e suceda o que haja de suceder!" Que importam, entretanto, a Joana tais palavras! Não é às vozes da terra que dá ouvidos, mas às do Alto, que a estimulam e alentam. As incertezas e perigos do futuro lhe revigoram a força d'alma e a confiança, tanto que de contínuo repetirá o ditado de sua província: "Ajuda-te a ti mesmo, que Deus te ajudará!". O porvir é de infundir terror. Ela, porém, de posse das forças divinas, nenhuma coisa teme!

Dá, por esta forma, um exemplo a todos os peregrinos da vida. Emboscadas tremendas se multiplicam na estrada que cumpre ao homem percorrer: por todos os lados atoleiros, angulosas pedras, sarças, espinhos. Todavia, para transpormos tão perigosos óbices, temos em nós, dados por Deus, os recursos de uma energia oculta, de que podemos usar com eficácia, atraindo, pela mediação das potências invisíveis, os misteriosos socorros do Alto, que nos centuplicam as forças pessoais, assegurando-nos o bom êxito na luta. Ajuda-te a ti mesmo e Deus te ajudará! Joana parte, levando por companhia unicamente alguns homens de coragem. Viaja dia e noite por províncias inimigas, para vencer as 150 léguas que a distanciavam de Chinon, onde reside o delfim Carlos, cognominado, por escárnio, o rei de Bourges, porque, sob o cetro, somente conserva uns farrapos de reino, vivendo despreocupado de seu infortúnio, absorvido pelos prazeres, cercado de cortesãos, que o traem e secretamente pactuam com o inimigo.

Para chegar até lá, tem que atravessar a terra dos borgonheses, aliados da Inglaterra, caminhar à chuva por atalhos escondidos, vadear rios transbordados, dormir sobre o solo encharcado. Não hesita um só instante. Suas vozes lhe repetem sem cessar: "Vai, filha de Deus, vai, nós iremos em teu auxílio!". E ela vai, vai, a despeito dos obstáculos, por entre todos os perigos. Voa em socorro de um príncipe desesperançado e sem coragem.

E vede que mistério admirável! Uma criança é quem vem tirar a França do abismo. Que traz consigo? Algum socorro militar? Algum exército? Não, nada disso. traz apenas a fé em si mesma, a fé no futuro da França, a fé que exalta os corações e desloca as montanhas. Que diz a quantos se apinham para vê-la passar? "Venho da parte do Rei do Céu e vos trago o socorro do Céu!"

VI
Chinon, Poitiers, Tours

Vai, avança ousadamente,
Que do triunfo irás à frente.
PAUL ALLARD

Para a maior parte dos autores, Joana entrou na Touraine por Amboise, seguindo a estrada romana que se alonga pela margem esquerda do Loire. Teria então vindo primeiramente de Gien a Blois, pelo Sologne. Saindo de Amboise, teria atravessado o Cher, em Saint-Martin-le-Beau; o Indre, em Cormery, e parado em Sainte-Catherine-de-Fierbois, onde havia uma capela consagrada a uma de suas santas. Segundo antiga tradição, Charles Martel, vencedor dos Sarracenos, tendo-os exterminado nos bosques bravios (*ferus boscus*, Fierbois), depusera a espada na ermida, que se erguia em meio desses bosques. Reconstruída em 1375, ela era frequentada pelos cavaleiros e homens de armas que, para obterem a cura de ferimentos, faziam voto de lá ir em peregrinação depositar seus gládios.

A certa altura da estrada, fora posto de alcateia, provavelmente pelo pérfido La Trémoille, um troço de soldados pagos para se apoderarem de Joana. Ao enfrentarem, porém, a enviada de Deus, os bandidos ficaram como que pregados ao solo.[87]

---

87 J. Fabre — *Processo de reabilitação*, t. I, p. 150 e 151. Depoimento de frei Seguin.

Conforme os depoimentos, idênticos, de Poulengy e de Novelonpont, a viagem de Vaucouleurs a Chinon se efetuou em onze dias. Segue-se daí, diz o padre Bosseboeuf, que Joana chegou a Chinon a 23 de fevereiro, numa quarta-feira.[88] Wallon, Quicherat e outros dizem ter sido a 6 de março.

Eis aqui a cidade e seus três castelos, cujos contornos se confundem numa extensa massa cinzenta de muros ameados, de torres e torreões.

Ao entrar em Chinon, a pequena caravana desfilou pelas ruas ladeirentas, margeadas de edificações góticas, com os frontispícios chapeados de ardósias, e as quinas ornadas de estatuetas de madeira. Desde logo, às portas das casas, ou nos serões à noite, junto à lareira crepitante, começam a circular de boca em boca maravilhosos contos, em que figura como protagonista a donzela que viera dos confins de Lorena, para cumprir as profecias e pôr termo à insolente fortuna dos ingleses.

Joana e sua escolta pousaram "em casa de uma boa mulher, perto do castelo",[89] sem dúvida a do gentil-homem Reignier de la Barre, cuja viúva, ou filha, recebeu a donzela com muita alegria.[90] Passou aí dois dias, sem conseguir a audiência que pedira.[91] Mais tarde, alojou-se no próprio castelo, na torre de Coudray.

Afinal, a tão desejada entrevista lhe foi concedida. Era noite. O flamejar das tochas, o estridular das fanfarras, o aparato da recepção, tudo isso não irá causar-lhe assombro e intimidá-la? Não, ela vem de um mundo mais brilhante do que o nosso. Desde tempos remotos, conheceu magnificências ao lado das quais toda aquela encenação é por demais descolorida. Muito para lá de Domremy, muito para além da terra, em épocas que lhe precederam o nascimento, frequentou moradas mais gloriosas do que a corte de França, e disso guardou a intuição.

Mais vibrante do que o tilintar das armas e o ressoar das trombetas é a voz que lhe fala no íntimo, repetindo: "Vai, filha de Deus, estou contigo!".

Entre meus leitores, alguns hão de estranhar estes dizeres. É, pois, chegada a ocasião de afirmar, de recordar que o Espírito existe anteriormente ao corpo; que, antes de seu último nascimento na terra, já ele percorreu dilatados períodos de tempo, habitou muitos lugares, e que, revoltando a este mundo a cada nova encarnação, traz consigo volumosa

---

88 *Bulletin de la Société Archéologique de Touraine*, t. XII.
89 J. Fabre — *Processo de condenação*, p. 150.
90 M. de Cougny — *Chinon et ses monuments*, in-8°, 1898, p. 35 e 36.
91 J. Fabre. Op. Cit. Depoimento de Dunois.

bagagem de qualidades, faculdades e aptidões, reunidas durante o passado obscuro que atravessou.

Há, em todos nós, nas profundezas da consciência, um amontoado de impressões e de lembranças, constituído no decurso de nossas vidas antecedentes, seja na terra, seja no Espaço. Essas lembranças e impressões jazem adormecidas: o espesso manto da carne as abafa e apaga. Mas, às vezes, e sob a ação de algum agente exterior, despertam repentinamente. Chispam então as intuições, ignoradas faculdades reaparecem, e nos tornamos, por instantes, um ser diferente do que éramos aos olhos de nossos semelhantes.[92]

Já, sem dúvida, haveis de ter observado certas plantas que se balouçam na superfície das águas dormentes dos lagos. Aí tendes uma imagem da alma humana, a flutuar sobre as profundezas sombrias de seu passado, mergulhando as raízes em regiões desconhecidas e longínquas, donde haure a vivificante seiva, necessária à formação da flor esplendente que vai desabrochar, crescer, desdobrar-se no campo da vida terrena.

Joana foi introduzida num imenso salão do castelo, onde se achavam reunidos trezentos fidalgos, cavaleiros e damas da nobreza, ricamente trajados. Que impressão não devera produzir na humilde camponesa aquele espetáculo! De que coragem não precisou para afrontar tantos olhares licenciosos ou inquisitoriais, tão numerosa assembleia de cortesãos, que ela percebia lhe ser hostil?

Lá estavam Regnault de Chartres, chanceler da França, arcebispo de Reims, sacerdote de alma empedernida, pérfido e cúpido; La trémoille, o grande camarista, homem invejoso e dissimulado, que dominava o monarca e, em segredo, urdia traições com os ingleses; o duro e orgulhoso Raul de Gaucourt, mordomo-mor do rei; o marechal Gilles de Retz, infame feiticeiro, mais conhecido pela alcunha de "Barba Azul"; e uma infinidade de outros cortesãos titulares, de padres astuciosos e ávidos. Joana sentia em torno de si uma atmosfera de incredulidade e animadversão.[93] Tal o meio em que vivia Carlos VII, amolentado pelo abuso dos prazeres, longe do teatro da guerra, entre os favoritos e as amantes.

Suspeitoso e tímido, o rei, para experimentá-la, pusera no trono um cortesão, e se ocultara na multidão de fidalgos. A donzela, porém, vai

---

92 Ver Léon Denis, *O problema do ser, do destino e da dor*, p. 240 et. seq.
93 N.E.: Censura, repreensão, reprimenda.

direto à sua presença, ajoelha-se e lhe fala por longo tempo em voz baixa. Revela-lhe pensamentos que ele guardava em segredo, as dúvidas que nutria sobre seu próprio nascimento, suas hesitações ocultas, e um raio de confiança e de fé ilumina, diz a crônica, o semblante do monarca.[94] Os que presenciavam a cena compreenderam, tomados de espanto, que um fenômeno extraordinário acabava de operar-se.

Entretanto, "ninguém houve que pudesse crer achar-se a sorte do mais altivo reino da cristandade confiada a tais mãos, nem que ao braço débil de uma pobre aldeã estivesse reservado o desempenho de uma tarefa que malograra os conselhos dos mais avisados e a coragem dos mais fortes".[95] Contudo, Joana ainda teve que suportar muitas humilhações, e sofrer exame feito por matronas, para verificação de sua pureza. Em Poitiers, onde a mandaram, comparece diante de uma comissão de inquérito, composta de uma vintena de teólogos, dois dos quais bispos, os de Poitiers e de Maguelonne.

"Era um belo espetáculo", diz Alain Chartier, escrevendo sob a impressão da cena, "vê-la disputar, ela, mulher, contra os homens; ignorante, contra os doutores; só, contra tantos adversários." Todas as suas réplicas denotam grande vivacidade de espírito, e são sempre de surpreendente oportunidade. A cada momento lhe irrompem dos lábios ditos chistosos, tão imprevistos quanto originais, que arrasam as lastimosas objeções de seus examinadores. Os autos dos interrogatórios de Poitiers foram destruídos. Alguns historiadores responsabilizam por essa destruição os agentes da coroa da França, que se mostraram tão ingratos

---

94 J. Fabre — *Processo de reabilitação*. Testemunho do camarista Guilherme Gouffier, t. II, p. 286. Pierre Sala, autor das *Hardiesses des Grands Rois et Empereurs*, obra publicada em 1516, conhecia, porque lhe revelara o camarista Guilherme Gouffier, senhor de Boisy, "o segredo da entrevista do rei com a donzela. Tido em grande estima pelo monarca" — diz Pierre Sala — "Guilherme fora o depositário de suas confidências. Carlos VII descera tanto que não sabia o que fazer e não cogitava senão de salvar a vida, sitiado, como se via, de todos os lados, pelos inimigos. Certa manhã, entrou só em seu oratório e, numa prece humilde, rogou a nosso Senhor, no íntimo do coração, sem pronunciar palavra, devotamente, que, se ele, Carlos, fosse o legítimo herdeiro da coroa da França, lhe guardasse o reino, ou, quando não, lhe concedesse a graça de escapar salvo e ganhar a Espanha ou a Escócia".
A virgem, diz ainda Sala, em resumo, tendo tido a revelação dessas coisas nos campos, as repetiu ao delfim, logo que lhe falou, animando-o e afirmando-lhe da parte de Deus que ele era verdadeiramente filho de rei e herdeiro da coroa da França.
Ver manuscritos da Biblioteca Nacional, suplementos franceses, nº 191. J. Quicherat cita, com Sala, depositário das confidências do senhor de Boisy, duas outras versões inteiramente acordes; ap. *Processo*, t. IV, p. 257, 272 e 279.
Ver também a importantíssima carta de Alain Chartier, ap. *Processo*, t. V, p. 133.
95 Dupanloup — *Panégyrique de Jeanne d'Arc*, 1855.

e indiferentes para com a donzela durante seu longo cativeiro. Não nos resta mais do que um resumo das conclusões a que chegaram os doutores chamados a emitir opinião acerca de Joana.[96] "Nela não se encontra maldade alguma", dizem eles, "e sim tudo o que é bom; humildade, virgindade, devoção, honestidade e simpleza".[97]

Possuímos, além disso, os testemunhos do processo de reabilitação. Frei Seguin, da Ordem dos Dominicanos, exprimia-se assim, com muita bonomia e simplicidade:

> Eu que vos falo perguntei a Joana de que idioma se servia a voz que lhe falava. "De um melhor do que o vosso", respondeu-me. E, com efeito, eu falo o limosino. Interrogando-a de novo, disse-lhe: Crês em Deus? "Sim, melhor do que vós", foi a resposta que me deu.[98]

Outro dos juízes de Poitiers, Guilherme Aimery, lhe objetava: "dizes que Deus te prometeu a vitória, e pedes soldados. Para que soldados, se a vitória está garantida?" "Os soldados batalharão em nome de Deus", replicou Joana, "e Deus dará a vitória".[99]

Quando lhe pedem que mostre os sinais de ser verdade o que diz, isto é, quando lhe pedem milagres, ela observa: "Não vim a Poitiers para dar sinais de coisa alguma. Levai-me, porém, a Orléans e vos mostrarei os sinais de que sou enviada".[100]

Pela segunda vez, obrigam-na a sujeitar-se a ser examinada por um conselho de matronas, a que a rainha da Sicília preside, para lhe verificarem a virgindade.

Depois de sair triunfante de todas essas provações, ainda foi forçada a esperar mais de um mês para marchar contra os ingleses. Só quando a situação de Orléans se torna desesperadora é que Dunois consegue que a enviem, como último recurso, à frente de um comboio de víveres.

* * *

---

96 Manuscrito 7301 da Biblioteca Nacional.
97 J. Fabre — *Processo de reabilitação*, t. I, p. 170.
98 Id. Ibid., Depoimento de frei Seguin.
99 Id. Ibid., t. I, p. 152.
100 Id. Ibid., t. I, p. 153.

Joana veio primeiramente a Tours, para mandar fazer sua armadura e seu estandarte. Reinava aí viva agitação, entregues os habitantes a ativos trabalhos de defesa. A 14 de outubro de 1428, o marechal de Gaucourt, bailio[101] de Orléans e mordomo-mor do rei, os avisara de que os ingleses haviam posto cerco a Orléans, e que tencionavam em seguida marchar sobre Tours.[102] A cidade se aprestava para resistir. Por toda a parte pedreiros, obreiros de toda espécie, trabalhadores braçais porfiavam numa atividade febril. Trabalhava-se com ardor em levantar baluartes, cavar e alargar fossos, reparar e aparelhar as pontes. Nas torres e trincheiras, construíam-se guaritas de madeira para as atalaias. Abriam-se canhoneiras nas muralhas de circunvalação. Bombardas e colubrinas, balas de pedra, pólvora, tudo o que compunha a artilharia da época estava sendo armazenado. O inimigo podia vir: saberiam responder-lhe.

A antiga cidade dos turones gozava então de grande importância. Chamavam-lhe a segunda Roma, por causa de seu numeroso igrejário, de seus mosteiros e, sobretudo, por causa da romaria a São Martinho, para a qual vinham peregrinos de todos os pontos da cristandade. A fim de fazermos ideia de sua situação ao tempo de Joana d'Arc, subamos pelo pensamento a uma das torres da colegiada de São Martinho, à de Carlos Magno, por exemplo, conservada até hoje e que encerra o túmulo de Luitgarde, esposa daquele rei, circunstância que lhe deu o nome.

Vista de relance, ela nos apresentará, mais ou menos, aspecto idêntico ao que ofereciam todas as grandes cidades francesas da Idade Média, razão por que convém demoremos um pouco a inspeção.

Cintavam-na quatro linhas contínuas de muralhas e de torres. No interior desse perímetro, um labirinto de ruas estreitas e praças apertadas, ao longo das quais se enfileiravam casas de frontões ogivais e coberturas, denticuladas, com os pavimentos inclinados uns sobre os outros, as portas guarnecidas de estatuetas, vigas esculpidas, altas trapeiras e vidros de cores variadas. Completando tão pitoresco conjunto, grandes divisas de ferro, recortadas pelas mais extravagantes formas, substituem os números das casas, balançando ao vento. Umas têm sentido histórico ou heráldico, o de outras é emblemático, comemorativo ou religioso. Eis aqui, por exemplo, algumas das da Grand'Rue: "Ao unicórnio"; "À pega"; "Aos padre-nossos

---

101 N.E.: Magistrado judicial, comendador.
102 Ver *Registres des Comptes de la Ville de Tours*, t. XXIV, e *Bulletins de la Société Archéologique de Touraine*, t. XII.

de ouro"; "Ao asno vigilante"; da praça Praça Saint-Martin: "Ao macaco pregador", "À coruja"; da rua de la Rôtisserie: "Às três tartarugas", etc.[103]

Do ponto elevado em que nos achamos, observai a floresta de lanternins agudos, de campanários, de muros donde emergem os três corpos da catedral, que já tem a nave principal mais ou menos acabada, porém, cujas torres são altas apenas de dez ou vinte metros, a abadia de São Juliano e a mole imponente da colegiada de São Martinho, da qual hoje duas torres somente restam.

A nossos pés, a cidade inteira, com suas cinquenta igrejas ou capelas, seus oito grandes claustros, cercados de muros, suas numerosas hospedarias e habitações nobres; verdadeira brenha de flechas, de agulhas, de pontas de minaretes, de torrinhas em forma de fusos, de compridas chaminés góticas. Embaixo, o dédalo das ruas que se cortam e entrecruzam, e as encruzilhadas atravancadas de gente e de cavalos. Prestai atenção ao sussurro e ao rumor que sobem até onde estamos. Escutai o retinir de todos os sinos a darem as horas.

Imaginai, luzindo sobre este panorama, um límpido raio de sol; contemplai os reflexos cambiantes do rio; ao longe, as colinas cobertas de vinhedos, as florestas que ocupam os dois planaltos, especialmente ao sul, e cujos maciços profundos formam grandioso quadro à cidade, que se estende pelo recôncavo do vale. Considerai tudo isso e fareis ideia do que era tours no dia em que Joana d'Arc lá chegou, acompanhada de sua casa militar.[104]

Conforme o depoimento de seu pajem Louis de Contes, no processo, ela se hospedou na casa de uma senhora chamada Lapau.[105] Segundo o testemunho de seu capelão, Jean Pasquerel, foi o burguês Jean du Puy[106] quem lhe deu agasalho. Essas contradições são apenas aparentes. Com efeito, o nobre turonense Jean du Puy era casado com Éléonore de Paul, e o povo, sempre avezado às corruptelas, deformou este último nome. Yolanda, rainha de Aragão e da Sicília, dera Éléonore, por dama de honra, à sua filha Maria d'Anjou, rainha da França. "Ela era enjovina", diz de Beaucourt

---

103 Dr. Giraudet — *Histoire de la Ville de Tours*.
104 Compunha-se esta de Jean d' Aulon, seu escudeiro; dos dois cavaleiros que lhe vinham na companhia desde Vaucouleurs; de dois pajens e de seus irmãos Jean e Pierre d'Arc, que se lhe reuniram.
105 J. Fabre — *Processo de reabilitação*, t. I, p. 208.
106 J. Fabre. Op. Cit., p. 217.

em sua *Histoire de Charles VII*,[107] e "provavelmente fora educada com a jovem princesa". Tendo-lhes a rainha Yolanda pedido hospedagem para a estrangeira, que tomara sob sua proteção, Jean du Puy, conselheiro do rei e almotacel, e sua esposa a acolheram. O prédio em que habitavam ficava perto da igreja de Saint-Pierre-le-Puellier, e muitos arqueólogos julgam reconhecê-la na casa chamada de Tristão.[108]

Foi em Tours que, na qualidade de capelão, entrou para o serviço de Joana frei Pasquerel, então leitor do convento dos Agostinhos daquela cidade,[109] o qual a acompanhará fielmente até ser presa em Compiègne, um ano depois.

Também foi em Tours que a intrépida menina recebeu seu equipamento militar, a espada e a bandeira. Seguindo suas indicações, um armeiro da cidade foi procurar a espada que Charles Martel depositara em Sainte-Catherine-de-Fierbois. Estava enterrada atrás do altar, e ninguém no mundo sabia que se achava ali. Para a heroína, essa espada sairá da poeira dos séculos e novamente expulsará o estrangeiro.

Outro armeiro de Tours lhe fabricou um arnês de rutilante alvura.[110]

Obedecendo às instruções de suas vozes, Joana mandou fazer, por um artista turonense, uma bandeira branca, que serviria de estandarte e seria o emblema em torno do qual se reuniriam as tropas dispersas. Ornavam-na franjas de seda, e continha, além da imagem de Deus abençoando as flores de lis, a divisa: "Jhésus Maria!".[111] A heroína jamais separava a causa da França dessa outra, mais alta, a inspiração divina, donde lhe decorria a missão.

A 25 de abril de 1429, partiu de Tours para Blois, onde a esperavam os chefes militares e o grosso do exército. Doze dias depois, data de

---

107 J. Fabre — *Processo de reabilitação*, t. II, p. 183.
108 Outros arqueólogos são de parecer que a casa atual, na rua Briçonnet, data apenas do reinado de Carlos VIII e que foi construída no mesmo local da em que habitou a donzela.
109 No mês de outubro de 1905, depois das importantes reformas feitas nas disposições internas do imóvel situado à rua des Halles nº 47, nasceu a convicção de que nesse lugar existira, como parte do convento dos religiosos Agostinhos, a capela de Joana d'Arc, onde ela gostava de ir orar. — Louis de Saint-Gildas, *Touraine Républicaine*, 20 oct. 1905.
110 De acordo com as contas de Hémon Regnier, tesoureiro das guerras, publicadas por Quicherat (*Processo de Joanna d'Arc*, t. V, p. 158), foram pagas "ao mestre armeiro, por um arnês completo para a dita donzela, cem libras tornezas" (Cerca de 690 francos em moeda corrente).
111 Nos mesmos registros do tesoureiro das guerras se lê a seguinte nota: "Pago a Hannes Poulvoir, pintor, residente em Tours, por haver pintado e pregado estofos para um grande estandarte e um pequeno destinado à virgem, 25 libras tornezas."

imperecível memória, ganhava a Batalha das Tourelles e forçava o inimigo a levantar o cerco de Orléans.

Quando deixou Tours, a população inteira se premia nas ruas para vê-la passar e aclamá-la. Envergando a armadura toda branca, que cintilava ao sol da manhã, ela, garbosa, fazia caracolar o belo cavalo de guerra que montava. Empunhando a bandeira, trazendo à cinta a espada de Fierbois, avançava radiante de esperança e de fé. Dir-se-ia o anjo dos combates, como celeste mensageiro.

VII
Orléans

Entrando em Orléans, quanto era grande e bela!
Premindo-se, os soldados fremem em torno dela.
Para os abençoar, mães os filhos lhe mostram, E, à
medida que avança, eis que todos se prostram!

PAUL ALLARD

De Tours a Orléans a viagem foi uma contínua ovação. Por onde passava, ia Joana semeando a alegria. Se os cortesãos a olham com suspeita e desdém, o povo, esse ao menos acredita nela e na sua missão libertadora. Os próprios ingleses, tomados de estupor, permanecem imóveis nas trincheiras, vendo desfilar, sob o comando da donzela, o exército de salvação. Os habitantes de Orléans, loucos de entusiasmo, esquecendo o perigo, transpõem os muros da cidade e correm ao encontro da heroína. No dizer de uma testemunha ocular, "eles já se sentiam reconfortados e desassediados pela divina virtude que lhes tinham dito haver naquela simples donzela, que todos consideravam muito afetuosamente, tanto os homens como as mulheres e as crianças".[112]

As campanhas de Joana d'Arc no Loire oferecem um espetáculo único na História: o dos capitães de Carlos VII, os Dunois, os La Hire, os

---

112 E. Lavisse — *Histoire de France*, t. IV, p. 53.

Gaucourt, os Xaintrailles marchando contra o inimigo sob as ordens de uma rapariga de dezoito anos!

Inúmeras dificuldades se lhe antolham. Os ingleses haviam feito um círculo de formidáveis fortificações em torno de Orléans. Dentro em pouco, na cidade reinará a miséria e será fatal a rendição de uma das maiores e mais fortes praças do reino. Lá se acham as melhores tropas da Inglaterra, comandadas pelos seus mais hábeis generais, as mesmas que vêm de alcançar sobre os franceses longa série de vitórias. Eis o imenso e principal obstáculo que cumpre à donzela vencer. São bravos os que ela comanda, mas estão desmoralizados por tantas derrotas sucessivas e pessimamente organizados para evitarem novos desastres.

Um primeiro ataque às trincheiras de Saint-Loup, tentado em sua ausência, é repelido. Avisada, a heroína se arroja a toda brida,[113] com a bandeira desfraldada. Eletriza os soldados e, num ímpeto fascinador, arrasta-os ao assalto.

Diz Anatole France, numa das raras passagens de sua obra, em que lhe faz justiça:

> Era a primeira vez que Joana via combater, e logo, entrando na batalha, se tornou o chefe, porque era melhor que todos. Fez mais do que os outros. Não que fosse mais versada do que eles em coisas de guerra; era-o muito menos; mas por ter o coração mais abnegado. Quando cada um pensava em si, ela pensava em todos; quando cada um tratava de se resguardar, ela a tudo se expunha, pois de antemão se votara sem reserva ao sacrifício. Assim, aquela criança que, como qualquer criatura humana, temia os sofrimentos e a morte, a quem suas vozes, seus pressentimentos haviam anunciado que seria ferida, tomou lugar à frente dos guerreiros e, sob uma chuva de projéteis arremessados pelas bestas e colubrinas, permaneceu de pé à borda do fosso, empunhando o estandarte, para manter unidos os combatentes.[114]

Com esse vigoroso ataque, conseguiu romper as linhas inglesas. Uma a uma, as fortificações foram tomadas, e em três dias Orléans estava livre do cerco. Depois, os combates se sucedem, como relâmpagos num céu de fogo. Cada assalto é uma vitória. É Jargeau, é Meung, é Beaugency! Finalmente, em Patay, os ingleses são batidos em campo raso, e o general Talbot,

---

113 N.E.: Em disparada, a toda velocidade.
114 A. France — *Vie de Jeanne d'Arc*, t. II, p. 335 e 336.

que os comandava, cai prisioneiro. Em seguida, as tropas libertadoras marcham sobre Reims e Carlos VII é sagrado rei da França.

Em dois meses Joana reparara todos os desastres; reconstituíra, moralizara, disciplinara, transfigurara o exército e reerguera todas as coragens.

"Antes dela", dizia Dunois, "duzentos ingleses punham em fuga mil franceses; com ela, algumas centenas de franceses forçam um exército inteiro a recuar".[115] No "Mistério do Cerco", drama popular, representado pela primeira vez no ano de 1456, em Orléans, um dos atores exclama: *Um só de nós vale por cem sob o estandarte da Virgem.*[116]

Alguns autores, como Thalamas,[117] julgaram poder afirmar que a situação de Orléans em 1429 não chegara a ser tão grave quanto geralmente se diz. Os ingleses eram pouco numerosos e os borgonheses se haviam retirado. A cidade, bem abastecida, se achava em estado de resistir longo tempo, e os orleaneses podiam libertar-se unicamente por seus próprios esforços.

Não só todos os historiadores, Michelet, Henri Martin, Wallon, Lavisse, etc., são unânimes em atestar a situação precária dos sitiados, como também o afirma um outro escritor, nada suspeito de parcialidade em favor de Joana: Anatole France, que escreveu o seguinte "Perturbados pelas dúvidas e temores, ardendo de inquietações, sem sono, sem repouso, não avançando um passo em qualquer sentido, os orleaneses começavam a desesperar".[118]

Enquanto isso, os ingleses aguardavam novos reforços prometidos pelo regente. Cinco mil combatentes se reuniram em Paris sob as ordens de *Sir* John Falstolf, com abundantes víveres, para marchar em auxílio dos sitiantes.[119]

Lembremos ainda mais o depoimento do duque d'Alençon no processo de reabilitação. Falando das temíveis fortificações construídas pelos ingleses, diz: "Se me achara em qualquer delas com um punhado de homens armados, ousara desafiar o poder de um exército e creio bem que os atacantes não lograriam tomá-las. E, de fato, os capitães que tiveram parte nas operações me declararam que algo de miraculoso houve no que se fez em Orléans!".[120]

A estes testemunhos convém aditar a afirmação de um dos sitiados, Jean Luillier, notável comerciante da cidade, o qual assim se exprimia:

---

115 J. Fabre — *Processo de reabilitação*, t. I. Depoimento de Dunois.[11]
116 *Mistère du Siège d'Orléans*, v. 12, 232 e 233.
117 Conferência feita em tours, 30 abr. 1905.
118 A. France — *Vie de Jeanne d'Arc*, t. I, p. 164.
119 Id. Ibid., t. I, p. 430. (Esse reforço não pôde tomar parte senão na batalha de Patay.)
120 J. Fabre. Op. Cit., t. I, p. 176.

> Todos os meus concidadãos e eu estamos certos de que, se a donzela não viera socorrer-nos, em pouco teríamos caído nas mãos dos sitiantes. Fora impossível aos orleaneses conseguirem resistir por muito tempo às forças inimigas, cuja superioridade era enorme.[121]

O entusiasmo dos habitantes dá a medida dos perigos por que passaram: após a libertação da praça, os orleaneses "se ofereciam a Joana para que a heroína dispusesse deles e de seus bens à vontade", diz-nos o *Journal du Siège*.[122]

Não menos probante é o testemunho que um modesto tabelião da cidade, Guillaume Girault, deixou consignado numa página de um de seus livros de assentamentos. Em meio das aclamações de toda a França, Girault escrevia que o livramento de Orléans fora o "milagre mais evidente que já houvera depois da Paixão".[123]

Esta parte da vida de Joana é rica de fenômenos de premonição, que devemos acrescentar aos já assinalados.

Suas vozes lhe haviam dito que, quando ela entrasse em Orléans, os ingleses não se mexeriam. O fato se verificou.

As chalanas que tinham de atravessar o rio para embarcar os víveres não podiam fazê-lo, por ser contrário o vento que soprava. Joana diz: "Esperem um pouco. Tudo entrará na cidade". Com efeito, o vento mudou e enfunou as velas.[124]

Nenhuma inquietação lhe produziu a partida do marechal de Boussac, à frente do segundo comboio de víveres. Dizia: "Sei que não lhe acontecerá mal algum". E assim foi.

Pouco a pouco, a alegria dos orleaneses ganha toda a França. À medida que as vitórias de Joana se sucedem, o rei as comunica às suas "boas cidades", convidando as populações a "louvarem a Deus e renderem homenagem à donzela, que sempre estivera presente à execução de todas estas coisas".[125]

Por toda a parte as notícias são recebidas com júbilo delirante, e o povo consagra à heroína um culto cada dia mais elevado.

---

121 J. Fabre – *Processo de reabilitação*, p. 260 e 261. Depoimento do burguês Jean Luillier.
122 Id. Ibid., p. 91 e 92.
123 J. Doinel — *Mémoires de la Société Historique et Archéologique de l'Orléanais*, 1892, t. XXIV, p. 392 e 393.
124 J. Fabre. Op. Cit., *Processo*. Depoimento de Dunois. — *Journal du Siège*, p. 74 e 75. *Chronique de la Pucelle*, p. 284
125 Carta de Carlos VII aos habitantes de Narbonne, *Processo*, t. V, p. 101 e 104. — Arcère, *Histoire de La Rochelle*. — Moynès, *Inventaires des Archives de l'Aude*, anexos, p. 390, etc. (segundo A. France).

* * *

Há 480 anos, Orléans festeja o aniversário de tão prodigiosos acontecimentos. Graciosamente convidado pelo *maire*, tive ocasião de assistir a muitas dessas solenidades.[126]Transcrevo aqui as notas que então escrevi, sob a impressão do momento:

O grande sino de alarma, velha testemunha do assédio, o mesmo que assinalava os movimentos dos ingleses, toca de quarto em quarto de hora. Suas vibrações sonoras se propagam por sobre a cidade, se instilam pelas ruas estreitas e tortuosas da antiga Orléans, penetram até ao fundo das casas, despertam nos corações a lembrança do levantamento do cerco. Acudindo-lhe ao chamado, logo todos os sinos das paróquias entram a bimbalhar. Suas éreas[127] vozes se elevam no espaço e formam um concerto portentoso, em que predominam as notas graves do grande sino, sons que impressionam as almas sonhadoras.

A cidade inteira se apresenta enfeitada e empavesada. Por cima dos edifícios flutuam bandeiras; nas sacadas e janelas, misturam-se os pavilhões nacionais e os estandartes com as cores e as armas da donzela.

A multidão enche as ruas e praças. Abundam forasteiros, vindos uns dos arredores, outros de pontos longínquos da França e até do estrangeiro. Significativa particularidade! Todos os anos, grande número de ingleses vêm participar das festas da virgem lorena. Entre os prelados franceses, via--se o cardeal Vaughan, arcebispo de Westminster. Um povo que procede assim não é um povo sem grandeza.

Em parte alguma a lembrança de Joana d'Arc se conservou tão viva. Em Orléans, tudo nos fala da donzela. Cada esquina de rua, cada monumento nos recorda um episódio do cerco. Durante quatro séculos, a França desconheceu sua heroína. O silêncio e a obscuridade lhe envolveram a memória. Só Orléans nunca a esqueceu.

A partir de 1430, um ano depois de levantado o sítio, foram instituídas a cerimônia e a procissão comemorativas e, desde então, a municipalidade e o clero, numa digna emulação, se esforçam por dar à solenidade novos atrativos, sempre que ela se repete. Espetáculo raro e tocante: todos

---

126 Especialmente de 1893 a 1905. O programa das festas não varia de um ano para outro. Apenas, depois da separação, as grandes corporações do Estado não mais assistem, oficialmente, à cerimônia religiosa.
127 N.E.: Que tem a cor do bronze.

os poderes se unem para tornar a manifestação cada vez mais brilhante. Só a memória de Joana é hoje capaz de restabelecer a união dos pensamentos e dos corações, do mesmo modo que ela em pessoa restabeleceu a unidade da França, no momento dos supremos desastres e do esboroamento.

Na noite de 7 de maio, por volta das 8 horas, Joana, vitoriosa nas Tourelles, entrava na cidade assediada. Comovedora e inolvidável cerimônia consagra anualmente a lembrança desse fato. O *maire*, levando à frente a bandeira da heroína, uma bandeira branca com as flores de lis bordadas a ouro, seguido pelos conselheiros municipais, sai da municipalidade e vem até ao adro da catedral, onde passa o estandarte sagrado às mãos do bispo, que ali o aguarda cercado do clero e dos prelados estrangeiros.

Sob um céu escuro, carregado de nimbos, avultam as torres maciças da Basílica de Sainte-Croix. As tropas formam quadrado; troa o canhão; o sino grande, o bordão da catedral, e os das outras igrejas repicam vibrantemente. Abrem-se as portas do vasto templo; a passos lentos, o cortejo dos bispos e dos padres as transpõe e se estende ao longo dos pórticos escancarados, diante dos quais se veem desfraldadas as bandeiras de São Aignan e São Euverte, padroeiros da cidade. Ao clarão das tochas, que os cavaleiros empunham, rutilam as mitras e os báculos. Lâmpadas, que subitamente se acendem no interior das torres, as iluminam, emprestando-lhes cores fantásticas. Uma luz purpúrea se derrama por sobre os florões, as ogivas, o rendilhado de pedra da fachada, as bandeiras ondulantes, as estolas e as sobrepelizes.

Quinhentas vozes entoam o Hino ao Estandarte:

> *Étendard de la délivrance,*
> *À la victoire tu menas nos aïeux.*
> *Fils de ces preux, disons comme eux:*
> *Vive Jeanne! Vive la France!*

Um frêmito, um alento forte passa pela multidão atenta e concentrada. As frontes se inclinam diante da bandeira branca, ornada de flores de lis, que lentamente sobe os degraus e desaparece embaixo das abóbadas, semelhando o fantasma da virgem lorena a mostrar-se no seu aniversário.

As grades tornam a fechar-se; apagam-se as luzes; as harmonias emudecem; a multidão se retira e a basílica torna à escuridão e ao silêncio nas trevas da noite.

* * *

8 de maio, 10 horas. Batida pelos raios do sol, a catedral se ostenta ornamentada de auriflamas e pavilhões. É sóbria, mas de muito efeito a decoração interna. Longas bandeiras vermelho e ouro, as cores de Orléans, enfeitam o coro. Suspensos aos pilares, veem-se os brasões do bastardo e dos outros companheiros da donzela. Na altura do órgão, dominando todo o conjunto, as armas de Joana,[128] num quadro virginal de alvíssimos estofos. Nenhum lugar vazio na vasta nave. A França inteira: exército, magistratura, clero, poderes municipais, burgueses, artistas, está representada naquela reunião. Aos uniformes agaloados, às togas encarnadas dos juízes e aos trajes pretos dos funcionários, mesclam-se os garridos vestuários e os chapéus floridos das senhoras.

O ofício começa pela "Missa em memória de Joana d'Arc", de Gounod. Às harmonias do órgão, juntam-se as fanfarras de guerra, e em seguida um coro de donzelas entoa as "Vozes de Joana", do mesmo autor. As notas puras do canto descem da elevada tribuna, como se foram melodias celestes. Dir-se-ia um eco das esferas angélicas, uma como evocação da virgem mártir que, Espírito radioso, todos sentem pairando sob aquelas abóbadas. Por um instante, esquecem-se as tristezas e as dores terrenas.

A impressão é grandiosa e profunda; de muitos olhos marejam lágrimas.

Elevo então a Joana o pensamento, dirijo-lhe ardente prece, e um raio do sol, coando-se através das vidraças brasonadas, me banha de luz, enquanto que, ao meu derredor, larga sombra cobre a multidão comprimida dos ouvintes.

Depois, o bispo de Orléans faz o panegírico da donzela. Reconduz-nos à terra e, em frases calorosas, expõe a situação da cidade durante o cerco. Diz:

> Certamente ela se defende bem, a nobre cidade! Paris é inglesa, seja; Orléans se conservará francesa. Paris é apenas a cabeça do reino; Orléans é o coração. Enquanto o coração bate, restam esperanças. Almotacéis, povo, burgueses, clero, guerreiros resolvem morrer de preferência a se renderem. Queimarão os arrabaldes, desmantelarão as igrejas, estarão dia e noite de atalaia; os negociantes bater-se-ão como se tal fora sua profissão

---

128 Estas armas são: em campo azul uma espada de prata com o copo de ouro e, enfiada na ponta da espada, a coroa real, também de ouro; ao lado, os lírios.

habitual; e assim darão tempo ao rei de mandar reforços. E, viva Deus! ver-se-á para que lado pende a sorte das batalhas. Mas, ai! o rei, nem dinheiro, nem soldados enviava; os sitiantes apertavam o cerco; erguiam fortificações de semana a semana; os víveres se esgotavam, e a fome, a horrível fome, devastava.[129] Mais meio mês, e Orléans sucumbirá, e o reizinho de Bourges nem sequer continuará a ser o simples reizinho de Bourges, e a França baixará ao túmulo em que jazem as nações mortas!....

Pouco adiante, pinta o delírio dos habitantes, após as vitórias de Joana:

Ah! os oito dias que se seguiram à jornada de Patay, quanto devera ser bom vivê-los! Quão mais suave deve ter parecido a primavera! Quão mais luminosa a superfície do nosso Loire, e embalsamado o nosso vale de ouro! Podeis imaginar as visitas em ação de graças a todas as vossas igrejas; os cantares que não mais cessavam; os entusiasmos de que eram objeto os heróis da maravilhosa epopeia; o povo respirando pela primeira vez, depois das opressões da Guerra de Cem Anos; numa palavra, esta cidade aclamando-se a si mesma, na vitória da donzela, e a ressurreição da pátria?

Desce do púlpito o orador. A turba imensa se precipita para o adro, baralha-se com as forças do exército, ziguezagueia por entre os bispos, as bandeiras, as relíquias, e a tradicional procissão desfila, comprida de dois quilômetros, sob um céu escampo, através das ruas empavesadas. Vai percorrer as estações marcadas pelas vitórias de Joana, em Orléans sitiada.

No local do forte das Tourelles uma cruz modesta guarda a memória daquela, diz a inscrição, que, "por seu valor, salvou a cidade, a França e seu rei". Aí a última parada. troa de novo o canhão, e as bandas militares saúdam o estandarte; o cortejo regressa ao ponto donde partira e se dispersa. Contente, a multidão vai entregar-se a seus folgares, enquanto os verdadeiros amigos de Joana irão orar e meditar na solidão.

---

[129] Ver, no *Journal du Siège*, a alegria com que é notado o recebimento da mais insignificante quantidade de víveres.

VIII
Reims

Da França o reino, ao delfim,
Restituir aqui vim.
SAINT-YVES D'ALVEYDRE

Cumprira-se a profecia de Joana com relação a Orléans.

Restava o segundo ponto: a marcha sobre Reims e a sagração de Carlos VII. Sem perda de um instante, a donzela se pôs em campo para realizá-la até ao fim. Deixou o orleanês e foi em busca do delfim no interior da Touraine. Encontrou-o em Tours e daí o acompanhou a Loches, insistindo continuamente para que ele preparasse tudo que era necessário ao êxito da audaciosa empresa. Mas, indolente, sem vontade própria, o príncipe hesitava entre as solicitações da heroína e as observações de seus conselheiros, que julgavam temerário arriscarem-se a uma viagem de sessenta léguas, atravessando um país eriçado de fortalezas e de praças ocupadas pelo inimigo. A essas objeções, Joana respondia invariavelmente: "Bem sei; mas nada disso merece consideração. Seremos bem-sucedidos!".

O entusiasmo do povo e do exército se alastrava progressivamente. De todos os lados se ouvia que era preciso aproveitar o aturdimento dos ingleses, que haviam evacuado Loire e se retiravam para Paris, abandonando bagagens e artilharia. Até aí, jamais tinham recebido tão violento golpe. Aterrorizados, criam ver nos ares exércitos de fantasmas, avançando para combatê-los.

Por toda a França ecoava o rumor dos acontecimentos. Com o renascer da confiança, despertavam as energias. Tão forte se fez a corrente da opinião, que Carlos VII não pôde permanecer indiferente. Cumulou de honras a libertadora e sua família, continuando, entretanto, indeciso, sem coragem. Nem sequer foi visitar os orleaneses. Seus influentes conselheiros, La Trémoille e Regnault de Chartres, viviam inquietos, intimamente irritados com o bom êxito da obra de Joana, que os punha na sombra, ciosos do prestígio que a constituía objeto da atenção e das esperanças de todos. Assustava-os a possibilidade de verem submergir na poderosa e irresistível caudal do sentimento popular, que fizera recuar a invasão inglesa, o crédito e a fortuna de que se orgulhavam.

Afinal, a voz pública se tornou clamor, e não houve remédio senão ceder. Reuniu-se em Gien um exército de 12 mil combatentes. De todas as partes acorriam os gentis-homens. Os que, por muito pobres, não podiam equipar-se, pediam para servir como infantes. A 29 de junho, partiu a expedição, com pouco dinheiro, escassos víveres e insuficiente artilharia.

A 5 de julho, chegou a Troyes. A cidade, muito forte, bem provida e defendida por uma guarnição anglo-borgonhesa, recusou abrir as portas. O exército francês, carente de recursos, não podia empreender um longo assédio. Ao cabo de alguns dias, os soldados já estavam reduzidos a se alimentarem de favas e das espigas de trigo que encontravam nos campos.

O rei convocou um conselho para deliberar sobre as resoluções que deviam ser tomadas. Quanto à donzela, nem ao menos a convidaram. O chanceler expôs a triste questão: deve o exército retroceder, ou continuar a marcha para Reims? A cada um dos presentes cumpria responder por sua vez. Robert le Masson, senhor de Trèves-sur-Loire, fez ver que, não tendo o rei empreendido aquela operação, nem por considerá-la fácil, nem por ter às suas ordens um exército poderoso e o dinheiro preciso para mantê-lo, mas porque Joana afirmava que tal era a vontade de Deus e que nenhuma resistência haviam de encontrar, convinha antes de tudo consultar a heroína. Esta proposta logrou geral aprovação. Ora, no momento mesmo em que isso se dava, Joana, prevenida por suas vozes, batia fortemente à porta. Entrou e, dirigindo-se ao rei, disse: "Gentil rei da França, se consentirdes em ficar mais dois dias apenas diante da vossa boa cidade de Troyes, ela, por força ou por amor, vos prestará obediência, não tenhais a menor dúvida!". Replicou o chanceler: "Se tivéssemos a certeza de que isso se verificaria em seis dias, esperaríamos de boa mente!". "Não duvideis!", replicou Joana.

E, sem tardança, pôs-se a percorrer os acampamentos, a fim de organizar o ataque, infundindo em cada um o ardor de que se sentia possuída. A noite passou-se em preparativos. De cima das muralhas e das torres, os sitiados observavam o campo francês, presa de febril atividade. A luz de archotes, cavaleiros, escudeiros, soldados trabalhavam à porfia, entupindo os fossos, preparando a faxina e as escadas, construindo abrigos para a artilharia. Era um espetáculo fantástico e de impressionar.

Aos primeiros arrebóis da madrugada, os habitantes de Troyes viram, terrificados, que tudo estava disposto para um furioso assalto: as colunas de ataque colocadas, com suas reservas, nos pontos mais favoráveis; as poucas peças de artilharia bem abrigadas e prontas a abrir fogo; os archeiros e besteiros em seus postos de combate. O exército inteiro, formado em silêncio, esperava o sinal. De pé, junto ao fosso, com o estandarte na mão, a donzela ia ordenar às trombetas que tocassem a avançar, quando os sitiados, transidos de pavor, pediram lhes permitissem capitular.

Fácil foi o acordo sobre as condições da rendição.

Interesse máximo tinha o rei em poupar as cidades que se quisessem entregar. No dia seguinte, 10 de julho, a guarnição inglesa se retirava, levando como prisioneiros de guerra alguns franceses, cuja sorte os negociadores esqueceram de regular. Esses desgraçados, ao passarem por Joana, lançaram-se-lhe aos pés, implorando-lhe que interviesse a favor deles. A heroína se opôs energicamente a que fossem levados, e o rei teve que os resgatar a dinheiro.

Seguindo o exemplo de Troyes, Châlons e Reims abriram as portas a Carlos VII.

Em Châlons, foi dada a Joana a satisfação de encontrar muitos habitantes de Domremy, que ali tinham vindo para vê-la, entre eles o lavrador Gérardin, de cujo filho Nicolaus ela era madrinha. A esses amigos confiou tudo o que lhe ia no pensamento e no coração, expondo as esperanças que nutria e os temores que a afligiam, narrando as lutas que sustentara, as vitórias que obtivera, falando do esplendor da sagração próxima e da ressurreição da França, até então aviltada e espezinhada. Sentia-se à vontade e se expandia sem reservas no meio dessa gente humilde, porém boa, que lhe trazia vivíssima recordação da infância. Fazia-lhes compreender que aquelas glórias a deixavam impassível e quão grande lhe seria o prazer de voltar para sua aldeia, de retomar, com a vida tranquila de outrora, as ocupações campestres, no seio da família. Sua missão, entretanto, a retinha perto do rei, e forçoso lhe era submeter-se à vontade do Alto. Menos a inquietava a guerra contra os ingleses, do que as intrigas da corte e a perfídia dos poderosos. "Nada receio, senão a traição", dizia-lhes.[130] E, com efeito, pela traição é que viria a perecer. Contra todo grande missionário, tramando-lhe a perda, haverá sempre, agachado na sombra, um traidor.

* * *

No profundo azul do céu se recortam as altas torres da catedral de Reims, já velha de muitos séculos, na época de Joana d'Arc. Pelas três largas portas, abertas de par em par, se lobrigam as vastas naves resplandecentes à luz de milhares de círios e nas quais se comprime uma multidão policrômica de padres, fidalgos, homens de armas e burgueses em trajos de festa.

As vibrações dos cânticos sacros enchem as abóbadas e, por instantes, ressoam as notas estridentes das fanfarras de guerra.

Apinham-se no adro as confrarias, as corporações com seus estandartes, todos os que não conseguiram lugar na basílica. Cerca o edifício imensa turba de populares, cidadãos e camponeses dos arredores, contida a custo por cavaleiros barbados de ferro e por archeiros que ostentam nos uniformes as armas da França. Pajens e escudeiros seguram pelas rédeas as magníficas cavalgaduras do rei, dos pares e dos chefes militares. É objeto da curiosidade geral o cavalo preto da donzela, que um soldado de seu séquito mantém preso.

Penetremos na alta nave gótica e avancemos até à capela-mor. O rei, cercado dos 12 pares do reino, leigos e eclesiásticos, ou de seus suplentes, e do condestável[131] Carlos d'Albert, que conduzia a espada da França, acaba de ser armado cavaleiro. Perto, encostada ao pilar da direita, no sítio que ainda hoje se aponta, está Joana, armada em guerra, empunhando seu

---

130 J. Fabre — *Processo de reabilitação*, t. I. Depoimento de Gérardin.
131 Antigamente, o primeiro dignitário do reino, chefe do exército. Antigo intendente das cavalariças reais e título do infante que nas grandes solenidades se colocava à direita do trono real.

estandarte branco, aquele estandarte, que "depois de ser lábaro de tantos trabalhos, viria a ser objeto de subidas honras".[132]

A unção, o monarca recebeu-a do arcebispo de Reims, Reginault de Chartres, que, tomando a coroa de sobre o altar, a entregou aos dozes pares, os quais, com os braços erguidos, a sustêm por cima da cabeça do rei. Depois de havê-la cingido, Carlos de Valois revestiu o manto real, azul, ornado de lírios de ouro. Nesse momento, a virgem, num ímpeto de emoção, lançando-se-lhe aos pés, se lhe abraçou aos joelhos e disse:

> Gentil sire,[133] está feito assim o que foi do agrado de Deus, cuja vontade era que eu levantasse o cerco de Orléans e vos trouxesse a esta cidade de Reims, a fim de receberdes aí a vossa digna sagração, e provardes por essa forma que sois verdadeiramente rei e herdeiro da coroa da França.

Clangorejam de novo as trombetas, e o cortejo se move. Quando, no limiar da porta principal, aparece o rei, uma oscilação imensa se produz na multidão, e as aclamações reboam.

As eminentes abóbadas vibram ao som das fanfarras. Pelo Espaço, elevam-se os cânticos, os gritos de alegria, e milhares de vozes lhes respondem do invisível. Eles lá estão, todos os grandes Espíritos da Gália, festejando o renascimento do país natal, todos os que amaram e serviram até à morte à nobre terra da França. Pairam por sobre o povo em delírio.

Eis aqui Vercingétorix, acompanhado dos heróis de Gergóvia e de Alésia! Eis Clóvis e seus francos! Ali, Carlos Martel e seus companheiros! E Carlos Magno, o grande imperador de crescida barba! Com sua espada, a *Joyeuse*, ele saúda Joana e o rei Carlos. Além, Roland e os valorosos! E a coorte inumerável dos cavaleiros, dos sacerdotes, dos monges, dos populares, cujos corpos repousam sob as pesadas lápides das tumbas, ou sob o pó dos séculos, todos os que deram a vida pela França! Lá estão e também gritam: Natal! festejando a ressurreição da pátria, o acordar da Gália!...

O cortejo se distende pelas ruas estreitas e pelas angustas praças. Ladeando o rei, vê-se Joana em seu garboso ginete, com a bandeira desfraldada; vêm a seguir os príncipes, os marechais e os capitães, ricamente

---

132 J. Fabre — *Processo de condenação*, p. 189.
133 N.E.: Do francês *sire* (senhor, mestre). Tratamento que se dava aos reis de França, senhores feudais, imperadores e outros personagens venerandos

trajados e cavalgando magníficos corcéis. Pendões, flâmulas e estandartes flutuam ao vento. Mas, entre os fidalgos de suntuosas vestes e os guerreiros de rebrilhantes armaduras, o alvo dos olhares curiosos era a donzela, que os conduzira à cidade da sagração, conforme predissera em sua aldeia, quando não passava de simples camponesa, de pastorinha desconhecida.

Intensa alegria dominava a cidade inteira. De muito longe viera gente para assistir à coroação. Jacques d'Arc, pai de Joana, chegara de Domremy dois dias antes, com Durand Laxart. Hospedaram-se no albergue da Zebra, rua do Adro. Emocionante cena se desenrola quando a heroína, em companhia de seu irmão Pierre, se encontra com o velho pai. Prostrando-se de joelhos, ela lhe pede perdão de haver partido sem o seu consentimento, acrescentando que essa era a vontade de Deus.

Cedendo a instâncias suas, o rei os recebeu e outorgou aos habitantes das aldeias de Greux e Domremy isenção de todos os tributos e impostos. As despesas de Jacques d'Arc foram pagas pelos cofres públicos, e em nome da cidade lhe ofereceram um cavalo para regressar à sua aldeia.

Joana percorreu as ruas, acolhendo com modéstia os humildes e os mendigos. O povo se apertava ao redor dela; todos queriam tocar-lhe as mãos e o anel. Ninguém havia que não estivesse convencido de que fora enviada por Deus, para fazer cessar as calamidades que pesavam sobre o reino. Tudo isso ocorria num domingo, a 17 de julho de 1429, data que assinala o ponto culminante da epopeia de Joana d'Arc.

Todavia, Michelet se equivocou quando disse que a missão de Joana devia terminar em Reims e que ela desobedeceu às suas vozes, continuando a luta. As próprias palavras da heroína, suas declarações aos examinadores de Poitiers e aos juízes de Rouen desmentem semelhante asserção. Mais positivo é ainda o desmentido, na intimação que dirigiu aos capitães ingleses diante de Orléans, em documento datado de 22 de março: "De onde quer que encontre vossos homens na França, fá-los-ei sair, queiram ou não queiram... Vim da parte de Deus para vos pôr fora de toda a França".[134]

Nenhuma dúvida, portanto, é possível. A versão, segundo a qual o papel de Joana findava em Reims, começou a ter curso por ocasião do processo de reabilitação, colimando esconder dos pósteros a deslealdade, poder-se-ia dizer o crime, de Carlos VII e de seus conselheiros, e livrá-los

---

134 J. Fabre — *Processo de condenação*, p. 27.

das tremendas responsabilidades que pesam sobre um e outros. Tiveram o cuidado, obedecendo a esse intuito, de fazer com que a História fosse falsificada, mutilada, os depoimentos alterados, destruído o registro dos interrogatórios de Poitiers, que, em suma, se praticasse um ato odioso, uma obra de mentira e de iniquidade![135]

Contudo, não foi sem apreensão, sem pesar, já o vimos, que Joana prosseguiu na sua árdua tarefa. Alguns dias depois, indo a cavalo entre Dunois e Regnault de Chartres, dizia: "Quanto eu estimara que a Deus aprouvesse permitir-me regressar agora, abandonando as armas, voltar ao serviço de meu pai e de minha mãe e à guarda de seus rebanhos, na companhia de minha irmã e de meus irmãos, que se sentiriam muito felizes por me tornarem a ver".[136]

Estas palavras demonstram que o fulgor dos triunfos e os esplendores da corte não a deslumbraram. Atingira o fastígio da glória, constituíra-se o ídolo de um povo, era na realidade a primeira do reino, e seu prestígio eclipsara o de Carlos VII. Entretanto, tinha por única aspiração tornar à paz dos campos, às doçuras do lar paterno. Nem as vitórias, nem o poderio que adquirira a haviam transmudado. Conservava-se simples e modesta, em meio das grandezas. Que lição para aqueles que se embriagam e enchem de orgulho com o bom êxito no mais insignificante empreendimento, para aqueles a quem os favores da fortuna causam vertigem!

---

[135] Jean Chartier, secretário dos arquivos reais, diz ingenuamente, na sua história de Carlos VII, que "as crônicas não dão a conhecer os fatos escolhidos pelo rei para serem confiados à História, com o sentido e à luz sob os quais ele entendia conveniente que fossem apreciados". Foi, conseguintemente, o rei que obrigou seus escribas a dizerem que a missão de Joana d'Arc terminava em Reims.
[136] *Processo de reabilitação*. Depoimento de Dunois.

IX
Compiègne

Nada receio, senão a traição.
JOANA

"A Paris!" clamava a donzela no dia seguinte ao da sagração. "A Paris!", repetia o exército inteiro.[137] Se houvessem marchado logo sobre a capital, como Joana queria, teriam tido ensanchas[138] de penetrar facilmente na cidade, graças à confusão que reinava entre os ingleses. Mas Carlos VII perdeu um tempo precioso, que o duque de Bedford aproveitou para reforçar a defesa daquela praça, requisitando da Inglaterra o auxílio de um exército, que o cardeal de Winchester, tio do rei Henrique, levantara com o objetivo de combater os hussitas.

Aí começa a estrela de Joana a empalidecer. Aos triunfos, às brilhantes vitórias, vão seguir-se as horas trevosas, as horas de provação, que precederão o encarceramento e o suplício. À medida que a fama da heroína se dilata, que sua glória sobrepuja todas as glórias, o ódio se lhe avoluma em torno, e as intrigas se tecem entre os grandes fidalgos, cujos planos e tenebrosas maquinações ela viera frustrar. Todos aqueles cortesãos pérfidos,

---
137 Henri Martin — *Histoire de France*, t. VI, p. 200.
138 N.E.: Ousadia, confiança

que se sentem eclipsados, aqueles ministros da Igreja, cujas almas destilam fel, que lhe não perdoam o dizer-se, menosprezando-lhes a autoridade, enviada do céu e o preferir-lhes aos conselhos as inspirações das vozes que escutava; muitos até dos chefes militares vencidos em centenas de combates e que se veem desbancados no que respeita à ciência da guerra, todos esses homens, feridos no orgulho, juraram perdê-la e só esperam o momento propício. Vem próximo esse momento.

Os ingleses, a seu turno, estão aterrados com os reveses sofridos. Fora destroçado o principal exército de que dispunham. Morreram ou caíram prisioneiros os melhores capitães com que contavam. Seus soldados desertam de medo da donzela, a "feiticeira da França", como lhe chamam, e de cujo sobre-humano poder não duvidam. Assim, é inquestionável que, se Carlos VII, logo após a sagração, tivesse avançado sobre Paris, a grande cidade se teria rendido sem combate.

Em vez disso, seis semanas se gastam em hesitações e quando, por fim, defrontam com a capital, nenhuma precaução tomam. As ordens de Joana não são cumpridas; deixam de entupir os fossos e de sustentar o ataque. Deram-lhe por ajudantes os dois comandantes que mais a hostilizavam, "os homens mais ferozes que já existiram", diz Michelet: Raul de Gaucourt e o marechal de Retz, o odioso bruxo, que mais tarde subirá ao cadafalso para expiar o crime de feitiçaria.[139] O rei não quis mostrar-se às tropas. Em vão mandavam-lhe mensagens sobre mensagem; não vinha. O duque d'Alençon correu a buscá-lo em Senlis. Prometeu ir e faltou à palavra.

No ataque à porta Saint-Honoré, Joana, como sempre, se portou heroicamente. Durante um dia todo permaneceu junto ao fosso, sob uma saraivada de projetis, incitando os soldados ao assalto. Ao cair da tarde, recebeu um tiro de besta, que a feriu profundamente na coxa, obrigando-a a deitar-se no talude. Ainda assim, não cessava de exortar os franceses, exclamando continuamente: "O rei! o rei! o rei que apareça!". O rei, porém, nunca apareceu. Por volta das onze horas da noite, vieram retirá-la dali e a levaram contra a vontade.

As forças recuaram para Saint-Denis, onde já o monarca se encontrava, tomando providências a fim de regressar aos castelos de Loire. Joana não podia resignar-se a perder de vista os campanários de Paris: "era como

---

[139] Nos calabouços de seus castelos de Suze, de Tiffauges, etc., encontraram-se as ossadas de muitas centenas de crianças, cujo sangue servira para suas bruxarias.

se estivesse presa à grande cidade por uma força extra-humana".[140] No dia seguinte, quis recomeçar o ataque. Porém, que aconteceu? Não puderam mais passar. O rei havia mandado destruir as pontes, e impusera a retirada.

Cometeu-se assim uma das maiores infâmias que a História registra. Coligaram-se contra a Divindade aqueles mesmos a quem ela enviara um Messias salvador. Lograram desta forma entravar a missão de Joana d'Arc e, segundo a forte expressão de Henri Martin, "obrigaram Deus a mentir". Revelaram tal egoísmo e tão grande cegueira que, por sua própria indignidade, sustaram a ação da Providência.

Com o desastre diante dos muros de Paris, abre-se para Joana extenso período de incertezas, de inquietações, de íntimas angústias. Durante oito meses, experimentará as alternativas das vitórias e dos reveses: vence em Saint-Pierre-le-Moutier, é derrotada em Charité. Sente que a boa fortuna a abandona. À borda dos fossos de Melun, suas vozes lhe dirão: "Joana, serás capturada antes do dia de São João!". A uma causa única é lícito atribuir esta reviravolta da sorte: à má vontade dos homens, à ingratidão do rei e de seus conselheiros, que criaram mil obstáculos à heroína e ocasionaram o malogro de seus empreendimentos.

Apoucaram-na com isso? De maneira alguma. A partir desse momento é que ela se torna verdadeiramente grande, maior do que era por efeito de suas vitórias. As provações, o cativeiro, o martírio suportado com tanta nobreza, a elevarão acima dos mais ilustres conquistadores e a sublimarão aos olhos da posteridade. No cárcere, diante do tribunal de Rouen, sobre a fogueira, será mais imponente do que no tumultuar dos combates, ou na embriaguez do triunfo. Sua atitude, seus sofrimentos, suas palavras inspiradas, suas lágrimas, sua dolorosa agonia farão dela uma das mais puras glórias da França, um alvo da admiração dos séculos, um motivo dos zelos de todos os povos!

A adversidade lhe adornará a fronte com uma auréola sagrada. Pelo heroísmo com que recebe a dor, pela grandeza d'alma nos reveses e em presença da morte, virá a ser justa causa de orgulho para todos aqueles em quem vibram e palpitam o sentimento da beleza moral e o amor a seu país.

É bela a glória das armas; porém, só o gênio, a santidade e o martírio têm direito às apoteoses da História!

---

140 Henri Martin — *Histoire de France*, t. VI, p. 209.

***

Fracassado o cerco da Charité, Joana foi chamada à corte. Bem depressa, porém, a inação começa a pesar-lhe, e ei-la novamente deixando-se arrebatar por seu ardor. Abandona o rei aos prazeres e festas em que se comprazia e à frente de uma tropa que lhe era dedicada voa para Compiègne, então assediada. É aí que lhe sucede cair prisioneira do conde de Luxemburgo, do partido da Borgonha. Durante uma das sortidas, que ela constantemente fazia, o governador da cidade, Guillaume de Flavy, mandou arriar o rastilho, e a heroína, não tendo podido mais entrar na praça, foi capturada.

Que responsabilidade cabe ao senhor de Flavy em tal sucesso? Muitos o consideraram resultado de premeditada traição. Fazia pouco que o chanceler Regnault de Chartres passara por Compiègne, onde tivera entrevistas com o duque de Borgonha. Não obstante, a maioria dos historiadores: H. Martin, Quicherat, Wallon e Anatole France creem na lealdade daquele capitão.[141] Malgrado essas opiniões, seu papel no tocante à captura de Joana permaneceu equívoco e mal definido. É verdade que o moderno historiógrafo do comandante Flavy, Pierre Champion, não conseguiu, pelo exame dos textos existentes, chegar a uma conclusão formal e, por seu lado, não descobriu documento algum probante.[142] De conformidade com indicações recebidas do Além, somos levados a acreditar que não houve premeditação, mas que souberam aproveitar a ocasião que se oferecia, para livrarem-se de uma personalidade que se constituíra empecilho a certas ambições.

Embora, porém, nenhuma conspiração tenham tramado previamente contra Joana, nem por isso deixou de haver traição, uma vez que G. de Flavy não tentou sequer salvá-la. Encurralada pelos borgonheses no ângulo da estrada de Margny com o baluarte que defendia a ponte, a alguns metros da entrada, a heroína podia ser facilmente socorrida. No momento crítico, o comandante de Compiègne ocupava o baluarte com muitas centenas de homens. Observando tudo o que se passava, nenhuma tentativa de socorro fez e abandonou a donzela à sua sorte. Nisto é que a traição parece flagrante.

---

141 Ver Henri Martin, *Histoire de France*, t. VI, p. 231. — Wallon, *Jeanne d'Arc*, p. 211. — Quicherat, *Aperçus Nouveaux*, p. 77 a 85. Nem Lavisse, nem Michelet dizem coisa alguma a respeito (ver Lavisse, t. VI, p. 61).
142 Ver *Guillaume de Flavy*, por Pierre Champion, v. 1, 1906.

Joana foi primeiramente encarcerada no castelo de Beaulieu, a pequena distância de Compiègne, sendo depois transferida para a torre de Beaurevoir, de propriedade do conde de Luxemburgo. Durante seis meses, andou de prisão em prisão, por Arras, Drugy, Crotoy, até que a 21 de novembro, em obediência às intimações prementes e cominatórias da Universidade de Paris, foi vendida aos ingleses, seus inimigos cruéis, por dez mil libras tornesas, além de uma renda consignada ao soldado que a prendera.

Jean de Luxemburgo descendia de alta linhagem; era, porém, mesquinho de coração e falto de fortuna. Inscrevera no brasão uma divisa de desalentado: "Contra o impossível nada se consegue". Quão mais vibrante a de seu contemporâneo Jaques Coeur: "Para um coração valoroso, nada é impossível". Muito endividado, arruinado quase, o conde não queria resignar-se a viver pobre. Não pôde, consequentemente, recusar as dez mil libras em ouro que o rei da Inglaterra oferecia. Por esse preço, vendeu Joana e a entregou.

Dez mil libras em ouro! Era uma soma enorme para a época. Os ingleses, entretanto, estavam baldos de recursos; assim é que já não podiam mais pagar os seus funcionários. À falta de dinheiro, suspenderam em Paris, durante semanas, o funcionamento da justiça. O notário que redigia os atos do parlamento teve que interromper o trabalho, por não haver mais pergaminho.[143] Desde, porém, que se tratava de comprar Joana, os ingleses acharam meio de obter tão grossa quantia. Que fizeram para isso? Uma coisa que lhes era familiar: lançaram pesado imposto sobre toda a Normandia. E eis um fato que merece assinalado: com dinheiro francês é que o sangue de Joana d'Arc foi pago!

No recesso do cárcere, não era a sua própria sorte o que mais atribulava Joana. Acima de tudo, afligia-a o pensamento, que assim, tristemente, exprimiu: "Não mais poderei servir ao nobre país de França!". Ao ter notícia de que sobre a boa gente de Compiègne pesa a ameaça de ser passada a fio de espada, se a cidade cair em poder dos inimigos, precipita-se do alto da torre de Beaurevoir, para ir compartilhar-lhes da sorte. "Eu ouvira falar", dirá ela aos juízes, que todos os de Compiègne, até à idade de sete

---

143 *Registres du Parlement*, t. XV, fevereiro de 1431, segundo H. Martin, t. VI, p. 245.

anos, "seriam tratados a ferro e fogo. Achei, então, que mais valia correr o risco de morrer, do que sobreviver à destruição das boas criaturas".[144]

De etapa em etapa, de prisão em prisão, chega finalmente a Crotoy, nos confins da Normandia, que os ingleses ocupavam. Metem-na numa torre de defesa, que guarda a embocadura do Soma. Da janela gradeada de ferro, descortina ela um panorama de praias e, mais longe, a amplidão do mar. Pela primeira vez, dado lhe é contemplar o imenso lençol líquido, e o espetáculo a impressiona fortemente.

O mar! com suas vagas espumantes, seus horizontes ilimitados, seus reflexos multicores!

Ela, tão sensível às harmonias do céu e da terra, às belezas dos dias luminosos e do firmamento estrelado, se extasia na contemplação da vasta superfície, que ora apresenta a coloração cinzenta da prata, ora a de um azul intenso, e reflete à noite as cintilações dos astros; escuta, maravilhada, o sussurro misterioso do vento e das ondas. Quando, à hora de preamar, lhe chegam aos ouvidos o queixume das vagas, o soluçar do oceano, profunda sensação de tristeza a invade. Os ingleses vão chegar, os ingleses que a compraram tão caro! Até então fora, desde Compiègne, prisioneira dos borgonheses, seus adversários, sem dúvida, mas homens da mesma língua, da mesma raça e que a tratavam com atenções. Dali por diante, que é o que pode esperar dos bárbaros estrangeiros a quem tantas vezes vencera e que, votando-lhe ódio feroz, jamais perderam ocasião de injuriá-la? Sentindo horrível angústia a lhe despedaçar a alma, põe-se a orar. Ouve, então, a voz que lhe diz e repete: "Recebe tudo de bom grado!".

Passou assim em Crotoy três semanas. Um dia, as senhoras de Abbeville foram visitá-la, consolá-la e, por instantes, misturaram suas lágrimas com as da virgem.[145]

---

144 J. Fabre — *Processo de condenação*, 5º interrogatório secreto.
145 Wallon — *Jeanne d'Arc*, p. 222.

X
Rouen: a prisão

O escolhido por Deus para qualquer missão,
Mártir, soldado seja, apóstolo ou salvador,
D'alto valor precisa e muda submissão;
Que belo é o combater, nobre sofrer a dor.

Paul Allard

Joana está nas mãos dos ingleses. Amordaçada, para que não possa falar às populações, conduzem-na bem escoltada ao castelo de Rouen. Aí, lançaram-na num calabouço, encerrada numa gaiola de ferro. Diz-nos ela:

> Mandaram forjar para mim uma espécie de gaiola em que me meteram e na qual fiquei extremamente comprimida; puseram-me ao pescoço uma grossa corrente, uma na cintura e outras nos pés e nas mãos. Teria sucumbido a tão horrível aflição, se Deus e meus Espíritos não me houvessem prodigalizado consolações. Nada é capaz de pintar a tocante solicitude deles para comigo e os inefáveis confortos que me deram. Morrendo de fome, seminua, cercada de imundícias, machucada pelos ferros, tirei de minha fé a coragem de perdoar a meus algozes.

Procedimento atroz! Joana é prisioneira de guerra, é mulher, e a enjaulam, como se fosse uma fera! Pouco mais tarde, é certo, os ingleses se contentaram com o prendê-la pelos pés a uma pesada trave por duas fortes correntes.

Assim começa uma paixão de seis meses, paixão sem exemplo na História, paixão mais dolorosa mesmo do que a do Cristo, pois que o Cristo era homem, ao passo que aqui se trata de uma moça de 19 anos, posta à mercê de soldados brutos, estúpidos e lúbricos. Cinco deles, malfeitores, a escória do exército inglês, dizem todos os historiadores, vigiam-na dia e noite dentro do cárcere.

Imaginai o que pode uma donzela acorrentada esperar de homens vis e grosseiros, bêbedos de furor contra aquela que consideram a causadora de todos os reveses que sofreram. Os miseráveis a atormentavam com os maus-tratos. Muitas vezes procuravam violentá-la e, como não o conseguissem, batiam-lhe brutalmente. Ela se queixava disso aos juízes no curso do processo e, frequentemente, quando estes lhe entravam na prisão para interrogá-la, encontravam-na banhada em lágrimas, com o rosto inchado e pisado pelas pancadas recebidas.[146]

Imaginai os horrores de semelhante situação, os pensamentos da mulher, os temores da virgem exposta a todas as surpresas, a todos os ultrajes, à privação contínua do repouso, do sono, o que lhe alquebrava o corpo e aniquilava as forças, em meio das ansiedades, das incessantes agonias. Sozinha entre aqueles infames, não consentia em abandonar as vestes masculinas, e este ato de pudor lhe era profligado como um crime!

Os visitantes não se revelam menos abomináveis do que os guardas. O conde de Luxemburgo, que a vendera, lembrou-se um dia de ir escarnecê-la no cárcere. Acompanhavam-no os condes de Warwick e de Stafford e o bispo de Thérouanne, chanceler do rei da Inglaterra. "Vim aqui para te resgatar" — diz-lhe ele —, "porém sob a condição de prometeres que nunca mais pegarás em armas contra nós.". "Escarneceis de mim!" — exclamou a donzela. "Sei perfeitamente que não tendes nem o desejo nem o poder de fazê-lo." E, como o conde insistisse, acrescentou: "Sei perfeitamente que estes ingleses me farão morrer, acreditando que, depois da minha morte, se apoderarão do reino da França. Sejam eles,

---

146 H. Martin — *Histoire de France*, t. VI, p. 258 e 290.

porém, cem mil vezes mais numerosos do que são e ainda assim não terão o reino." Estas palavras os põem furiosos, chegando o conde de Stafford a desembainhar a adaga para feri-la. Warwick obstou a que o fizesse.[147] Depois, são os juízes que confiam a um padre indigno, traidor e espião, Loyseleur, a incumbência de penetrar na prisão em trajes de leigo e, dizendo-se loreno e prisioneiro dos ingleses, captar a confiança de Joana e decidi-la a tomá-lo por confidente. Durante seus colóquios com a virgem, escrivães postados à espreita ouviam, por uma abertura feita de propósito, e registravam todas as confidências da heroína.

Acreditavam os ingleses que um "encantamento" havia na virgindade de Joana e que, se esta a perdesse, eles nada mais tinham que recear dela. Um exame prático pela duquesa de Bedford, em companhia de *lady* Anna Bavon e de muitas matronas, demonstrara que aquela virgindade era real. Particularidade que revela a baixeza de um caráter: o duque de Bedford, regente da Inglaterra, assistia, oculto, ao exame.

Foi pouco depois desses fatos que o lorde condestável, conde de Stafford, levado tanto pela superstição, quanto por uma paixão hedionda, entrou no cárcere de Joana e tentou violentá-la.[148]

Quem poderia dizer o que ela sofreu nas trevas de sua enxovia! Abandonada por todos, traída e vendida a peso de ouro, experimentou os requintes da dor! Conheceu as horas de angústia, de tortura moral, em que tudo se nos escurece ao derredor, em que as vozes do Céu parece que se calam,[149] em que o Invisível se conserva mudo, quando os furores, os ódios da terra se desencadeiam e arremessam contra nós. Todos os missionários hão provado as amarguras dessas horas cruciantes, e ela as amargou mais do que todos, ela, pobre menina, entregue indefesa às mais vis ofensas. Por que permite Deus tais coisas? Para sondar a alma e o coração de seus fiéis, para tirar a prova da fé que depositam nele; para que os méritos dos que assim são feridos aumentem e para que a coroa que lhes reserva ganhe mais brilho e beleza.

Mas, dir-se-á, como é que Joana, extenuada, carregada de ferros, pôde escapar às tentativas ignóbeis de seus visitantes e guardas? Como

---

147 J. Fabre — *Processo de reabilitação.* depoimento do cavaleiro Aimond de Macy, que assistiu à cena, t. II, p. 143 e 144.
148 Id. Ibid., depoimentos de Martin Ladvenu e Isambard de la Pierre, t. II, p. 88 e 99.
149 Os Espíritos nem sempre a assistiam. É assim que suas vozes não a previnem das ciladas e artifícios de Loyseleur e não intervêm no correr das numerosas visitas que ele lhe faz.

pôde manter incólume a flor da pureza, que era sua salvaguarda, pois que, de acordo com a opinião corrente naquela época, a uma virgem não se podia imputar o crime de sortilégio?

Ora bem, eis aqui! Nessas horas terríveis, que lhe causavam mais horror do que a própria morte, o Invisível intervém. Uma legião radiosa se introduz na gélida e sombria prisão. Seres, que só ela vê e aos quais chama "seus irmãos do paraíso", vêm cercá-la, ampará-la, dar-lhe as forças necessárias para resistir ao que teria sido um sacrilégio abominável.

Esses Espíritos a reconfortam e lhe dizem: "Sofrer é engrandecer-se, é elevar-se!". Em meio das trevas que a envolvem, uma claridade se produz; suaves cânticos lhe chegam aos ouvidos, como eco das harmonias do Espaço.

As vozes a consolam e lhe repetem: "tem coragem! serás libertada por uma grande vitória!". Na ingenuidade da sua fé, julga que essa libertação é a soltura. Ah! Conforme o ensinavam nossos antepassados, os druidas, "era a libertação da morte", a morte pelo martírio. O martírio era indispensável para dar àquela santa figura toda a sublime radiosidade.

Não é privilégio das almas superiores ter por destino sofrer pelas causas nobres? Não é imprescindível que passem pelo cadinho das provações, para mostrarem todas as virtudes, todos os tesouros, todos os esplendores que encerram? Uma grande morte é o coroamento necessário de uma grande vida, de uma vida de devotamento, de sacrifícios; é a iniciação numa existência mais elevada. Porém, nas horas dolorosas, durante a suprema purificação, sobre-humana força sustenta essas almas, força que lhes permite tudo afrontar, tudo vencer!

XI
Rouen: o processo

Entro todo a tremer nesta árdua escuridade! Seja feita, ó meu Deus, tua santa vontade!

Paul Allard

Chegamos agora ao processo.

Com efeito, ao mesmo tempo que padecia tão duro e horrível cativeiro, Joana ainda tinha que sofrer as longas e torturosas fases de um processo, tal como nunca houve igual no mundo.

De um lado, tudo quanto de hipócrita perversidade, de astúcia, de perfídia, de ambição servil pode ressumar o espírito do mal: 71 clérigos, padres e doutores, fariseus de corações petrificados, todos homens da Igreja, mas que fazem da religião uma máscara destinada a dissimular ardentes paixões — a cupidez, o espírito de intriga, o fanatismo tacanho.

De outro lado, só, sem amparo, sem conselheiro, sem defensor, uma criança de 19 anos, a encarnação da pureza e da inocência, uma alma heroica num corpo de virgem, um coração sublime e terno, pronto aos maiores sacrifícios para salvar seu país, para cumprir fielmente sua missão e dar o exemplo da virtude no dever.

Jamais se viu a natureza humana subir tão alto de uma parte e, de outra, cair tão baixo.

A História já definiu as responsabilidades. Nada quero dizer que possa acirrar os ódios políticos, ou religiosos. Pois o nome de Joana d'Arc não é, entre todos os nomes gloriosos, aquele em torno do qual se devem coligar os sentimentos de admiração, partam de onde partirem? A Igreja procurou desculpar-se da acusação que lhe pesava, havia séculos, e para isso se empenhou na tarefa de lançar o odioso da condenação de Joana exclusivamente sobre Pierre Cauchon, bispo de Beauvais. Renegou-o, coberto de maldições. Mas Pierre Cauchon é o único grande culpado?

Lembremos um fato. A 26 de maio de 1430, três dias depois da captura de Joana às portas de Compiègne, o vigário geral do inquisidor-mor da França, residente em Paris, escrevia ao duque de Borgonha, suplicando e "ordenando que, sob as penas de direito, lhe enviasse presa uma certa mulher chamada Jehanne a donzela, veementemente suspeitada de crimes cheirando à heresia, a fim de comparecer perante o promotor da Santa Inquisição".[150]

Assim, o temível tribunal do Santo Ofício, que na época já não era mais do que um fantasma, reaparecia, saía da sombra, para reclamar a maior vítima de quantas lhe compareceram à barra. E a Universidade de Paris, a principal corporação eclesiástica da França, lhe apoiava as reivindicações. Anatole France, bem informado sobre este ponto, diz:[151]

> No caso da donzela, não era unicamente um bispo quem punha a Santíssima Inquisição em movimento, era a filha dos reis, a mãe dos estudos, o belo e refulgente sol da França e da cristandade, a Universidade de Paris. Atribuindo-se o privilégio de conhecer das causas relativas às heresias, seus pareceres, reclamados de todas as partes, faziam fé por toda a face do mundo em que a cruz fora plantada.

Havia um ano que ela pedia a apresentação da donzela ao inquisidor, como suspeita de sortilégio.

O mesmo autor acima citado ainda diz:[152]

> Depois de se entender com os doutores e mestres da Universidade de Paris, o bispo de Beauvais surgiu, a 14 de julho, no acampamento

---
150 *Processo*, t. I, p. 8 e seguintes.
151 A. France — *Vie de Jeanne d'Arc*, t. II, p. 179.
152 Id. Ibid., t. II, p. 195.

de Compiègne e reclamou a donzela como pertencente à sua justiça. Apresentava em apoio da reclamação as cartas que a *alma mater* endereçara ao duque de Borgonha e ao senhor de Luxemburgo.

Era a segunda vez que a Universidade reclamava Joana ao duque; temia que outros a libertassem "por vias oblíquas" e lha pusessem fora da alçada. O emissário levava também autorização para oferecer dinheiro.

Pierre Cauchon, bispo de Beauvais, que, por se ter aliado aos ingleses, o povo expulsara de seu sólio, instruiu em pessoa e dirigiu o processo. Coube-lhe o papel mais importante, é incontestável; mas o vice-inquisidor Jean Lemaître aprovou todas as escolhas que o mesmo bispo fez para a composição do tribunal, em que os dois muitas vezes se sentaram lado a lado. E quando Cauchon estava impedido, Jean Lemaître presidia às sessões. Todos os documentos comprovam este fato.[153]

O vice-inquisidor assinou e autenticou os autos das audiências, que os escrivães do tribunal redigiam em três vias. Um desses exemplares ainda existe na Biblioteca da Câmara dos Deputados, trazendo aposto o selo da Inquisição.

Era de direito que nos processos de heresia as decisões e julgamentos fossem tomados e pronunciados pelos dois juízes: o bispo e o inquisidor. Foi o que se verificou em Rouen, como algures. Impossível, portanto, deixar-se de reconhecer que a jurisprudência inquisitorial acobertava Cauchon.

Mas não é tudo. Os bispos de Coutances e Lisieux, consultados no curso do processo, aprovaram a acusação. Há mesmo a este respeito uma particularidade, que convém seja posta em relevo: o bispo de Lisieux, Zanon de Castiglione, ao manifestar-se pela condenação, fundamentou seu voto, dizendo que Joana era de muito baixa condição para ser inspirada por Deus. Realmente! Que teriam pensado de semelhante resposta os Apóstolos do Cristo, aqueles humildes artífices e pescadores da Galileia, e o próprio Cristo, filho de um carpinteiro?

Também figuram no processo os bispos de Thérouanne, de Noyon, de Norwich. Todos três tomaram parte nas admoestações à donzela.

Cauchon cercou-se de personagens consideradas e de teólogos de fama. Deu assento no tribunal a homens como Thomas de Courcelles,

---

[153] J. Fabre — *Processo de condenação*, 4º interrogatório secreto. Declaração de Pierre Cauchon a Joana.

apelidado mais tarde "a luz do concílio de Basileia e o segundo Gerson", Pierre Maurice e Jean Beaupère, que foram reitores da Universidade de Paris; a doutores e mestres em teologia, tais como Guilherme Erard, Nicole Midi, Jacques de Touraine e a grande número de abades mitrados das grandes abadias normandas.

Ora, nenhum, dentre tantos clérigos eminentes, se mostrou imparcial. Todos eram partidários dos ingleses e inimigos de Joana. O promotor Jean d'Estivet, a alma danada de Cauchon, homem sem fé nem escrúpulos, se tornou particularmente notável pelo ódio e pelas violências contra a acusada. Nenhum direito lhe reconheceram a pretender, conforme pediu, que do tribunal fizessem parte, em número equitativo, alguns eclesiásticos amigos da França. Dessa decisão ela apelou para o papa e para o concílio. Tudo em vão.

Os juízes, sem exceção, assessores, cônegos, doutores em teologia recebiam dos ingleses, por sessão, uma paga equivalente a 40 francos, moeda atual. Os recibos estão juntos ao processo. Os assessores chegaram a ser quase cem, mas não funcionavam todos ao mesmo tempo. Os que se mostravam mais hostis a Joana, além da paga, também recebiam presentes.

O rei da Inglaterra deu aos membros do tribunal cartas de garantia para o caso que "aqueles que tivessem tido por agradáveis os erros de Joana tentassem pleiteá-los perante o papa, o concílio, ou noutra parte".[154]

Houve muitos pareceres de Sorbonne, entre outros, o de 19 de abril, confirmado pelas quatro faculdades a 14 de maio. Todos concluíam contra a donzela.

Cumpre acrescentar que o inquisidor geral Jean Graverend, num sermão que pregou na Igreja de Saint-Martin-de-Champs, em Paris, após o suplício de Joana, repetiu todos os termos da acusação e aplaudiu a sentença. Pouco tempo depois, o papa nomeava Pierre Cauchon bispo titular de Lisieux.

É exato que mais tarde a pena de excomunhão o fulminou, porém não como castigo de seu crime, simplesmente porque recusou satisfazer a um pagamento que o Vaticano exigia. Assim, foi por uma questão de dinheiro que esse prelado se viu atingido pelos raios pontifícios, ao abrigo dos quais esteve, enquanto só carregava a culpa de haver levado à condenação a

---

154 J. Fabre — *Processo de condenação*, p. 422.

libertadora de seu país.¹⁵⁵ De fato, nenhuma voz se elevou em toda a cristandade, para protestar contra o iníquo julgamento de Joana, quer do lado do clero que se conservara francês, quer do lado do clero que se passara para os ingleses. Ao contrário, uma circular que a seus diocesanos dirigiu Regnault de Chartres, arcebispo de Reims, nos revela o vergonhoso estado de espírito de Carlos VII e de seus conselheiros. Num relatório escrito de acordo com os documentos da municipalidade e almotacelado de Reims, encontrou-se a análise de uma missiva do chanceler aos habitantes de sua cidade arquiepiscopal, concebida nos termos que se vão ler.

Dá notícia da prisão de Joana diante de Compiègne e diz que tal sucedera "por ela não ter querido aceitar conselho, mas fazer tudo a seu bel-prazer... Deus consentira em que fosse presa, por se haver enchido de orgulho, por causa das ricas vestes que trajava e por não ter feito o que Deus lhe ordenara, mas só o que era da sua vontade, dela Joana".¹⁵⁶

Entretanto, Carlos VII, embora pessimamente aconselhado, recebera altas e instantes solicitações em favor da heroína.

Jacques Gélu, fidalgo, arcebispo d'Embrun, que fora preceptor do delfim Carlos, escreveu a seu real discípulo, depois da captura de Joana, lembrando-lhe o que a donzela fizera pela coroa da França. Rogava-lhe que perscrutasse a própria consciência e visse se não "foram suas ofensas a Deus que ocasionaram aquela desgraça". "Recomendo-vos", acrescenta Gélu, "que não poupeis meios nem dinheiro para recobrar essa donzela e resgatar-lhe a vida, seja a que preço for, se não quiserdes incorrer na pecha indelével de uma censurabilíssima ingratidão".

Aconselha-lhe que ordene se façam por toda a parte preces pela libertação de Joana, a fim de obter o perdão de alguma possível falta.

Assim falou o velho bispo, que se lembrava de ter sido conselheiro do delfim nos maus dias e que amava estremecidamente o rei e o reino.¹⁵⁷

O resgate de Joana, quando em poder do conde de Luxemburgo, era possível. Nada fizeram. Havia também a possibilidade de a resgatarem por um golpe de força: os franceses ocupavam Louviers, a pequena distância de Rouen. Conservaram-se imóveis. Os que, antes da viagem a Reims, falavam em atacar a Normandia, agora se calavam.

---

155 Id. *Processo de reabilitação*, t. II, p 222 e 223.
156 H. Martin — *Histoire de France*, t. VI, p. 234.
157 Ver A. France, *Vie de Jeanne d'Arc*, t. II, p. 185 e 186.

No mínimo, podiam ter conseguido alguma coisa pelos meios processuais, embaraçando a sentença do tribunal, mediante os recursos formalísticos dos quais os juízes se mostravam tão respeitadores. O bispo de Beauvais, que dirigia o processo, era sufragâneo[158] do arcebispo de Reims. Podia este exigir que ele lhe desse, pelo menos, conhecimento dos debates. Regnault de Chartres, porém, se absteve de toda e qualquer intervenção.

Poderiam ter recorrido aos protestos da família de Joana, reclamar a apelação para o papa, ou para o Concílio, ameaçar os ingleses de represálias em Talbot e nos outros prisioneiros de guerra, para salvação da vida da donzela. Nada se tentou!

Diz Wallon:[159]

> O abandono de Joana à sua sorte, obedeceu a deliberado propósito: sua morte entrava nos cálculos daqueles detestáveis políticos... Regnault de Chartres, La Trémoille e todas aquelas outras tristes personagens sacrificaram, com Joana, o príncipe, a pátria e até Deus, unicamente para guardarem o ascendente de que desfrutavam nos conselhos do rei.

Tudo bem pesado, a responsabilidade do suplício e da morte de Joana recai, parece-nos, em partes iguais, sobre a Igreja e as coroas da Inglaterra e da França.

Todavia, no que respeita à Igreja, uma circunstância devemos lembrar. É que, se tantos padres e prelados, se a própria Inquisição chafurdaram no processo de condenação de Joana d'Arc, também foi sob a direção do grande inquisidor Jean Bréhal que o processo de reabilitação se desenrolou. Assim como houve sacerdotes capazes de condenar Joana, outros houve, e não dos de menor valor, que tomaram a si glorificá-la, contando-se entre esses o grande Gerson e o arcebispo d'Embrun.

Evidentemente, tendo sido Joana queimada como feiticeira, a coroa da França não queria nem podia ficar sob a acusação de haver pactuado com o inferno. Mas, para conseguir o processo de revisão, que viria aliviá-la desse peso, foi-lhe preciso negociar durante três anos com a corte de Roma; foi preciso toda a influência do rei e de seus conselheiros, influência que, entretanto, o pontífice romano tinha o maior interesse em salvaguardar,

---

158 N.E.: Subordinado.
159 Wallon *Jeanne d'Arc*, p. 358.

numa época de cisma, quando três papas acabavam de disputar a autoridade sobre o mundo cristão. Foi necessária uma pressão forte para obter-se a revisão, e, sem a pressão e a insistência havidas, é provável que a reparação nunca se daria.

Diz Joseph Fabre:

> O tribunal de reabilitação, que se fez esperar 25 anos, sancionou a impunidade dos carrascos, do mesmo passo que proclamou a inocência da supliciada. Ainda mais: declarou Joana isenta do crime de heresia; mas admitiu que, como herética, a virgem teria merecido o fogo, consagrando, assim, o exemplo dos juízes do primeiro tribunal, o nefasto princípio da intolerância, do qual foi ela vítima.[160]

Conquanto tardia e insuficiente, aceitamos a reparação tal como se operou. Recordemos que, nas principais cidades da França, se levaram a efeito procissões expiatórias, em que o clero tomou parte saliente. Lembremos igualmente que, em época mais recente, os próprios ingleses glorificaram a memória de Joana: um de seus poetas, Southey, proclamou-a a maior glória do gênero humano. Muitas e muitas vozes se hão erguido na Inglaterra, pedindo que, nas praças públicas de Rouen, representantes da coroa e do parlamento cantem a palinódia.[161]

Relembremos tudo isso e digamos que diante da portentosa figura de Joana devem desaparecer todos os ressentimentos, todos os ódios devem cessar. Em torno de seu augusto nome, nenhuma luta de partidos ou de nações se pode empenhar, porque esse nome, sendo um símbolo de patriotismo, é também, e sobretudo, um símbolo de paz e de concórdia.

Joana pertence a todos, certamente, e em particular à França. Todavia, se houvesse cabimento para uma exceção no seio do país, em favor de alguma coletividade ou grupo, se Joana pudesse pertencer mais a uns do que a outros, mandaria a lógica inflexível que fossem favorecidos pela exceção os que lhe souberam compreender a vida e penetrar-lhe o mistério, os que procuram ainda hoje, no estudo do Mundo Invisível, as forças, o amparo, os socorros que lhe asseguraram o triunfo, para pô-los a serviço do bem moral e da salvação da pátria.

---

160 J. Fabre — *Processo de reabilitação*, t. II, p. 223.
161 N.E.: Retratação, num poema, de algo que se fez ou disse.

* * *

Voltemos aos juízes de Rouen. Quando se estudam as fases do processo, ressalta evidente que, no espírito daqueles sofistas de corações gelados, no pensamento daqueles padres vendidos aos ingleses, Joana estava de antemão condenada. Não se encheram eles de despeito e raiva ao verem uma mulher levantar, em nome de Deus, de quem se diziam representantes, a causa que traíram, julgando-a perdida, a causa da França? Todos aqueles homens só visavam a um fim, só alimentavam um desejo: vingar nessa mulher a autoridade de que eram ciosos e que sentiam ameaçada, a situação de que gozavam e que consideravam comprometida. Para eles, como para os ingleses, Joana estava destinada à morte; mas, que apenas morresse não lhes bastava à política e ao ódio, era preciso que a vissem morrer desonrada, renegando sua própria missão, e que os salpicos dessa desonra atingissem o rei e toda a França!

Para isso, um único recurso havia: obterem que ela se retratasse, que negasse a missão de que se achava investida. Era necessário que se confessasse inspirada pelo inferno. Um processo por feitiçaria, eis o caminho melhor indicado para conduzi-la a tal extremo. A fim de alcançar-se o objetivo, não se devia hesitar no emprego de qualquer meio: o embuste, a espionagem, maus-tratos, todos os sofrimentos, todos os horrores de uma execrável prisão, onde a castidade da virgem se encontrasse exposta aos últimos ultrajes. As ameaças e a própria tortura lhes serviam, mas a tudo Joana resistiu.

Concebei uma sala abobadada, onde, por estreitas aberturas, se filtra mortiça luz. Dir-se-ia uma cripta funerária. O tribunal está reunido. Uns 60 juízes o compõem, sob a presidência do bispo de Beauvais, a quem os ingleses prometeram o arcebispado de Rouen, se soubesse servir-lhes aos interesses. Por sobre suas cabeças (pungente ironia!) pende da parede a imagem do Cristo crucificado. Ao fundo da sala, em todas as saídas, brilham as armas dos soldados ingleses, de odientos semblantes, ferozes.

Para que essa ostentação de força? Para o julgamento de uma menina de 19 anos! Joana lá está, pálida, cambaleante, carregada de ferros; enfraqueceram-na os sofrimentos de um longo cativeiro. Lá está ela, só, em meio de inimigos que juraram perdê-la.

Só? Oh! não! Pois que, se os homens a abandonam, se seu rei a esquece, se os nobres da França nada fazem para arrancá-la aos ingleses, ou à força, ou pelo resgate, ao menos há seres invisíveis velando por ela, amparando-a, inspirando-lhe réplicas tais, que, por vezes, causam espanto aos juízes.

E que barulho! Que tumulto! No auge do furor, cheios de raiva, os membros do tribunal, de momento a momento, se interpelam reciprocamente e disputam entre si. As questões se multiplicam. Engendram mil ardis para desnortear a acusada, por meio de tretas hipócritas, apoquentam-na com perguntas tão sutis, tão difíceis que, segundo a expressão de um dos assessores, Isambard de la Pierre, "os mais notáveis clérigos da assistência não teriam podido a elas responder, sem grandes embaraços".[162]

No entanto, ela a todos responde, ora com admirável finura, ora com um sentido tão profundo e com palavras tão sublimes, que ninguém mais podia duvidar de que fosse inspirada pelos Espíritos. Temerosa impressão se apoderava dos assistentes, quando ela dizia: "Eles aqui estão sem que os vejais". Aqueles homens se achavam, porém, demasiadamente enterrados no crime, para serem capazes de retroceder.

Assim, esforçavam-se por oprimir a donzela, física e moralmente. Submetiam-na a interrogatório sobre interrogatório. Efetuavam, às vezes, dois por dia, de três horas cada um. E durante todo o tempo obrigavam-na a ficar de pé, suportando o peso de grossas correntes.

Contudo, Joana não se deixa intimidar. Aquele sinistro lugar se lhe afigura um novo campo de batalha, com o que dá mostra de sua grande alma, de sua coragem máscula. A potência invisível que a inspira prorrompe em frases veementes, que aterrorizam seus acusadores. Dirigindo-se ao bispo de Beauvais, exclama:

> Dizeis que sois meu juiz. Não sei se sois. Mas tende o cuidado de não julgar mais; porque, do contrário, vos exporeis a grande perigo. Advirto-vos, a fim de que, se nosso Senhor vos castigar, eu tenha cumprido o dever que me cabia de vos prevenir. Vim da parte de Deus. Nada tenho que fazer aqui. Entregai-me ao julgamento de Deus, de quem vim.[163]

Fazem-lhe esta pergunta prenhe de insídia:

— Acreditas estar na graça de Deus?

---

162 *Processo de reabilitação*, t. I, p. 93 e 94.
163 J. Fabre — *Processo de condenação*, p. 60 e 158.

— Se não estou, que Ele me faça estar; e, se estou, que ele nela me conserve.[164]
— Julgas, pois, inútil confessar-te, ainda que em estado de pecado mortal?
— Jamais cometi pecado mortal.
— Podes lá sabê-lo?
— Minhas vozes me teriam abandonado!
— Que dizem tuas vozes?
— Dizem-me: "Não tenhas medo" — responde desassombradamente —, "Deus te ajudará".[165]

Procuram levá-la a reconhecer-se culpada do crime de magia, de sortilégios, pretendendo que se servira de objetos dotados de poderes misteriosos:

— Defendias o estandarte, ou o estandarte é que te defendia?
— Fosse do estandarte ou de Joana a vitória, tudo pertencia a Deus.
— Mas era no estandarte ou em ti mesma que fundavas a esperança da vitória?
— Em Deus e em nada mais.[166]

Quantos outros em seu lugar teriam podido ou sabido resistir à tentação de atribuírem a si próprios o mérito de suas vitórias? O orgulho se infiltra até ao fundo das mais nobres e mais puras almas. Quase todos nós somos inclinados a dar crescido valor aos atos que praticamos, a lhes exagerar o alcance, a nos glorificar sem razão. Entretanto, tudo nos vem de Deus. Sem ele, nada seríamos, nada poderíamos. Joana o sabe e, na atmosfera de glória que a cerca, se faz humilde, pequenina, atribuindo unicamente a Deus o merecimento da obra realizada. Longe de se envaidecer de sua missão, redu-la a justas proporções. Não fora mais do que um instrumento ao serviço da Potência suprema: "Aprouve a Deus obrar assim, por intermédio de uma simples virgem, para repelir os adversários do rei".[167]

Mas que instrumento admirável de sabedoria, de inteligência e de virtude! Que profunda submissão às vontades do Alto! "Todos os meus atos e palavras estão nas mãos de Deus e confio nele."

---

164 Id. Ibid., p. 71.
165 *Processo*..., passim.
166 J. Fabre – *Processo de condenação*, p. 184.
167 Id. Ibid., p. 152.

* * *

Um dia, o bispo de Beauvais entra no cárcere, revestido dos paramentos sacerdotais e acompanhado de sete padres. Joana é prevenida de que será decisivo o interrogatório por que vai passar. Suas vozes, depois de lhe darem esse aviso, aconselham-lhe que resista com denodo, que defenda a verdade, que desafie a morte. Tanto basta para que, ao defrontar os ministros da Igreja, o corpo extenuado se lhe enrije, o semblante se lhe ilumine e seu olhar brilhe com vivo e inigualável fulgor.

— Joana — diz o bispo —, queres submeter-te à Igreja?

Terrível pergunta esta, na Idade Média, e da qual depende a sorte da heroína.

— Reporto-me a Deus em todas as coisas — responde ela —, Deus, que sempre me inspirou.

— Aí está uma palavra bastante grave. Entre ti e Deus, há a Igreja. Queres, sim ou não, submeter-te à Igreja?

— Vim ao encontro do rei para salvação da França, guiada por Deus e por seus santos Espíritos. A essa Igreja, *a de lá do Alto*, me submeto, com relação a tudo o que tenho feito e dito!

— Assim, recusas submeter-te à Igreja, recusas renegar as tuas visões diabólicas?

— Reporto-me a Deus somente. Pelo que respeita às minhas visões, não aceito o julgamento de homem algum!

Eis aqui o ponto capital do processo. Tratava-se de saber, acima de tudo, se Joana subordinaria a autoridade de suas revelações às vontades da Igreja. Por ocasião do processo de reabilitação, os juízes e as testemunhas tiveram como preocupação única demonstrar que a virgem hesitara e, por fim, aceitara a supremacia do papa e da Igreja. Ainda hoje, é o argumento dos que colocam a heroína no paraíso católico.

Durante o processo de condenação, ao contrário, Joana, em todas as suas respostas, se mostra resoluta; seu pensamento não tem obscuridade, à palavra não lhe falta firmeza. Profundo é o sentimento que nutre no tocante à causa que defende. Em realidade, este solene debate prossegue entre dois princípios inflexíveis. De um lado, está a regra, o despotismo das tradições; está a suposta infalibilidade de um poder que se imobilizou há séculos. De outro lado, encontram-se a inspiração, os direitos sagrados da consciência individual. E a inspiração aqui se manifesta sob uma das mais sugestivas, mais empolgantes formas já vistas no correr dos tempos.

Forçoso é, pois, reconhecer: muito melhor do que os testemunhos do processo de reabilitação, os interrogatórios de Rouen nos dão a ver Joana em toda a sua grandeza, em todo o esplendor de suas respostas apaixonadas, nas quais a palavra lhe sai vibrante, "enquanto o olhar", diz uma testemunha, "despede lampejos". Fascinava até os próprios juízes. Em parte alguma, em nenhuma ocasião se mostrou mais bela, mais imponente.

"Reporto-me a Deus somente!", dissera. Diante dessa resolução inabalável, diante dessa vontade que coisa alguma será capaz de amolgar, não mais hesitam.

A 9 de maio conduzem-na à sala das torturas. Lá se acham os torturadores com os apetrechos sinistros. Preparam os instrumentos; incandescem os ferros. Joana resiste. Defende a França e o ingrato rei que a abandonou. "Ainda que me arrancásseis os membros e que separásseis do corpo a alma, outra coisa não vos diria!"[168]

Deixaram de torturá-la, não por piedade, mas porque, no estado de fraqueza física a que chegara, ela evidentemente expiraria durante os tormentos, e o que se queria era uma morte pública, um cerimonial espetaculoso, de molde a impressionar a massa popular.

Os juízes nada esqueciam do que pudesse fazê-la sofrer. Num requinte de crueldade, compraziam-se em lhe descrever os horrores do suplício do fogo. Ora, este era o martírio que Joana mais particularmente temia: "Preferia que me decapitassem", dizia, "a ser assim queimada". Longe de tocá-los, o queixume da donzela mais lhes excitava a perversidade. Esmagada ao peso das correntes, vigiada de perto por inimigos brutais, no fundo daquele abismo de miséria, onde nenhum raio de compaixão, nenhuma palavra de conforto penetrava, por vezes um grito de revolta lhe assomava aos lábios e um apelo a Deus, "o grande juiz", motivado pelos ultrajes que lhe infligiam. Mas acrescentava: "Bem pode ser que os que me querem tirar deste mundo vão antes de mim". Doutra feita, declarava ao juiz interrogante: "Não haveis de fazer contra mim o que acabais de dizer, sem que daí vos advenha mal ao corpo e à alma".[169]

---

[168] *Processo de condenação* p. 324.
[169] Idem, p. 321.

Efetivamente, muitos dos que a julgaram e condenaram tiveram miserando fim. Todos se viram flagelados pelo desprezo público e pelos remordimentos das consciências. Cauchon morreu acabrunhado de remorsos. O povo desenterrou-lhe o cadáver para lançá-lo a uma sentina.[170] O promotor Jean d'Estivet expirou dentro de um esgoto. Alguns outros, vinte e cinco anos depois, em presença do novo tribunal, no correr do processo de reabilitação, mais pareciam réus do que testemunhas. Causava dó a atitude em que se apresentavam, e a maneira por que falavam traía a perturbação que lhes lançara n'alma o sentimento da própria indignidade.

Nos interrogatórios, nem sempre respeitavam a verdade, quando transcreviam as palavras da acusada. Um dia, em que a inquiriam acerca de suas visões, ao lerem-lhe uma das respostas que anteriormente dera, Jean Lefèvre notou um erro de redação e apontou-o. Joana pediu ao escrivão Manchon que repetisse a leitura. Relido o trecho, ela declarou que dissera precisamente o contrário.[171]

Outra ocasião, ponderou-lhes, num tom de censura: "Registrais só o que é contra mim e nada do que é a meu favor!".

Apesar de tudo, a energia sobre-humana, a linguagem inspirada, a grandiosa serenidade da donzela nos sofrimentos, acabaram por impressionar os juízes. Cauchon sentia bem que ali estava um ente excepcional, um ente que o Céu amparava. E já entrevia as consequências hediondas de seu crime; já elas se lhe erguiam diante dos olhos. Em certos momentos, a voz da consciência o repreendia e ameaçava. O pavor assaltava o prelado. Mas como recuar? Os ingleses, sempre presentes, acompanhavam com febril atenção a marcha do processo, aguardando com tenebroso furor a hora de poderem imolar Joana, depois de a terem torturado e desonrado. Ao bispo de Beauvais só se lhe deparou um recurso: fazer com que a vítima desaparecesse assassinada. Era evitar um crime público, por meio de um crime secreto. Pensou em matá-la a veneno, e providenciou para que lhe enviassem um peixe envenenado. Ela o comeu e logo enfermou, acometida de vômitos. Chegou ao extremo de abatimento. Receando que viesse a morrer, prodigalizam-lhe pérfidos cuidados, pois não convém que morra assim obscuramente. Os ingleses pagaram-na caro e a destinavam à fogueira. Por

---

170 N.E.: Lugar imundo; ambiente vil, corrompido.
171 H. Wallon, *Jeanne d'Arc*, p. 230. — J. Fabre, *Processo de reabilitação*, t. I, p. 358. Depoimento do bispo Jean Lefèvre.

fim, a robusta constituição da heroína triunfa e imediatamente recomeçam seus sofrimentos morais. Aproveitam o estado de fraqueza em que a veem para redobrarem de insistência. Exigem-lhe uma abjuração. Nada fora olvidado para a consecução deste fim: espionagem, mentiras, tentativa de defloramento e até o veneno. A virgem, que era objeto da admiração de um povo inteiro, estava, por seus juízes e guardas, saciada de ignomínias.

Uma cena — poder-se-ia dizer uma comédia — preparada no cemitério de Saint-Ouen. Aí, à vista do povo e dos ingleses, diante dos juízes reunidos, tendo à frente um cardeal e quatro bispos, intimam Joana a declarar que se submete à Igreja. Exortam-na e pedem-lhe que se compadeça de si mesma, que não se condene ao suplício do fogo. Lá está, com efeito, na sua carreta sinistra, bem junto do estrado para o qual a mandaram subir, o carrasco que, em caso de recusa, a conduzirá ao Vieux-Marché, onde uma fogueira a espera.

Nesse instante, à luz merencória[172] de um dia sombrio, como que velado pelos crepes do luto de que se cobrira a Natureza, sob a impressão de tristeza que se desprende dos túmulos, das sepulturas que a rodeiam, ela se sente presa de imenso desânimo.

Pelo pensamento, foge daquele campo mortuário e revê a terra que lhe fora berço, a velha Lorena, com seus frondosos bosques onde canta o passaredo, todos os amados lugares de sua meninice. Parece-lhe ouvir as canções das fiandeiras e dos pastores, escuta as modulações cheias de doçura e de queixumes que de tão longe o vento lhe traz nas asas. Torna a ver a choupana em que habitava, a mãe, o velho pai que encontrara em Reims todo encanecido, uma e outro destinados a sofrer duramente quando souberem de sua morte! Nasce-lhe no íntimo a saudade da vida! Morrer aos 20 anos! Que coisa cruel!

Pela primeira vez, o anjo fraqueja. O Cristo, o próprio Cristo, também teve seus momentos de fraqueza. No monte das Oliveiras não desejou afastar de si o cálice das amarguras? Não disse: "Que se afaste de mim este cálice?!".

Joana, sem mais forças para resistir, assina o papel que lhe apresentam. Lembremos que ela não sabe ler, nem escrever. Além disso, o papel que lhe deram para assinar não é o que ficará arquivado. Operou-se uma substituição infame. Nem mesmo diante desse ato odioso recuaram.

---

172 N.E.: Melancólica, triste.

Hoje, a prova está feita de que é falsa a fórmula de abjuração que figura no processo, assinada com uma cruz. Difere, quer no contexto, quer na extensão, da que Joana subscreveu. Nenhuma só pessoa das que depuseram na revisão do processo atestou a identidade de tal documento: cinco a negaram. A fórmula que se encontra apensa aos autos é extremamente longa. Três testemunhas, Delachambre, Taquel, Monnet, disseram: "Estávamos muito perto, vimos o papel, não continha mais do que seis ou sete linhas".[173] "A leitura da fórmula durou tanto quanto a recitação de um padre-nosso", acrescenta Migiet.[174] Outra testemunha declarou: "Sei positivamente não ser a que se menciona no processo a fórmula que li a Joana e que ela assinou".[175] Ora, esta testemunha não é outra senão o escrivão Massieu, que foi quem leu, para que Joana repetisse, a fórmula de abjuração.

A donzela, aturdida, não ouviu nem compreendeu o que se achava escrito no papel. Assinou-o sem fazer juramento, sem ter plena consciência de seu ato. Afirma-o ela própria aos juízes, alguns dias depois, dizendo: "O que estava na fórmula de abjuração eu não compreendi. Não entendi desdizer-me, senão do que fosse do agrado de Deus que eu desdissesse".[176]

Assim, o que as ameaças, as violências e todo o instrumental das torturas não puderam obter da heroína, conseguiram-no as súplicas, as solicitações hipócritas. Aquela alma tão meiga se deixou levar pelas refalsadas aparências de simpatia, pelas fementidas demonstrações de benevolência.

Mas, na mesma noite, as vozes se fizeram ouvir imperiosas na prisão e, a 28 de maio, Joana declara aos juízes: "A voz me disse que abjurar é uma traição. A verdade é que Deus me enviou. O que fiz está bem feito". E retomou as vestes masculinas, que fora obrigada a trocar pelas de seu sexo.

Que é o que se passara depois da abjuração, quando, com menosprezo das promessas de a porem numa "prisão da Igreja" e de lhe darem por guarda uma mulher, a reconduziram à enxovia abjeta, onde até então estivera? Os testemunhos seguintes no-lo vão dizer.

> Joana me referiu que, depois da abjuração, atormentaram-na violentamente na prisão, que a molestaram e lhe bateram, e que um milorde

---
173 J. Fabre – *Processo de reabilitação*, t. II, p. 19, 63 e 134.
174 Id. Ibid., t. II, p. 365.
175 Id. Ibid., t. II, p. 76. Depoimento de Jean Massieu.
176 Id. *Processo de condenação*, p. 367.

inglês tentara forçá-la. Dizia publicamente e me disse a mim que por esse motivo é que retomara as vestes de homem.[177]

Em minha presença perguntaram a Joana por que retomara os trajes de homem, e ela respondeu que o fizera para defender seu pudor, pois, vestida de mulher, não se considerava em segurança, na companhia de guardas que já tinham querido atentar contra sua honra.[178]

Muitas pessoas e eu estávamos presentes na ocasião em que ela se justificava de haver retomado aquele trajo, dizendo e afirmando publicamente que os ingleses lhe tinham feito na prisão toda espécie de ofensas e de violências, quando usava roupas de mulher. De fato, eu a vi acabrunhada, com o rosto banhado em lágrimas, desfigurado e de tal modo ultrajado, que tive piedade e compaixão.[179]

Na prisão dos ingleses, Joana esgotou o cálice de amarguras; pôde medir a profundidade do abismo das misérias humanas. Todos os seus sofrimentos se acham resumidos nestas palavras que dirigiu aos juízes: "Prefiro morrer a suportar por mais tempo o martírio do cárcere".[180]

E durante essas horas de horror, lá no castelo do Loire, Carlos VII, ao lânguido som das violas e das rabecas, se entrega aos prazeres da dança, a todos os gozos da volúpia. No burburinho das festas, esquece aquela que lhe dera a coroa!

Fatos tais contristam o pensamento e atribulam os corações. Chega-se a duvidar da Justiça eterna. Semelhante ao grito de angústia de Joana, enviamos dolorosas queixas aos céus imensos. Ao nosso apelo, porém, um morno silêncio responde. Entretanto, desçamos ao fundo de nós mesmos e sondemos o grande mistério da dor. Não é ela necessária à beleza das almas e à harmonia do Universo? Que seria o bem sem o mal, que lhe serve de contraste e lhe realça o brilho? Apreciaríamos os benefícios da luz, se não tivéssemos que sofrer a treva? Sim, a terra é o calvário dos justos, mas é também a escola do heroísmo, da virtude e do gênio; é o vestíbulo dos mundos felizes, onde todas as penas aqui passadas, todos os sacrifícios feitos nos preparam compensadoras alegrias. As almas se depuram e embelezam pelo sofrimento. Só mediante a dor se conquistam todas as felicidades. Os que

---

177 J. Fabre. Op. Cit. t. II, p. 88 e 89. Depoimento de frei Martin Ladvenu.
178 J. Fabre — *Processo de reabilitação*, t. II, p. 41. Depoimento do escrivão Manchon.
179 Id. Ibid., t. II, p. 98. Depoimento do frei Isambard de la Pierre.
180 Id. *Processo de condenação*, p. 366.

não são imolados partilham delas em maior escala. Todos os corações puros sofrem na terra: o amor nunca é desacompanhado de lágrimas. No âmago das sociedades humanas, não há senão o vazio e o amargor, e por entre os nossos mais belos sonhos se insinuam espectros.

Mas tudo neste mundo é passageiro. O mal pouco dura, enquanto que no Alto, nas esferas superiores, o reino da Justiça se desdobra numa duração eterna. Não, a confiança dos crentes, o devotamento dos heróis, as esperanças dos mártires não são quimeras vãs! A Terra é um degrau para subir-se aos Céus.

Que essas almas sublimes nos sirvam de exemplo e que sobre nós irradie, através dos séculos, a fé que as sustentou. Expulsemos de nossos corações as tristezas e os desânimos. Saibamos tirar das provações e dos males todo o fruto que nos oferecem para nossa elevação. Saibamos tornar-nos dignos de renascer em mundos mais belos, lá onde não vicejam o ódio, nem a injustiça, nem a secura dos corações, onde as existências correm numa harmonia cada vez mais penetrante e numa luz cada vez mais viva.

* * *

Após a retratação, Joana foi declarada relapsa, herética, cismática e condenada sem remissão. Só lhe restava morrer, morrer pelo fogo! Tal a sentença proferida por seus juízes!

Esses juízes, esses crentes do décimo quinto século não quiseram reconhecer a missão de Joana d'Arc. Acreditam nas longínquas manifestações de que falam as Bíblias; apraz-lhes reportarem-se pelo pensamento às épocas em que os enviados do Alto descem à Terra e entram na sociedade dos homens. Creem num Deus que imobilizaram nas profundezas do Céu e ao qual dirigem cotidianamente estéreis louvores.

Mas, ao Deus que vive, obra e se manifesta no mundo, na espontaneidade, na frescura, na juvenilidade da vida; aos grandes Espíritos que diante deles bafejam os missionários com o sopro de uma inspiração poderosa, só votam ódio, só reservam o insulto e a ignomínia!

Os juízes de Rouen e os doutores da Universidade de Paris declaram Joana inspirada pelo inferno. Por quê? Porque os defensores, os representantes da letra, da fórmula, da rotina, somente dispõem de um saber superficial, de um saber que esteriliza o coração, priva de nutrição o pensamento e, em certos casos, pode levar até à injustiça e ao crime.

É assim que em todas as épocas os homens de letra se constituíram, inconscientemente, os algozes do ideal e do divino. É assim que, com a roda de ferro da tirania, se tem esmagado o que de mais belo, de mais grandioso, de mais generoso há neste mundo. Os resultados não se fizeram esperar e, para a Igreja, foram terríveis. Di-lo Henri Martin pelas seguintes palavras:[181]

> Condenando Joana, a doutrina da Idade Média, a doutrina de Inocêncio III e da Inquisição proferiu a condenação de si mesma. Essa doutrina primeiramente queimou sectários, depois dissidentes que ensinavam a pura moral cristã; agora, acaba de queimar um profeta, um messias! O Espírito se retirou dela. Daqui por diante, a seu mau grado e em seu desfavor, é que se operarão os progressos da Humanidade e as manifestações do governo da Providência da Terra.

Sim, a Humanidade caminhou; o mundo progrediu. Não mais se pode dar a morte na cruz ou na fogueira aos enviados de Deus. Fecharam-se as masmorras e as salas de torturas, desapareceram os patíbulos. Entretanto, outras armas se levantam contra os inovadores, contra os porta-vozes da ideia nova. Essas armas são a chacota, o sarcasmo, a calúnia, a luta surda e contínua.

Mas, se as temíveis instituições da Idade Média, se todo o arsenal dos suplícios, se os patíbulos e as piras foram impotentes para deter a marcha da verdade, como poderiam hoje embaraçá-la? Soou a hora em que o homem não mais admite, no domínio do pensamento, outro soberano que não seja a sua consciência e a razão. Por isso, devemos conservar-nos fiéis ao eterno direito que nos assiste de julgar e de compreender.

Aproxima-se, chegou mesmo, o momento em que todos os erros do passado têm que comparecer, em plena luz, à barra do tribunal da História. Já se reconsideram e explicam as palavras e as ações dos grandes missionários, dos mártires e dos profetas. A todos os olhos elas apresentam um brilho novo. Breve, o mesmo sucederá com as sociedades e instituições de outrora. Umas e outras serão julgadas por sua vez e só conservarão o ascendente moral, a autoridade, aquelas que souberam dar ao homem mais meios e recursos para pensar, mais liberdade para amar, elevar-se e progredir.

---
181 H. Martin — *Histoire de France*, t. VI, p. 302.

XII
Rouen: o suplício

Do Cristo, com ardor,
Joana a imagem beijava.
CASIMIR DELAVIGNE

Estamos a 30 de maio de 1431. O drama toca ao desenlace. São oito horas da manhã. Todos os sinos da grande cidade normanda dobram lugubremente. É o dobre fúnebre, o dobre a finados. Anunciam a Joana que sua última hora soara. Exclama ela chorando:

> Ai! de mim! Tratam-me horrível e cruelmente; é preciso até que meu corpo, intacto e puro, jamais conspurcado, seja hoje consumido e reduzido a cinzas! Ah! preferia que me decapitassem sete vezes a ser assim queimada... Oh! invoco a Deus por testemunha das grandes ofensas que me fazem![182]

Impressiona-a cruciantemente a ideia do suplício do fogo. Pensa nas chamas que se alteiam, na morte que se aproxima lentamente, na prolongada agonia de um ser vivo a sentir as mordeduras ardentes que lhe devoram as carnes. Tal gênero de morte era destinado aos piores criminosos e,

---

182 J. Fabre — *Processo de reabilitação*, t. II, p. 104. Depoimento de frei Jean Toutmouillé.

no entanto, vai sofrê-la Joana, a virgem inocente, Joana — a libertadora de um povo!

Isto põe a nu a baixeza de seus inimigos, daqueles que ela tantas vezes vencera. Em lugar de lhe renderem à coragem, ao gênio, as homenagens que os soldados civilizados dispensam aos adversários que a má sorte lhes faz cair nas mãos, os ingleses reservam para Joana, depois dos mais atrozes maus-tratos, ignominioso fim. Seu corpo será consumido e suas cinzas lançadas ao Sena. Não lhe permitirão repousar num túmulo, onde os que a amaram possam ir chorar, depositar flores, praticar o tocante culto da saudade.

Fazem-na entrar na carreta sinistra, e a tétrica procissão se encaminha para o local do suplício. Oitocentos soldados ingleses a escoltam. Imensa multidão consternada se comprime para vê-la passar. O cortejo desemboca na Rua Écuyère, na praça do Vieux-Marché, onde se erguem três palanques. Os prelados e oficiais tomam lugar em dois deles. O cardeal de Winchester, revestido da púrpura romana, ocupa seu trono. Lá estão também o bispo de Beauvais e o de Bolonha, todos os juízes e os capitães ingleses. Entre os palanques, avulta a fogueira, de aterradora altura. É um monte de lenha, dominando toda a praça. Querem que o suplício seja longo, a fim de que a virgem, vencida pela dor, grite implorando graça, renegue de sua missão e de suas vozes.

Leem o libelo acusatório, composto de 70 artigos, nos quais se acumulou tudo quanto o ódio mais venenoso pode imaginar para desnaturar os fatos, iludir a opinião e fazer da vítima um objeto de horror. Joana se ajoelha. Nesse solene momento, em presença da morte que se avizinha, sua alma se desprende das sombras terrenas e entrevê os esplendores eternos. Ora em voz alta. Profere uma prece extensa e fervorosa. Perdoa a todos, a seus inimigos, a seus algozes. Num sublime arroubo do pensamento e do coração, reúne dois povos, enlaça dois reinos. As inflexões de sua voz emocionam vivamente a multidão; de dez mil peitos ofegantes rebentam os soluços. Os próprios juízes, tigres de feições humanas, Cauchon, Winchester, todos choram. Pouco lhes dura, porém, a emoção. O cardeal faz um aceno, e Joana é amarrada por fios de ferro ao poste fatal; passam-lhe à volta do pescoço pesada golilha.[183]

---

183 N.E.: Gargantilha de ferro fixada num poste ou pelourinho, à qual se prendiam criminosos ou escravos pelo pescoço; argola.

Ela então se dirige a Isambard de la Pierre e diz: "Eu vos peço, ide buscar-me a cruz da igreja mais próxima; quero tê-la erguida bem defronte de meus olhos, até ao último instante".[184] Quando lhe apresentam a cruz, cobre-a de beijos e de pranto. No momento em que vai morrer de uma morte horrível, abandonada por todos, quer ter diante de si a imagem desse outro supliciado que, lá nos confins do Oriente, no cume de um monte, deu a vida em holocausto à verdade.

Naqueles minutos graves a heroína revê toda a sua vida, curta, mas brilhante. Evoca a lembrança dos entes que ama, recorda os dias serenos da sua infância em Domremy, o semblante meigo de sua mãe, a fisionomia austera do velho pai e as companheiras de sua meninice, Hauviette e Mengette, seu tio Durand Laxart, que a acompanhou a Vaucouleurs, e, finalmente, os homens dedicados que lhe fizeram companhia até Chinon. Numa visão rápida, passa em revista as campanhas de Loire, os gloriosos combates de Orléans, de Jargeau, de Patay; escuta as fanfarras guerreiras e os gritos de alegria da multidão em delírio.

Revê, ouve tudo isso na hora derradeira. Quis, por essa forma, num como supremo abraço, dizer o adeus final a todas aquelas coisas, a todos aqueles entes amados. Não tendo nenhum deles diante da vista, concretizou na imagem do Cristo crucificado suas lembranças, suas ternuras. Dirigiu-lhe o adeus que assim dizia à vida, nos extremos anseios de seu coração despedaçado.

Os carrascos põem fogo à lenha, e turbilhões de fumaça se enovelam no ar. A chama cresce, corre, serpeia por entre as pilhas de madeira. O bispo de Beauvais acerca-se da fogueira e grita-lhe: "Abjura!". Ao que Joana, já envolvida num círculo de fogo, responde: "Bispo, morro por vossa causa, apelo do vosso julgamento para Deus!".

As labaredas rubras, ardentes, sobem, sobem mais e lambem-lhe o corpo virginal; suas roupas fumegam. Ei-la que se torce nas ataduras de ferro. Alguns minutos depois, em voz estridente, lança à multidão silenciosa, aterrorizada, estas retumbantes palavras: "Sim, minhas vozes vinham do Alto. Minhas vozes não me enganaram. Minhas revelações eram de Deus. Tudo que fiz fi-lo por ordem de Deus!".[185] Suas vestes incendiadas se

---

184 J. Fabre – *Processo de reabilitação*, t. II, p. 100. Depoimento de frei Isambard de la Pierre.
185 Id. Ibid., t. II, p. 91. Depoimento de frei Martin Ladvenu.

tornam uma das centelhas da imensa pira. Ecoa um grito sufocado, supremo apelo da mártir de Rouen ao Mártir do Gólgota: "Jesus!"

E nada mais se ouviu, além dos estalidos que o crepitar do fogo produz...

Terá Joana sofrido muito? Ela própria nos assegura que não: "Poderosos fluidos", diz-nos, "choviam sobre mim. Por outro lado, minha vontade era tão forte que dominava a dor".

[...]

Está morta a virgem da Lorena. O Espaço todo se ilumina. Ela se eleva e paira acima da Terra, deixando após si um rastro luminoso. Já não é um ser material, mas um puro Espírito, um ser ideal de pureza e de luz. Os Céus se lhe abriram até ao infinito. Legiões de Espíritos radiosos vêm-lhe ao encontro, ou lhe formam cortejo. E o hino do triunfo, o coro celestial da boa-vinda repercute nos espaços siderais: "Salve! salve! aquela que o martírio coroou! Salve! tu que, pelo sacrifício, conquistaste eterna glória!".

Joana entrou no seio de Deus, nesse foco inextinguível de energia, de inteligência e de amor, cujas vibrações animam o Universo inteiro. Muito tempo permaneceu mergulhada nele. Afinal, um dia, saiu de lá mais radiante e mais bela, preparada para missões de outra ordem, das quais adiante falaremos.

Deus, em recompensa, lhe deu autoridade sobre suas irmãs do Céu.

[...]

Concentremo-nos; saudemos a nobre figura da virgem, a jovem de imenso coração, que, tendo salvado a França, pela França morreu antes dos 20 anos.

Sua vida resplandece como celeste raio de luz, na temerosa noite da Idade Média.

Com sua fé vigorosa, com sua confiança em Deus, veio trazer aos homens a coragem e a energia necessárias a transpor mil obstáculos; veio trazer à França traída, agonizante, a salvação e o renascimento. Por paga de tanta abnegação heroica, horror! só colheu mágoas, humilhações, perfídias e, como coroamento de sua breve, porém maravilhosa carreira, uma paixão e uma morte tão dolorosa, como iguais só houve as do Cristo.

O pai de Joana, ferido no coração pela notícia do martírio da filha, morreu subitamente; acompanhou-o de perto ao túmulo o mais velho dos filhos. A mãe da virgem imolada continuou a viver, tendo por único objetivo neste mundo instar com persistência pela revisão do processo. Em vão, durante muito tempo, deu passos sobre passos, dirigiu petições sobre petições ao rei e ao papa.

Em 1449, quando Carlos VII fez sua entrada em Rouen, sorriu-lhe uma esperança; mas o pontífice Nicolau V lhe respondeu com evasivas, e o rei se manteve couraçado na ingratidão. Em 1455, com Calisto III, foi melhor sucedido, por isso que todo o povo francês lhe apoiava as reclamações. A corte se viu constrangida a dar ouvidos à voz pública. Fizeram compreender ao rei que sua honra estava manchada pela heresia, que servira de pretexto à morte da heroína. Assim, a reabilitação se efetuou muito mais no interesse da coroa da França, do que em homenagem à memória de Joana. Presentemente, a Igreja se apresta para explorar sua vítima de outros tempos.[186]

Em todas as épocas Joana andou sacrificada aos interesses de casta e de partido. Há, porém, milhares de almas obscuras e modestas que sabem amá-la com desprendimento e, atravessando o espaço, sobem-lhe os pensamentos que esse amor inspira. Muito mais a sensibiliza o culto dessas almas boas, do que as pomposas manifestações organizadas para glorificá-la. Esses pensamentos amorosos é que lhe dão a verdadeira alegria e a mais grata recompensa, conforme no-lo afirmou mais de uma vez, na intimidade das nossas reuniões de estudos.

* * *

Por largo tempo Joana esteve desconhecida, incompreendida, e ainda em nossos dias o é por muitos dos que a admiram. Cumpre, entretanto, reconhecer a possibilidade do erro assim praticado. Efetivamente, os que a imolaram — e no meio deles havia um rei —, para ocultarem da posteridade o crime que cometeram, tudo maquinaram com o fito de lhe desnaturarem o papel, amesquinharem a missão, correrem um véu sobre a sua memória. Obedecendo a este intuito é que destruíram o registro dos inquéritos de Poitiers, que falsificaram, di-lo Quicherat, certos documentos do processo

---

186 N.E.: O trecho encerra opinião pessoal do autor, contagiado pelo espírito da época em que a obra foi escrita.

de Rouen, que tomaram os depoimentos prestados no de reabilitação com a preocupação constante de não arranharem altas suscetibilidades.

Nos processos verbais de Rouen se diz que, na manhã do suplício, no último interrogatório a que a sujeitaram no cárcere, sem notários, sem escrivães, e só muitos dias depois passados a escrito por Cauchon, a virgem renegara suas vozes. É falso. Ela jamais as renegou. Em dado momento, extenuada, exausta, sem forças, submeteu-se à Igreja: nisto unicamente consiste a abjuração de Saint-Ouen.

Por efeito de tais perfídias é que a memória de Joana ficou tanto tempo eclipsada. No começo do décimo nono século, dela tínhamos apenas uma silhueta apagada, uma lenda incompreensível, infiel. Quis, porém, a justiça imanente da História que a verdade abrisse caminho. Das camadas populares surgiram incansáveis trabalhadores: Michelet, Henri Martin, o senador Fabre, Quicherat, sobretudo, diretor da Escola de Chartres, e também alguns padres. Todos esses obreiros conscienciosos escrutaram os pergaminhos amarelecidos, esquadrinharam as bibliotecas poeirentas. Descobriram-se muitos documentos ignorados. Encontrou-se nas ordenações reais do tempo, nas crônicas de Saint-Denis, num acervo enorme de arquivos depositados na biblioteca de Chartres, nas contas de despesas das "boas cidades", a revelação de fatos que realçam a heroína. Tardou-lhe a justiça, mas foi-lhe feita refulgente, absoluta, universal.

Eis por que à França moderna corre um grande dever: o de reparar, ao menos moralmente, as faltas da França antiga. Todos os olhares devem convergir para a nobre e pura imagem, para o vulto luminoso da virgem lorena, que é o anjo da pátria. É preciso que todos os filhos da França gravem, no pensamento e no coração, a lembrança da que o Céu nos enviou na hora dos desastres e dos cataclismos. É necessário que pelos tempos em fora uma eterna homenagem suba àquele Espírito valoroso que amou a França até ao ponto de lhe dar a vida, de perdoar sobre a fogueira todos os abandonos, todas as insídias; àquela que se ofereceu em holocausto à salvação de um povo.

Imenso alcance teve o sacrifício de Joana d'Arc. Em política — como deixaremos firmados na segunda parte deste volume — produziu a unidade da França. Antes dela, éramos apenas um país desmantelado, esfacelado pelas facções. Depois dela, houve uma França. Joana entrou resolutamente no braseiro e, expirando, ao mesmo tempo que sua alma se evolava para o Além, dali saía a unidade nacional. Toda obra de salvação se realiza por meio do sacrifício. Quanto maior é este, mais soberba e imponente a obra. Toda missão redentora tem como coroação e remate o martírio. É a grande lei da História. Assim foi com Joana, assim com o Cristo. Por isso, sua vida traz o cunho da mão divina. Deus, o soberano artista, se revela nessa vida por traços inconfundíveis e sublimes.

O sacrifício de Joana teve ainda um alcance maior: o de ficar sendo um ensinamento e um exemplo para as gerações, para os séculos vindouros. Deus tem determinado propósito quando reserva tais lições à Humanidade. Para as grandes personalidades dos mártires é que se volverão os pensamentos dos que sofrem, dos que vergam ao peso das provações. São outros tantos focos de energia, de beleza moral, ao calor dos quais virão aquecer-se as almas enregeladas pelo frio da adversidade. Através dos séculos, elas projetam uma cauda luminosa, uma espécie de esteira, que nos atrai e arrasta para as regiões rutilantes. Esses entes passaram pela Terra, para nos fazerem adivinhar o outro mundo. Morrendo, deram nascimento à vida, e a lembrança que deixaram há sido o reconforto de milhões de criaturas fracas e aflitas.

Segunda parte
As missões de Joana d'Arc

XIII
Joana d'Arc e a ideia de pátria

> *Glória à nossa França imortal!*
> *Glória aos que por ela morreram,*
> *Aos heróis que, de ânimo forte,*
> *Do martírio o horror padeceram!*
>
> Victor Hugo

Na primeira parte desta obra, recordamos os fatos principais da vida de Joana d'Arc e procuramos explicá-los com o auxílio dos dados que as ciências psíquicas nos facultam. Relatamos os triunfos e os sofrimentos da heroína e descrevemos o martírio que lhe foi como que coroamento da carreira sublime.

Resta-nos pesquisar e pôr em destaque as consequências de sua missão no décimo quinto século. Deste ponto de vista, formularemos em primeiro lugar a seguinte questão: Que é o que a França deve a Joana?

Antes de tudo, sabemo-lo, deve-lhe a existência; deve-lhe o ser uma nação, uma pátria. A ideia de pátria é ainda, na época da donzela, muito vaga, confusa, quase desconhecida. As cidades se entreolham como rivais; as províncias se guerreiam como inimigos. Nenhuma união, nenhum sentimento de solidariedade liga as diferentes partes do país. Os grandes feudos fizeram a partilha da França, e os esforços dos senhores feudais tendem a libertá-los de toda e qualquer autoridade. Quando Joana d'Arc aparece em cena, os estados de Borgonha, Picardia e Flandres são aliados dos ingleses; Bretanha e Savoie se conservam neutras; a Guiena está nas mãos do inimigo. Joana é a primeira que evoca nas almas a santa imagem da pátria comum, da pátria arruinada, mutilada, agonizante. Objetar-nos-ão que o termo tinha então pouca voga. Mas, em falta da palavra, Joana nos deu a própria pátria.[187] Isso é o que devemos ter sempre em memória.

Do coração de uma mulher, de seu amor, de sua abnegação é que nasceu a noção de pátria.

Em pleno furor da tempestade que sobre ela desabara, através da negra nuvem de luto e de miséria que a cobria, a França viu passar aquela figura luminosa e ficou por assim dizer deslumbrada. Não chegou mesmo a compreender, a sentir toda a extensão do socorro que o Céu lhe enviava. Entretanto, apesar de tudo, o sacrifício de Joana lhe infundiu virtudes que até ali desconhecera. Foi no mundo o primeiro país que se tornou uma nação. Selada com o sangue da heroína, sua unidade não pôde mais ser desfeita, ou aniquilada, nem pelas vicissitudes, nem pelos furacões sociais, nem por inúmeros desastres sem exemplo!

* * *

---

[187] Recentes pesquisas demonstraram que Jean Chartier foi o primeiro a usar da palavra *pátria*, na seguinte passagem de sua *História de Carlos VII*, p. 143: "De acordo com o provérbio, segundo o qual a todos é lícito e louvável combater *por sua pátria*".
Jean Chartier — que não era, como se acreditou, irmão do poeta Alain Chartier, que um pretendido beijo da delfina Marguerite da Escócia tornou célebre e que se imortalizou por uma página admirável em honra de Joana d'Arc — Jean Chartier ocupava, em 1449, o emprego de "cronista da França". Por outra, era o historiógrafo oficial da corte. Escrevia sob a inspiração direta do soberano e desempenhou suas funções literárias de modo tão agradável ao rei, que recebeu deste ordem de acompanhá-lo nas guerras contra os ingleses. Sr. Michaud, da Academia Francesa, e Srs. Poujoulat, Bazin, Champollion-Figeac, etc., na obra que publicaram com o título de *Nouvelle Collection des Mémoires Relatifs à l'Histoire de France*, inseriram alguns trechos de Jean Chartier, notadamente este, que é muito significativo:
Em o dito ano de 1429, no começo do mês de junho, o rei levantou um grande exército por persuasão da donzela, a qual dizia que era vontade de Deus que o rei fosse a Reims para aí ser sagrado e coroado; e apesar de certas dificuldades e dúvidas que o rei e seu conselho opuseram, concluiu-se, por indução da dita donzela, que o rei mandaria a gente que pudesse reunir para empreender a viagem de sua coroação em Reims.
A *Crônica de Carlos VII*, rei da França, redigida em latim e traduzida para o francês por Jean Chartier, foi publicada em três volumes na "Biblioteca Elzévireme" dos Srs. Plon, Nourrit & Cª, por Vallet de Viriville, o sábio professor da Escola de Chartes, a quem se deve, além disso, uma edição do *Processo de condenação de Joana d'Arc, chamada a donzela de Orléans*, traduzido do latim e publicado integralmente em francês, a primeira vez, por Firmin-Didot & Cª, livreiros-impressores do Instituto.

Não ignoramos que na atualidade a ideia de pátria experimenta uma espécie de eclipse, ou de decadência. Desde alguns anos vem sendo, em nosso país, criticada e mesmo combatida. Uma classe inteira de escritores e de pensadores se aplica em lhe revelar os abusos, os excessos, em destruir nos corações o princípio que lhe serve de base, o culto de que é objeto.

Antes do mais, no debate travado, conviria definir bem e precisar essa ideia. Debaixo de dois aspectos ela se oferece ao pensamento. Ora abstrata, entre certos Espíritos, constitui uma entidade moral e representa a aquisição dos séculos, o gênio de um povo sob todas as faces e em todas as manifestações: literatura, arte, tradições, a soma de seus esforços no tempo e no espaço, suas glórias, seus reveses, suas ações memoráveis; numa palavra: a obra completa de paciência, de sofrimento, de beleza, que herdamos ao nascer, obra em que ainda vibra e palpita a alma das gerações que se foram.

Para outros, a pátria se afigura uma coisa concreta. Será a expressão geográfica; o território com as fronteiras delimitadas.

Mas, para ser verdadeiramente bela e completa, a ideia de pátria deverá revestir as duas formas e reuni-las numa síntese superior. Considerada sob um só daqueles aspectos, não passaria de motivo de alarde, ou melhor, de uma abstração vaga, imprecisa.

Ainda aqui a ideia se apresenta em sua dupla constituição: o espírito e a letra. Conforme o ponto de vista adotado, uns buscarão a grandeza moral e intelectual da pátria; outros visarão a seu poder material, e o estandarte, para estes, simbolizará aquele poder. Em ambos os casos, cumpre se reconheça que uma pátria, para sobreviver e irradiar pelo mundo o crescente fulgor de seu gênio, deve salvaguardar a independência, a liberdade.

Na obra imensa de desenvolvimento e evolução das gentes, cada nação concorre com uma nota para o concerto geral; cada povo representa uma das faces do gênio universal, cuja manifestação e embelezamento lhe incumbe operar por meio do labor no curso das idades. Todas as modalidades da obra humana, todos os elementos de ação importam, são necessários ao progredir do planeta. A ideia de pátria, encarnando-os, concretizando-os, aviva entre eles um princípio de emulação e de concorrência, que os estimula, fecunda e eleva à suprema Potência. O agrupamento desses modos de atividade criará, no futuro, a síntese ideal, que constituirá o gênio planetário, o apogeu evolutivo das grandes raças da Terra.

Porém, na hora presente, na fase de evolução que percorremos, as competências, as lutas que a ideia de pátria provoca entre os homens ainda têm sua razão de ser, pois, do contrário, o gênio peculiar a cada raça tenderia a tornar-se dessaborido, a amesquinhar-se na posse livre e no bem-estar de uma vida isenta de choques e de perigos. Na época de Joana d'Arc, tal necessidade era forçosamente mais imperiosa. Hoje, o espírito humano, por se haver adiantado, deve empenhar-se em lhes dar feições sempre mais belas e puras, em lhes tirar todo caráter de selvageria e em auferir delas as vantagens que contribuam para enriquecer a herança comum da Humanidade. De tal maneira, essas lutas e competências tomarão o feitio de empreendimentos mais e mais nobres e proveitosos, mediante os quais se edificará o futuro. Então, ao pensamento e à forma se depararão expressões de magnificência e sublimidade sempre e sempre maiores.

Assim se alará um dia, após lenta, confusa e dolorosa incubação, a alma das grandes pátrias. Da reunião destas brotará uma civilização, da qual, na dos tempos que correm, mal podemos divisar um grosseiro esboço.

Os conflitos sangrentos do passado terão, nessa era, cedido lugar às lutas mais elevadas da inteligência aplicada à conquista das forças da Natureza e à realização do belo ideal, na arte e no pensamento, à produção de obras em que o lustre da forma se aliará à profundeza da concepção. Assim mais intensos se farão a cultura das almas, o despertar do sentimento, mais rápido o caminhar de todos para os pináculos onde reina a beleza eterna e perfeita.

A Terra vibrará num só sentir e viverá de uma só vida. Já a Humanidade se busca a si mesma, indecisamente. O pensamento procura o pensamento na escuridão; e, por sobre as vias férreas e as imensas superfícies dos mares, os povos se chamam e estendem os braços uns aos outros. O amplexo está para breve: pela conjugação dos esforços começará a obra gigantesca de adaptação da morada humana a uma vida mais ampla, mais encantadora, mais feliz!

O novo Espiritualismo contribuirá eficazmente para a aproximação dos Espíritos, pondo fim ao antagonismo das religiões e dando por base à crença, não mais o ensino e a revelação dogmáticos, porém a Ciência experimental e a comunhão com os desaparecidos. Presentemente, já ele acende focos em todos os pontos do globo; sua luminosidade avançará gradativamente, até que os homens de todas as raças estejam unidos por uma única maneira de conceber o destino na Terra e no Além.

* * *

Voltemos a Joana d'Arc. Alguns escritores acham que sua intervenção na História foi antes prejudicial do que útil à França[188] e que a reunião de ambos os países sob a coroa da Inglaterra teria dado origem a uma nação poderosa, preponderante da Europa, e à qual estaria reservado grandioso destino.[189]

Falar assim é desconhecer os caracteres e as aptidões dos dois povos, absolutamente dissemelhantes, que nenhum acontecimento, nenhuma conquista lograria fundir inteiramente naquela época.

O caráter inglês denota qualidades eminentes, que já tivemos ocasião de reconhecer e proclamar;[190] mas forma-lhe o fundo um egoísmo que tem chegado por vezes até à ferocidade. A Inglaterra jamais hesitou no emprego de quaisquer meios para realizar seus propósitos. O francês, ao contrário, de mistura com inúmeros defeitos, revela um sentimento de generosidade quase cavalheiresca. Não menor se afirma a diversidade das aptidões. O gênio inglês é essencialmente marítimo, comercial, colonizador. O da França se orienta de preferência para os vastos domínios do pensamento. Diferentes são os destinos das duas nações, e distintos os papéis que lhes tocam na harmonia do conjunto. A cada uma delas, para percorrer o caminho que lhe está naturalmente traçado e para manter em toda a plenitude a índole que lhe é própria, cumpria antes de tudo conservar a liberdade de ação e preservar sua independência. Reunidos debaixo de uma dominação comum, estes dois aspectos do gênio humano se teriam contrariado e peado os respectivos surtos. Por esta razão é que no século XV, ameaçado o gênio da França, Joana d'Arc se constituiu, na arena da História, o campeão de Deus contra a Inglaterra.

Ela desempenhou um grande papel militar. Ora, em nossos dias se verifica que a organização militar caminha para o descrédito. Sob o nome

---

188 Ver *Le Mercure de France* — "A desastrosa Joana d'Arc", 1907.
189 A terrível guerra civil das Duas Rosas, York e Lancaster, que estalou pouco depois da de Cem Anos e quase levou a Inglaterra à sua perda, mostra que também neste país ainda não havia unidade. Como poderia ela estabelecer-se com os elementos inarmônicos que provinham da conquista da França?
190 Ver *O problema do ser*, capítulo sobre a "vontade".

de pacifismo, muitos pensadores, na maior parte animados de louvabilíssimas intenções, movem vigorosa campanha, em nosso país, contra tudo que lembra o espírito belicoso do passado e as lutas entre nações.

De fato, a ideia de pátria deu azo a incontestáveis abusos. É a condição inerente a todas as coisas terrenas. Mas nem por isso os povos perderam o direito e se forraram ao dever de rememorar suas glórias e de se orgulhar de seus heróis.

Convimos em que a existência das milícias é um mal. Porém, não será um mal necessário? A paz universal representa um belo sonho, e a solução, pelo arbitramento, de todas as lides internacionais um progresso eminentemente desejável. Resta saber se a paz assegurada, prolongada, não acarretaria males de outra ordem.

"Só no décimo nono século", diz o Sr. Charles Richet, "morreram, por efeito da guerra, quinze milhões de bravas criaturas.[191] O passado inteiro não foi senão um estéril morticínio. Querer perpetuar essa infâmia faria corar". E o autor convida a Humanidade a preferir as obras de vida à lúgubre tarefa da morte.

Tais sentimentos honram ao Sr. Charles Richet. Entretanto, para enxergarmos claro na questão, precisamos elevar-nos um pouco acima dos horizontes da vida presente e abranger com o olhar a dilatada perspectiva dos tempos assinados à evolução das almas humanas. A vida atual, sabemos, não passa de um ponto na imensidade dos nossos destinos; não poderemos, pois, julgar, nem compreender o que se lhe refere, se abstrairmos de tudo o que a precede e segue. Ora, tal precisamente o caso do Sr. Charles Richet, que é cético por natureza, pouco informado acerca do que entende com o Além e que, conforme ele próprio declara, "não sente necessidade do Além".

Quanto à morte pela guerra, ouçamos o que a respeito dizem a sabedoria antiga e a sabedoria moderna.

A seu discípulo Ardjuna, que vacila em dar combate às potências do mal e em sacrificar vidas humanas, Krishna, o fundador do Bramanismo, faz as seguintes ponderações:

> Os bem-avisados não se lamentam, nem por causa das tristezas da vida, nem por causa da morte que lhes põe termo. Esqueces que eu, tu e todos

---

[191] Charles Richet — *Le Passé de la Guerre et l'Avenir de la Paix*, Paris Ollendorf, 1907.

os chefes do exército sempre existimos e que jamais deixaremos de existir, quando, em troca de nossos corpos usados, outros nos forem fornecidos, animados de nova vida? Encara, pois, com a serenidade de uma alma impassível, as alegrias e as dores da existência. A vida de qualquer criatura desafia a destruição, porquanto a alma encarnada é eterna. Não tendo nascido, como poderia morrer? Não te cause inquietação nem o nascimento, nem a morte, olha de frente o dever que te corre. Ora, teu dever, neste dia, é travar uma justa e legítima batalha. Toda abstenção de tua parte seria uma pusilanimidade, que te desonraria para sempre. Se te matarem, ganharás o Céu; vencedor, possuirás a Terra. Ergue-te, portanto, filho de heróis, e combate com a firme resolução de vencer.[192]
Escutemos agora a palavra de um dos maiores psicólogos de nosso tempo, William James, reitor da Universidade de Harvard:[193]
Um instinto profundo, impossível de desarraigar-se, nos impede de considerar a vida uma simples farsa, ou uma elegante comédia. Não, a vida é uma tragédia acerba, e o que nela mais sabor tem é o que mais amarga. Na cena do mundo, só ao heroísmo cabem os grandes papéis. É no heroísmo, sentimo-lo bem, que se acha oculto o mistério da vida. Um homem nada vale, se se mostra incapaz de qualquer sacrifício.

Quais os fins a que na realidade visamos nas vidas múltiplas, no decurso da sucessão de nossas existências na Terra e nos outros mundos? O objetivo da alma em sua carreira, temo-lo demonstrado,[194] reside na conquista do futuro, na edificação de seu destino pelo esforço persistente. Ora, a paz indefinida em mundos atrasados e no seio de sociedades ainda pouco evolutidas quanto as nossas favorece o desenvolvimento da frouxidão e da sensualidade, os piores venenos da alma. A procura exclusiva do bem-estar, a sede de riquezas e de conforto, que caracterizam a época em que vivemos, são causas do quebrantamento da vontade e da consciência. Destroem-nos a virilidade e nos fazem perder toda iniciativa, toda capacidade de resistência nas horas adversas.

A luta, ao contrário, engendra tesouros de energia, que se acumulam nas profundezas da alma e acabam por se incorporar à consciência. Depois

---

192 *Bhagavad Gita.*
193 William James — *L'Expérience Religieuse*, p. 312.
194 Ver Léon Denis — *O problema do ser, do destino e da dor*, passim.

de terem estado norteadas para o mal, nos estágios inferiores da evolução, essas forças, por efeito da ascensão e do progresso do ser, pouco a pouco se transformam em impulsões para o bem, pois que é próprio da evolução transmudar as potências más da alma em faculdades benfazejas. Tal a divina e suprema alquimia.

A guerra ensina o homem a desprezar a dor, a afrontar as privações e a morte. As energias internas, assim adquiridas, em vez de continuarem a expandir-se no exterior, voltam-se mais tarde, com o progredir da alma, contra suas mesmas paixões e lhe garantem o triunfo no combate ao sensualismo deprimente, ao mal e ao sofrimento.

A ameaça das guerras externas pode ser tão salutar aos povos em via de evolução, como aos indivíduos. Dela nasce a união no interior. A paz prolongada alimenta as dissenções intestinas; fomenta a guerra civil, como vemos presentemente pelas greves que se multiplicam em torno de nós. Nas lutas empenhadas, os reveses são mesmo mais úteis do que o triunfo: a desgraça aproxima as almas e lhes prepara a fusão. As derrotas são outros tantos golpes vibrados em uma nação; mas, à semelhança dos do martelo do escultor, esses golpes a tornam mais bela, porquanto repercutem no fundo dos corações, onde vão despertar emoções, fazendo surgir ocultas virtudes. Também é na resistência à adversidade que se temperam e nobilitam os caracteres.

Na grandiosa evolução do ser, a coragem é a qualidade essencial. Se a não possui, como poderá vencer os obstáculos inúmeros que se lhe acumulam na estrada? Eis por que, nos mundos inferiores, moradas e escolas das almas novas, a luta é a lei geral da Natureza e das sociedades. Lutando, o ser adquire as energias primordiais, indispensáveis a que lhe seja possível descrever sua imensa trajetória através do tempo e do espaço.

Não o vemos já na vida de hoje? Aquele que na infância recebeu uma educação forte, que preparou sua têmpera por meio de grandes exemplos, ou do infortúnio, que, ainda jovem, aprendeu a ser austero e a sacrificar-se, não está mais bem preparado para o desempenho de um papel importante, para o exercício de uma ação eficaz? Inversamente, na criança muito amimada, habituada à abundância, à satisfação de todas as fantasias e caprichos, as qualidades viris se extinguem e as molas da alma se afrouxam. O excesso de bem-estar amolenta. Para que o ser não se atrase no caminho, preciso é que as necessidades o aguilhoem, que os perigos o obriguem ao esforço.

Com relação às sociedades terrenas, o estado moral em que se encontram apresenta mais de uma analogia com o que ocorre na atmosfera. Quando esta, na quadra estival, ao cabo de longo período de tranquilidade, se altera e satura de emanações malsãs, furiosa tempestade vem quase sempre purificar o ar e restabelecer o equilíbrio desfeito. Assim também, quando, graças a uma paz extremamente duradoura, as paixões, as cobiças, os egoísmos chegaram ao paroxismo, quando a corrupção sobe, sobe e se alastra, cedo ou tarde acontecimentos imprevistos, bruscos abalos, rudes provações vêm chamar os homens ao sentimento das graves realidades da existência. A guerra é a forma que tais acontecimentos muitas vezes revestem, para soerguer os Espíritos, oprimindo os corpos. São purgações violentas para as sociedades, e aproveitam mais aos vencidos do que aos vencedores, porque os esclarecem sobre as próprias fraquezas e lhes ministram as duras lições da experiência.

Seja como for, não se conseguirá, faça-se o que se fizer, assegurar completamente a paz e a concórdia entre os homens, senão pelo levantamento dos caracteres e das consciências. Nossa felicidade, nossa segurança perfeita, não nos esqueçamos, estão em relação direta com a nossa capacidade para o bem. Não podemos ser felizes senão na medida de nossos méritos. O flagelo da guerra, como todos os que apoquentam a Humanidade, só desaparecerá quando desaparecer a causa dos nossos erros e vícios.

XIV
Joana d'Arc e a ideia de humanidade

Nunca matei ninguém.

Joana

Não pretenderemos que Joana d'Arc tenha sido quem nos trouxe a primeira noção de humanidade. Muito antes dela, em todos os tempos, os gemidos dos que sofrem despertaram nas almas sensíveis os sentimentos de piedade, de compaixão, de solidariedade. Estas qualidades, porém, no decurso da Guerra de Cem Anos, se haviam tornado raríssimas, particularmente entre os que cercavam Joana, entre aqueles soldados embrutecidos, que fizeram da guerra uma obra de rapina e de banditismo. É numa época assim, férrea e sanguinária, que a virgem lorena nos faz ouvir a cariciosa linguagem da comiseração, da bondade.

Não há dúvida de que ela se armou para salvar a França, mas, passada a hora da luta, volve a ser a mulher de terno coração, o anjo de meiguice e da caridade. Por toda parte, opõe-se aos massacres e sempre oferece a paz antes de atacar.[195] Três vezes, diante de Orléans, reitera propostas deste

---

[195] Ver sua carta aos ingleses: *Processo de condenação*, 5º interrogatório público.

gênero. Socorre os feridos e mesmo os feridos ingleses.[196] Aos desgraçados leva o conforto, e sofre por todos os sofrimentos humanos.

Na escura noite feudal, o décimo quinto século se mostra mais tenebroso, ainda mais sinistro do que os outros. É o século em que se vê um rei de Aragão matar o filho, e um conde de Gueldre assassinar o pai; em que um duque da Bretanha se faz assassino do irmão, e uma condessa de Foix, o carrasco da irmã. Através da densa nuvem sangrenta que envolve homens e coisas, Joana nos aparece qual visão do Alto. Fitando-a, encontramos repouso para a vista e nos consolamos do espetáculo dos morticínios. São dela estas dulcíssimas palavras: "Jamais vi correr sangue de francês, sem que os cabelos se me eriçassem".[197]

Na corte de Carlos VII não se praticava somente toda sorte de roubos e de atos de banditismo. Os assassínios também eram frequentes. O senhor de Giac, camarista-mor e, mais tarde, favorito do rei, assassinara a mulher, Jeanne de Naillac, para casar com a opulenta condessa de Tonnerre, Catherine de l'Isle-Bouchard, e pereceu, ele próprio, afogado, por instigações não só do condestável de Richemont, a cuja política se constituíra um embaraço, como de La Trémoille, que lhe cobiçava a esposa, depois de ter, à força de maus-tratos, dado a morte àquela com quem se casara. Um outro favorito de Carlos VII, Le Camus de Beaulieu, morre assassinado na presença do monarca. O conde d'Armagnac sequestra o marechal de Séverac, arranca-lhe um testamento a seu favor e em seguida manda matá-lo.[198]

Num meio assim monstruoso é que à boa lorena cumpre intervir. Essa circunstância lhe tornará ainda mais penosa a tarefa, e multiplicará, para a sua sensibilidade, as causas de sofrimento.

Alguns escritores quiseram ver em Joana d'Arc uma espécie de virago,[199] de virgem guerreira exaltada pelo gosto dos combates. Nada mais falso; desmentem semelhante opinião as ações e palavras da heroína. É certo que ela sabe afrontar os perigos e expor-se aos golpes do inimigo; mas, quer nos acampamentos, quer no ardor das refregas, jamais se despojou da doçura e da modéstia peculiares à mulher. Era bondosa e pacífica de natureza. Nunca

---

196 Ver o testemunho de Luís de Contes: "Joana", diz ele, "que era muito compassiva, apiedou-se de tal mortandade. Tendo visto um francês, que conduzia alguns prisioneiros, dar na cabeça de um deles uma pancada tão brutal que o homem caiu como morto, ela desceu do cavalo e fez com que o inglês fosse ouvido em confissão. Sustinha-lhe a cabeça e consolava-o como podia". J. Fabre — *Processo de reabilitação*, t. I., p. 213.
197 Depoimento de seu intendente Jean d'Aulon.
198 Segundo Lavisse, *Histoire de France*, t. IV, p. 24 e 27.
199 N. E.: Mulher que tem estatura, voz e gestos considerados masculinos.

trava combate com os ingleses, sem que previamente os convide a se afastarem. Quando os adversários se retiram sem lutar, como a 8 de maio, junto de Orléans, ou quando cedem ao embate dos franceses, ordena que os poupem: "Deixai-os ir", dizia, "não os mateis. A mim me basta que se retirem".

Nos interrogatórios de Rouen perguntam-lhe: "Que era ao que mais querias, ao estandarte, ou à espada?". Ela responde: "Amava muito mais, mesmo quarenta vezes mais o meu estandarte, do que a minha espada. Nunca matei ninguém!".[200]

Para se preservar dos arrastamentos da luta, estava sempre com a bandeira empunhada, porque, dizia ainda: "Não quero servir-me da espada". Não raro surgia onde mais violenta era a peleja, em risco de ser morta ou presa. Nesses momentos, referem seus companheiros de armas, deixava de ser a mesma. Passado, porém, o perigo, voltavam a predominar nela a doçura e a simplicidade.[201] Ainda durante a ação, sua sentimentalidade acorda, reaparece a mulher: "Ao sentir-se ferida", consta no texto, "teve medo e chorou". Depois, decorrido algum tempo, disse: "Estou consolada". Seus temores, suas lágrimas a tornam mais tocante aos nossos olhos, pois que lhe emprestam ao caráter esse encanto, essa força misteriosa, que constituem um dos maiores atrativos de seu sexo.

Joana, dizíamos, tinha um coração sensível. As injúrias dos inimigos feriam-na fundo: "Quando os ingleses lhe chamavam ribalda", refere uma testemunha, "rompia em pranto". Mas, logo, por meio da prece que dirigia a Deus, purificava a alma de todo ressentimento e perdoava.

No cerco de Orléans, um dos principais chefes ingleses, Glasdale, assim que a divisava, cobria-a de invectivas. De cima do parapeito do forte das Tourelles, pôs-se, no dia do ataque, a vociferar contra ela. Dali a pouco tempo, ao ser o bastião tomado de assalto, caía, completamente armado, em Loire e se afogava. "Joana" — acrescenta a testemunha —, "cedendo à piedade, entrou a chorar copiosamente pela alma de Glasdale e dos outros que, em grande número, também se afogaram".[202]

* * *

---

200 Quarto interrogatório público.
201 J. fabre — *Processo de reabilitação*. Testemunhos de Dunois, do duque d'Alençon, de Thibauld d'Armagnac, do presidente Simon Charles.
202 Id. Ibid. Depoimento de Jean Pasquerel, t. I, p. 227.

Joana, portanto, não é unicamente a virgem dos combates. Mal cessa a batalha, ei-la que se transforma no anjo de misericórdia. Vimos que, ainda criança, já socorria os pobres e cuidava dos enfermos. Investida no comando do exército, consegue inflamar a coragem na hora do perigo; mas, findo o recontro, comove-a o infortúnio dos vencidos, e seus esforços convergem para lhes minorar os malefícios da guerra. Em oposição aos costumes do tempo, na medida em que o interesse predominante da França lho permite, empenha-se, com risco da própria vida, na defesa dos prisioneiros e dos feridos votados à decapitação. Tudo faz por tornar menos cruel a morte dos moribundos.

Na Idade Média, era de regra não dar quartel aos vencidos. Diz o coronel Biottot:[203]

> Os de condição inferior à mediana eram massacrados e, algumas vezes, até os grandes. Joana, porém, se opõe a esse procedimento, ponderando que a condição social não é um crime, nem dos humildes, nem dos poderosos. Quer salvos todos os inimigos, desde que deponham as armas. Em Jargeau, só a muito custo consegue livrar da morte o conde de Suffolk, que comandava o forte, depois de haver comandado o cerco de Orléans.

Fora justo que os ingleses, quando a tiveram em seu poder e a processaram, levassem em conta os atos generosos da virgem. Entretanto, para recordá-los, nenhuma voz se ergueu diante dos juízes de Rouen. Seus inimigos só cuidavam de cevar o ódio de que tinham rasas as almas.

Deve-se, pois, reconhecer que, muito antes mesmo de ser usada a expressão, Joana aplicou o direito das gentes. Tomava assim a dianteira dos inovadores, que mais tarde convidariam o mundo à prática da igualdade e da fraternidade entre os indivíduos e as nações; que, nos tempos porvindouros, evocariam os princípios de ordem, de equidade, de harmonia social, chamados a reger uma Humanidade verdadeiramente civilizada. Sob este ponto de vista, a boa lorena prepara as bases de um futuro melhor e de um mundo novo.

Joana, como se vê, soube, em tudo, ater-se a uma justa medida. Naquela alma tão bem equilibrada, o amor ao país excede a todos os outros, mas sem exclusivismo. Qualquer dor humana lhe infunde piedade, comiseração.

---

203 Coronel Biottot — *Les Grands Inspirés devant la Science*, p. 183.

Muito se há, em nossa época, abusado da palavra humanidade e, mais de uma vez, temos visto pensadores, escritores fazerem, por vão e pueril sentimentalismo, tábua rasa dos interesses e direitos da França, em proveito de vagas personalidades, ou de agrupamentos hipotéticos. Jamais entenderemos que nos seja possível amar os negros, os amarelos, os vermelhos, que nunca vimos, mais do que os nossos próximos, a nossa família, pais, mães, irmãos. E a França também é nossa mãe. Sim. Devemos ser bons e humanos para com todos; mas, em muitos casos, tal preceito apenas encobre um sofisma, de que se abusa. Se descêssemos ao fundo das coisas, perceberíamos simplesmente que alguns desses grandes humanitários forjam para si, por meio de teorias adrede imaginadas, deveres fictícios, a cujo cumprimento bem sabem que não serão obrigados, visando a iludir outros, imperiosos e imediatos, para com os indivíduos que os rodeiam, para com seu país, a França.

Muitos, caindo num excesso oposto, detestam tudo que é estrangeiro: alimentam ódio cego contra os povos que nos hão guerreado. Que os reveses sofridos não nos obliterem os sentimentos de justiça e não nos impeçam de reconhecer as qualidades e a bravura das nações que nos venceram! À pergunta: "Deus odeia os ingleses?". Joana responde: "Do ódio de Deus aos ingleses nada sei; mas Ele quer que os ingleses saiam da França e voltem para seu país".[204]

Como Joana, sejamos equânimes e não odiemos os inimigos. Saibamos render homenagem ao merecimento, trate-se embora de um adversário. Defendamos nossos direitos, nosso patrimônio, quando for preciso, porém não provoquemos os outros.

A esta luz, a virgem lorena nos dá mais do que uma lição de patriotismo, dá-nos uma lição viva de humanidade. Armando-se, fê-lo muito menos em nome da lei de guerra, do que em nome da lei de amor, muito menos para atacar, do que para defender e salvar. Ainda quando revestida da armadura, revela as mais belas qualidades da mulher: o espírito de desprendimento, a doação espontânea e absoluta de si mesma, a compaixão de todos os que sofrem, o apego, levado ao sacrifício, aos entes amados, à família, à pátria; o engenho do senso prático e das intuições para lhes advogar os interesses numa palavra — a dedicação, até à morte, a tudo que lhe é caro. Neste sentido, Joana d'Arc sintetiza e personifica o que há de mais nobre, de mais delicado e de mais belo na alma das mulheres da França.

---

204 Oitavo interrogatório secreto.

XV
Joana d'Arc e a ideia de religião

Amo a Deus de todo o meu coração.
JOANA

As crenças de Joana são as do seu tempo: "Sou boa cristã e boa cristã morrerei",[205] respondia aos juízes, sempre que a interrogavam sobre sua fé. Nem podia ser de outra maneira. Só nas convicções e esperanças dos homens da época podia ela haurir as energias, os impulsos necessários à salvação da França. Assistia-a o Mundo Invisível, que se lhe revelava sob as formas e aparências familiares à religião da Idade Média. Aliás, que importam as formas! Variam e mudam com os séculos. Quanto ao alicerce da ideia religiosa, esse, sim, é eterno, pois que toca as fontes divinas.

A ideia religiosa, em seus diversos aspectos, penetra profundamente toda a História, toda a vida intelectual e moral da Humanidade. Frequentemente se extravia e engana, podendo seus ensinamentos e manifestações ser contestados. Sempre, porém, se apoia em realidades invisíveis, de ordem permanente, imutáveis, que o homem só entrevê gradualmente no curso de sua lenta e trabalhosa evolução.

---

205 J. Fabre — *Processo de condenação*, p. 166, 256, 302, etc.

As sociedades humanas não podem dispensar um ideal religioso. Desde que o tentam rechaçar ou destruir, logo a desordem moral aumenta e a anarquia alça ameaçadora a cabeça. Não o vemos na quadra atual? As leis terrenas são impotentes a refrear o mal. Para se comprimirem as paixões, indispensáveis são a força interior e o sentimento das responsabilidades que a noção do Além faculta.

A ideia religiosa não pode perecer. Se por instantes um véu a encobre, é unicamente para que ressurja debaixo de outras formas mais bem adequadas às necessidades dos tempos e dos meios.

Eram os mais elevados, dissemos, os sentimentos religiosos de Joana. Absoluta a fé em Deus que a enviou; ilimitada a confiança que deposita em seus guias invisíveis. Observa fielmente os ritos e práticas do culto de então; mas, quando afirma sua fé, sobrepõe-se a todas as autoridades estabelecidas neste mundo.

As crenças ardentes da heroína se inspiram diretamente nas coisas do Alto e embebem as raízes na sua consciência. Efetivamente, a quem sobretudo ela obedece? Às vozes que escuta e não à Igreja. De nenhum intermediário se socorre para comunicar com o Céu. A poderosa inspiração traz-lhe um sopro que lhe bafeja a fronte, e essa inspiração lhe domina a vida inteira e preside a todos os atos.

Relembremos a cena de Rouen, quando o bispo de Beauvais, acompanhado de sete padres, a interroga na prisão:

— Joana — diz o bispo —, queres submeter-te à Igreja?

Ela responde:

— Reporto-me a Deus em todas as coisas, a Deus que sempre me inspirou!

— Aí está uma palavra bastante grave. Entre ti e Deus, há a Igreja. Queres, sim ou não, submeter-te à Igreja?

— Vim ao encontro do rei para salvar a França, guiada por Deus e por seus santos Espíritos. A essa Igreja, *a de lá do Alto*, me submeto com relação a tudo que tenho feito e dito!

— Assim, recusas submeter-te à Igreja; recusas renegar tuas visões diabólicas?

— Reporto-me a Deus somente. Pelo que respeita às minhas visões, não aceito o julgamento de homem algum!

A razão íntegra lhe diz que aquela Igreja não é a de Deus. A potência eterna absolutamente não toma parte nas iniquidades humanas. Não lhe sendo possível demonstrar esta verdade com o auxílio de argumentos sutis e eruditos, exprime-a em frases breves, claras, brilhantes, como os lampejos de uma lâmina de polido aço. Ela obedecerá à Igreja, mas com a condição de serem suas exigências conformes às vontades do Alto: "Servir a Deus em primeiro lugar".

Nas concepções religiosas de Joana d'Arc prima a comunhão pelo pensamento e pelos atos com o Mundo Invisível, com o mundo divino. Por meio dessa comunhão é que se operam os grandes feitos, dela se originam as profundas intuições. Para que estas, porém, se possam verificar, são precisas certas condições de elevação moral, que Joana preenchia no mais alto grau. Por consegui-la naqueles em cujo meio vivia, despertava-lhes os sentimentos religiosos, obrigando-os a se confessarem e a comungarem. Expulsava do acampamento as mulheres de vida desregrada. Não marchava contra o inimigo, senão ao som das preces e dos cânticos. Tudo isto é de molde a causar surpresa ao ceticismo de nossa época; mas, na realidade, por outros quaisquer meios ela não lograria, num século de fé cega, obter daqueles homens grosseiros a necessária exaltação. Apenas cessa esse adestramento moral, assim que se completa a obra de intriga dos cortesãos e dos despeitados, logo que os hábitos viciosos e os maus instintos de novo preponderam, recomeçam os desastres e os reveses.

Às potências superiores nada importam a forma do culto e o aparato religioso. Exigem tão somente dos homens elevação da alma e pureza de sentimentos, o que se pode conseguir em todas as religiões e mesmo fora e acima das religiões. É o que muito claramente sentimos, nós espíritas, que, por entre zombarias e dificuldades sem conta, vamos pelo mundo a proclamar a verdade, tendo como único apoio a ajuda, que nunca nos faltou, das entidades do Além.

O que, sobretudo, caracteriza Joana é a confiança, confiança no êxito, confiança em suas vozes, confiança em Deus. No momento da luta, nas horas indecisas da batalha, incute-a em todos os que a seu lado combatem. A fé que tem na vitória é tão grande que constitui um dos elementos essenciais do definitivo triunfo.

Sua vida inteira se nos apresenta impregnada dessa confiança. Seja na prisão, seja na presença dos juízes, ela acredita sempre na libertação final; afirma-o continuadamente com segurança. As vozes lhe disseram que seria libertada "por uma grande vitória". Nestas palavras, havia apenas uma figura de linguagem; tratava-se, realmente, do martírio. Joana, a princípio, não o entendendo assim, contou por muito tempo com o socorro dos homens. Notemos a necessidade de tal erro. A promessa das vozes lhe serviu de supremo alento nos dias dolorosos do processo. Era donde lhe vinha o desassombro que manteve diante do tribunal. Fez mesmo com que, chegado o momento do sacrifício, ela caminhasse confiante para a morte. O derradeiro grito que solta dentre as chamas vorazes ainda é uma afirmação da sua crença: "Não, minhas vozes não me enganaram!".

Apenas ligeiras dúvidas lhe roçaram de leve o pensamento em Melun, em Beaurevoir, em Saint-Ouen de Rouen. Pobre menina! Quem ousará tirar daí motivo para recriminá-la, se lhe atentar na idade e na situação difícil em que se encontrava? O desenlace conservou-se-lhe oculto até ao fim. Como teria podido avançar pelo árduo caminho que lhe fora traçado, se soubera de antemão tudo o que a esperava? Imenso benefício nos fazem os Céus, permitindo nos seja velada a hora da agonia, a dolorosa provação que porá fim à vida. Não é, com efeito, preferível que nossas ilusões se desfolhem lentamente e que a esperança persista no fundo de nossos corações? Menor será o dilaceramento.

À medida, porém, que se lhe aproxima o termo da carreira, a verdade terrível se desenha mais nitidamente: "Perguntei às minhas vozes se seria queimada. Responderam-me: Confia em nosso Senhor e Ele te ajudará. Recebe tudo com resignação; não te aflijas por causa do teu martírio. Virás enfim para o paraíso".[206]

Nas horas sinistras, quando todas as esperanças jazem por terra, a ideia de Deus constitui o supremo refúgio. É fora de dúvida que esta ideia nunca esteve separada do pensamento de Joana. Ao contrário, dominou-lhe a existência inteira. Mas, nos momentos angustiosos, penetra-a com mais viva intensidade e a preserva das fraquezas do desespero. Das profundezas infinitas descerá o consolador raio de luz, que iluminará a sombria masmorra, onde, há seis meses, ela suporta mil males, mil injúrias, e um recanto do Céu se lhe abrirá ao límpido olhar de vidente. Um véu de tristeza cobre as coisas terrenas. Deserta-lhe o coração a esperança de ser libertada. A ingratidão, a negra perfídia dos homens, a maldade feroz dos juízes se lhe desvendam na mais completa e hedionda nudez, do mesmo

---

206 J. Fabre — *Processo de condenação*, p. 325, 159.

passo que a pungente realidade se apresenta. Contudo, através das grades de seu cárcere, coam-se os esplendores de um mundo mais belo. Para lá do horrendo báratro que lhe cumpre transpor, para lá do suplício, para lá da morte, ela descortina a alvorada das coisas eternas.

Sabemos que o sofrimento é o remate de uma existência bem preenchida. Sem o sofrimento, nada há de completo, nem de grande. É a afinação das almas, auréola que nimba a fronte dos santos e dos puros. É a única porta de entrada para os mundos superiores e é também a significação do termo "paraíso", único capaz de exprimir aos homens do século que corre a ideia da vida espiritual, banhada de claridades e harmonias que jamais se extinguem.

Joana não tem perto de si uma só pessoa a quem confie as mágoas e dores que a oprimem. Deus, porém, não abandona seus missionários. Invisível, mas presente, é o amigo sempre fiel, o esteio forte, o Pai terno, que vela pelos filhos desgraçados. Por tê-lo desconhecido, por haver desdenhado das forças, dos socorros do Alto, o homem atual não encontra amparo nas provações, nem consolação na dor. A sociedade contemporânea se agita febricitante e rola na incoerência das ideias e dos sistemas; o mal cresce-lhe no seio sem que se lhe depare em parte alguma a estabilidade e o contentamento íntimo, exclusivamente porque se dedicou às aparências e às superficialidades, timbrando em desconhecer as verdadeiras alegrias, os incomensuráveis recursos do mundo oculto. Julgou alcançar a felicidade no desenvolvimento das riquezas materiais e não fez mais do que aumentar o vazio e o amargor nas almas. De todos os lados se ouvem gritos de furor, observam-se reivindicações violentas. A noção do dever quase se apagou, e as bases da ordem se mostram fendidas. O homem não mais sabe amar, porque não mais sabe crer. Volve-se para a Ciência, mas a Ciência, como que esmagada ao peso das descobertas, se mantém impotente para lhe ministrar a confiança no futuro e a paz interior.

Na manhã mesma do suplício, disse Joana a Pierre Morice: "Pela graça de Deus, ainda hoje estarei no paraíso".[207]

Resignada ao martírio, afrontá-lo-á valorosamente, com a alma plena de dignidade. A morte, ainda a mais cruel, não é preferível ao que ela sofre há seis longos meses? O pensar na morte desperta nos jovens uma

---

[207] J. Fabre — *Processo de reabilitação*, t. II, p. 126. Depoimento do cura Riquier.

terrível angústia. Joana a experimentou, desde o dia em que a meteram numa gaiola de ferro, em Rouen. O que aí padeceu não é pior do que morrer? As esperanças, os sonhos de glória, os grandes desígnios, tudo se desvaneceu como fumaça. Quem poderá dizer o que se passou naquela alma angélica, durante as prolongadas vigílias no cárcere, à proporção que a hora fatal se avizinhava?

"Estarei no paraíso!" — dizia. Da mesma maneira se devem compreender estas outras palavras, que refletem as crenças da época: "Não pedi às minhas vozes, como recompensa final, senão a salvação de minha alma".[208] Salvar a alma, eis o axioma das convicções católicas, o objetivo último prescrito pelas ideias religiosas da Idade Média. É uma concepção muito acanhada, mas que, entretanto, abriga um fundo de verdade. Realmente, nada se salva, nada se perde. A Justiça Divina reserva modos de reparação a todas as faltas, e nos oferece meios de nos levantarmos de todas as quedas. O preceito deverá ser modificado neste sentido: a alma tem que sair da vida melhor e maior do que entrou. Por diversas maneiras se pode atingir esta meta: pelo trabalho, pelo estudo, pela provação, pelo sofrimento. Esse o alvo que sem cessar devemos ter diante dos olhos. Para Joana, tais palavras encerram um sentido mais particular. Sua preocupação de todos os instantes está em desempenhar dignamente a missão que lhe foi confiada, em alcançar para todos os seus atos e dizeres a sanção daquele que nunca se engana.

* * *

O sentimento religioso de Joana não degenera em beatice, ou em preconceitos pueris. Ela não importuna a Deus com intermináveis e vãos pedidos. É o que ressalta de suas palavras: "Não recorro a nosso Senhor sem necessidade".[209] Não hesita em combater debaixo dos muros de Paris, no dia da Natividade, malgrado as censuras que lhe fizeram por esse motivo.

Agrada-lhe orar na igreja, especialmente nas ocasiões em que ali reinam o silêncio e a solidão, que é quando, concentrado e calmo o pensamento, a alma voa com mais firmeza para Deus. Mas, o que é certo, não obstante dizer Anatole France o contrário, é que os padres pouco lhe influenciaram

---

208 Segundo interrogatório público.
209 J. Fabre — *Processo de condenação*, p. 255.

a juventude. Conforme ao que ela afirma no curso dos interrogatórios de Rouen, foi sua mãe quem a instruiu em matéria de religião: "Não recebi as crenças que tenho de outra pessoa que não minha mãe".[210]

Nada diz a respeito das vozes e das visões ao cura de sua aldeia, e só consigo mesma se aconselha acerca do que tem relação com os Espíritos, seus protetores: "Sobre se devo crer nas minhas revelações", dizia em Rouen, "não peço conselho a bispo, cura, ou a quem quer que seja".[211]

Deposita em Deus ilimitada fé, que lhe serve de móvel a todos os atos e lhe permite arrostar as mais duras provações: "Tenho bom mestre", diz, "nosso Senhor, de quem tudo espero e não de outro".[212]

Que valem as vicissitudes deste mundo, se o nosso pensamento se faz uno com Deus, isto é, com a Lei Eterna e Divina? Todavia, Deus não é somente Mestre. É Pai a quem devemos amar, como os filhos amam aquele que lhes deu a vida. Poucos homens o sentem ou compreendem, eis por que renegam de Deus na adversidade. Joana, porém, o afirma em termos tocantes: "Tudo confio de Deus, meu Criador. Amo-o de todo meu coração".[213]

Inutilmente, os inquisidores, que não desprezam meio algum de atormentá-la, procuram feri-la nas crenças e levá-la ao desespero. Apontam-lhe com pérfida insistência a situação de aparente abandono em que se vê, a ilusão de suas esperanças, a irrealidade das promessas do Céu. Ela responde invariavelmente: "Que Deus me tenha abandonado, nego-o!". Que exemplo para aqueles que as provações acabrunham, que acusam a Deus dos males que os afligem, e que muitas vezes blasfemam!

A seu ver, Deus também é juiz: "Confio em meu juiz, que é o Rei do Céu e da Terra".[214] Ingênua expressão de que se serve para designar a potestade que paira acima de todas as deste mundo.

Durante a vida, Joana foi sempre vítima da injustiça dos homens. Sofreu por motivo do zelo dos cortesãos e dos chefes militares, do ódio dos fidalgos e dos padres. Os juízes de Rouen, longe de se inspirarem no sentimento da equidade, buscaram inspiração em seus preconceitos e paixões, para condená-la. Desse julgamento iníquo, ela, dirigindo o olhar

---

210 J. Fabre — *Processo de condenação*, p. 49.
211 Id. ibid., p. 242.
212 Id. ibid., Admoestação pública, p. 311.
213 Id. ibid., p. 307.
214 Id. ibid., p. 307.

ao céu, apela para o soberano Juiz, que pesa em sua balança eterna as ações humanas. "Confio em meu juiz!" É o refúgio dos espoliados, dos deserdados, de todos quantos a parcialidade feriu no coração. E nenhum o invoca em vão!

Nada mais comovente do que a resposta que dá à seguinte pergunta: "Sabes se estás na graça de Deus?". "Se não estou, que Deus me faça estar; se estou, que me conserve nela. Seria a mais aflita criatura do mundo, se soubesse não estar na graça de Deus!".[215]

A candura daquela alma puríssima encontra modo de burlar a treta dos algozes. A insidiosa questão podia perdê-la. Respondendo afirmativamente, daria prova de presunção; negativamente, confessar-se-ia culpada e justificaria as suspeitas. Porém, sua inocência frustra os astuciosos ardis. Reporta-se ao Juiz supremo que, só Ele, sonda os corações e as consciências. Que se deve ver em tais palavras? A manifestação de um sentimento de delicada fé, ou uma das súbitas inspirações que lhe eram prodigalizadas? Seja como for, exprimem um dos mais admiráveis conceitos, que nos legou aquela criança de 19 anos.

Em todas as circunstâncias, Joana se considera um instrumento da vontade divina e nada faz sem consultar as potências invisíveis. Só se move sob as ordens do Alto: "A hora é quando Deus quer. É preciso trabalhar quando Deus manda. Trabalhai e Deus trabalhará".[216]

Vê-se, pois, que, no seu entender, não é só na sua vida que a intervenção da divindade se manifesta, mas em todas as vidas. Nossos atos precisam ser acordes com o plano divino. Antes de se pôr em ação, cada um deve interrogar sua consciência profunda, que é a voz de Deus em nós e que nos dirá qual o sentido em que melhormente dirigiremos nossos esforços. Deus não atua em nós e conosco, senão mediante o nosso livre concurso. Quando com sua lei coincidem nossos atos e vontades, a obra que executarmos se tornará fecunda, e seus efeitos repercutirão em todo o nosso destino.

Todavia, poucos homens escutam a voz que dentro de todos fala nas horas solenes. Na maioria, arrebatados pelas paixões, pelos desejos, esperanças e temores, lançam-se no turbilhão da vida, para conquistar o que lhes é mais prejudicial; atordoam-se, embriagam-se com a posse das coisas

---
[215] *Processo de condenação*, p. 71.
[216] J. Fabre — *Processo de reabilitação*, t. I, p. 178. Depoimento do duque d'Alençon.

contrárias a seus verdadeiros interesses, e só no ocaso da existência se lhes mirram as ilusões e dissipam os erros, ao mesmo tempo que veem apagar-se a miragem dos bens materiais. Aparece então o cortejo das tristes decepções, e verificam ter sido vã a agitação em que viveram, por não terem sabido estudar e apreender os desígnios de Deus, relativamente a cada um e ao mundo. Felizes daqueles a quem a perspectiva das existências futuras oferece a possibilidade de retomarem a tarefa desprezada e de melhor empregarem as horas!

O que não soube ver a grande harmonia que reina em todas as coisas e a irradiação do pensamento divino por sobre a Natureza e as consciências, esse é inábil para estabelecer a concordância entre seus atos e as leis superiores. Ao voltar para o Espaço, caído o véu, sentirá a amargura de reconhecer que terá de recomeçar toda a obra, animado de outros propósitos e de uma concepção mais justa, mais elevada do dever e do destino.

Objetar-nos-ão que, entretanto, nem sempre é fácil de reconhecer-se a hora de Deus, que suas vontades são obscuras e às vezes impenetráveis. Sim, não há dúvida de que Deus se oculta aos nossos olhares e que seus desígnios nos são frequentemente incertos. Mas, só por necessário, por nos deixar em completa liberdade, é que Deus se esconde. Se fora visível a todos os olhos, se suas vontades se afirmassem com prepotência, nenhuma hesitação seria possível e, portanto, nenhum mérito. A inteligência que dirige o universo físico e moral se furta às nossas vistas, porque dispôs as coisas de tal maneira, que ninguém é obrigado a acreditar nela. Se a ordem e a harmonia do cosmos não bastam para convencer o homem, ele é livre. Nada constrange o cético a caminhar para Deus. Deus se oculta, para nos obrigar a procurá-lo, e porque esta procura constitui o mais nobre exercício para as nossas faculdades, o princípio do mais alto desenvolvimento que estas podem atingir. Soe, porém, uma hora grave e decisiva e, se quisermos pôr-nos em guarda, haverá sempre em torno de nós e em nós mesmos um aviso, um sinal, que nos aponta o dever.

A desatenção, a indiferença com que encaramos as coisas do Alto e suas manifestações na existência terrena, eis a origem de nossas irresoluções e incertezas. Para aquele que as invoca, que as solicita, que as espera, elas nunca se conservam mudas: por mil vozes lhe falam claramente ao ouvido, ao coração. Ocorrerão fatos, surgirão incidentes, que por si sós lhe indicarão as resoluções a tomar. É na própria trama dos acontecimentos que Deus se revela e nos instrui. Compete-nos apanhar e compreender, no momento oportuno, o misterioso aviso que, meio velado, ele nos dá, sem no-lo impor.

Joana, com um bom senso simultaneamente cândido e profundo, sabe definir bem a ação providencial na vida humana. Perguntam-lhe os juízes de Rouen: "Se neste instante visses uma saída, partirias? — Se eu visse a porta aberta, ir-me-ia", diz ela, "pois que isso seria a licença dada por meu Senhor".[217]

Em todas as ocasiões, a vontade do Alto foi a sua. "É preciso que eu vá", diz, respondendo a Jean de Metz, "em Vaucouleurs. É preciso que eu vá e o faça, porque assim o quer meu Senhor." "E quem é teu Senhor?" "É Deus!", respondeu simplesmente.[218] Nem riscos nem perigos a reterão. Comentai também estas outras palavras, que no-la mostram colocada muito acima da influência das glórias, ou das tristezas humanas, nas regiões da calma, da serenidade pura! "Que importa, uma vez que satisfaça a Deus!"

E ainda estas, que tocam ao sublime. Presa em Compiègne e arrastada de prisão em prisão até ao cárcere, à fogueira de Rouen, bendiz a mão que a fere. Aos juízes, que tentam explorar-lhe a dor e abalar-lhe a fé na missão recebida do Céu, responde: "Do momento em que aprouve a Deus, é bem que eu tenha sido presa".[219]

Esta resposta é mais grandiosa e mais bela do que todas as suas vitórias, todos os seus triunfos.

* * *

Em resumo: inutilmente torturariam os textos e os fatos para demonstrarem que Joana foi, em todos os pontos, de uma ortodoxia perfeita. Sua independência, em matéria de religião, irrompe a cada minuto das palavras que profere: "Reporto-me a Deus somente".

Sua linguagem, sua intrepidez nos sofrimentos e em presença da morte não lembram nossos antepassados gauleses? À barra do tribunal de Rouen, a virgem lorena se nos afigura o gênio da Gália

---

217 J. Fabre — *Processo de condenação*, p. 168.
218 Id., *Processo de reabilitação*, t. I, p. 126. Depoimento de Jean de Metz.
219 J. Fabre. Op. Cit., p. 137.

soberbamente ereto diante do gênio de Roma, a reivindicar os direitos sagrados da consciência. Joana não admite árbitro entre si e o Céu. A dialética que lhe opõem, as sutilezas da argumentação, todas as forças da eloquência vêm quebrar-se de encontro à vontade firme que a impulsiona, à segurança calma que a escuda, à confiança inabalável que lhe inspiram Deus e seus mensageiros. Sua palavra vence todos os sofismas, que se pulverizam ao choque das inflexões de suas respostas. É uma aurora que luz nas trevas da Idade Média, iluminando-as com uma branda claridade.

Notai que estamos no momento em que acaba de aparecer a *Imitação de Jesus Cristo* (1424), obra atribuída a Gerson, mas cujo verdadeiro autor nunca foi conhecido. É um dos primeiros gritos de libertação da alma cristã, que se emancipa do dogma e comunica diretamente com o seu Deus, sem intermediário algum.

Todavia, Joana ignora o que pertence ao domínio das letras. Para ela, que tem a intuição da verdade, não existe a necessidade de estudos prévios. Sua força promana da fé, da piedade profunda, independente, dissemos, que se alça acima das concepções estreitas e mesquinhas da época e sobe diretamente ao céu. Tal o seu crime e a razão do seu martírio.

Por isso mesmo, não é dos menos estranhos, em nossos tempos agitados, o espetáculo que nos proporciona a Igreja Romana, santificando a virgem que outrora considerava herética. A memória de Joana foi sempre funesta à Igreja. Já no século XV, o processo de reabilitação representa um violento golpe nela vibrado, pois que acarretou a queda da Inquisição em França, no que há de, forçosamente, reconhecer um dos benefícios que devemos à heroína. A última obra do sinistro tribunal foi um processo contra os vaudeses, em 1461.

Não é por efeito de simples acaso que neste momento todos os olhares se voltam novamente para aquela figura ideal. Há nesse fato um pressentimento quase unânime, uma aspiração inconsciente da Humanidade civilizada, um como sinal do futuro. A Igreja Romana, colocando Joana d'Arc nos altares, faz um gesto prenhe de consequências: assina espontaneamente a sua própria condenação.

Essa donzela do décimo quinto século, que conversou pessoalmente com suas vozes e leu tão claramente no Mundo Invísivel, é a imagem da Humanidade próxima, que, também, conversará com o Mundo dos Espíritos, sem a intercessão dos sacerdócios oficiais, sem o auxílio de ritos, cujo sentido a Igreja perdeu e cujas virtudes deixou se obliterassem. Soou a hora em que, novamente, a grande alma de Joana paira sobre o mundo, em comunhão com o invisível, e funda o reinado das adorações em espírito e em verdade.

E como, segundo a lei, tudo o que é santo e grande deve germinar no sofrimento e ter por sagração a dor, manda a justiça que os novos tempos e a era do Espírito puro se inaugurem sob o patrocínio daquela que foi a vítima da Teologia e a mártir da mediunidade.

* * *

Cada religião é um reflexo do pensamento eterno, envolto nas sombras e nas imperfeições do pensamento humano. Às vezes, dificilmente se podem separar as verdades, que nele se contêm, dos erros acumulados pela obra dos séculos. Entretanto, o que há de divino naquele pensamento projeta uma luz que aclara as almas sinceras. As religiões são mais ou menos verdadeiras; são, sobretudo, as estações que o espírito humano percorre para elevar-se às concepções sempre mais largas do futuro do ser e da natureza de Deus. As formas, as manifestações religiosas são discutíveis, porque passageiras e mutáveis. O mesmo, porém, não se dá com o sentimento profundo que as inspira, com a razão de ser de cada uma delas.

A Humanidade, em sua marcha para os destinos que a aguardam, vê-se compelida a purificar mais e mais a religião, desembaraçando-a das fórmulas materiais e dos dogmas, sob os quais o pensamento se encontra quase sempre sepultado. Nasce de uma ideia falsa e perigosa o desejo, que muitos alimentam, de destruir as concepções religiosas do passado. A sabedoria consiste em aproveitar os elementos de vida que elas encerram, para com eles construir o edifício do pensamento futuro, que indefinidamente se alteará para o Céu.

Cada religião contribuirá com uma centelha da verdade para a constituição da fé vindoura. O Druidismo e o Budismo lhe fornecerão a noção das vidas sucessivas; a religião grega — o pensamento divino enfeixado na Natureza; o Cristianismo — a revelação mais alta do amor, o exemplo de Jesus, esvaziando o cálice das dores e sacrificando-se pelo bem dos homens. Se as fórmulas do Catolicismo estão gastas, o pensamento do Cristo se conserva vivaz. Seus ensinamentos, sua moral e seu amor são ainda o consolo dos corações mortificados pelas lutas acerbas deste mundo. Sua palavra pode ser renovada; as partes veladas de sua doutrina, expostas à luz, reservam tesouros de beleza para as almas ávidas de vida espiritual.

A época presente assinalará uma etapa decisiva da ideia religiosa. As religiões, envelhecidas, acurvadas sob o peso dos séculos, sentem a necessidade da inoculação, em seus organismos, de outros princípios regeneradores, da amplidão de suas concepções referentes à finalidade da existência e das leis do destino.

A Humanidade procura o caminho para novos luminares. De quando em quando, um grito de angústia, um lamento doloroso sobe das profundezas da alma ao Céu. É um anseio por mais luz. No pélago das incertezas, das contradições e das ameaças da quadra que atravessamos, o pensamento se agita febril e busca um ponto de apoio, donde possa desferir o voo para regiões mais belas e mais ricas do que todas as que percorreu até aqui. Uma espécie de surda intuição o impele para a frente. Há, no fundo do ser, uma necessidade imperiosa de saber, de conhecer, de desvendar o mistério augusto do Universo e o segredo de seu próprio porvir.

E eis que pouco a pouco a estrada se clareia. A grande lei se revela, graças às lições do Além. Por processos variados: tiptologia, mensagens escritas, discursos pronunciados em estado de transe, os Espíritos guias e inspiradores nos fornecem, vai para meio século, os elementos de uma nova síntese religiosa. Do seio dos espaços, jorra sobre a Terra poderosa corrente de força moral e de inspiração.

Expusemos algures os princípios essenciais deste ensinamento.[220] Em nosso livro *Cristianismo e espiritismo*, tratamos mais particularmente da questão religiosa. Sobre este problema vital, que provoca tantas contradições apaixonadas, o que sobretudo importa façamos conhecer ao leitor é o pensamento direto de nossos guias invisíveis, as vistas dos grandes Espíritos, das entidades tutelares, que pairam acima de nós, longe das competições humanas, e que, julgando de mais alto, julgam melhor.

---

220 Ver *Depois da morte* e *O problema do ser, do destino e da dor*. No que concerne aos processos de comunicação com o Mundo Invisível: escrita mediúnica, incorporação e discurso em estado de transe, ou de sono magnético; ver *No invisível*: espiritismo e mediunidade, cap. XVIII e XIX.

Essa a razão por que reproduzimos aqui algumas das recentes mensagens obtidas por via mediúnica, escolhidas entre as que se preocupam ao mesmo tempo com o problema religioso, tomado em seu conjunto, e com a canonização de Joana d'Arc.

MENSAGENS

Junho de 1909. Improviso no estado de transe:

A Igreja vai-se. São factícias sua energia, sua orientação. A energia lhe vem da desorganização dos partidos que se lhe opõem. Só ela permanece de pé em face das escolas materialistas. Só ela representa a alma em face do Materialismo e da Ciência. No momento em que a Ciência consagrar a alma, a Igreja desmoronará. A Igreja é um melhor relativo. Todos os que sentem o enlevo da vida da alma se refugiam nela, porque não têm outra coisa. Muitas almas não podem formar para si uma fé pessoal; pedem a outros a crença e acham mais cômodo dirigir-se à Igreja. Mais vale crer no Catolicismo do que não crer em coisa alguma. Mas, no dia em que se constituir a filosofia científica, artística e literária, que há de sintetizar o ideal, a Igreja atual desaparecerá. A Igreja recebeu em seu seio as artes e as letras, não a Ciência. Ela rejeita uma parte do saber; por isso mesmo, terá que ceder o passo a uma filosofia que abrangerá todo o saber humano. Dizemos filosofia — e não religião — porque esta última palavra tem hoje o sentido de *seita*.

A Reforma seduziu algumas almas, porque permitia unir a moral à religião. Tudo era então consentido pela Igreja, contanto que cada um soubesse obter o perdão pelo dinheiro. A venda das indulgências era pública. Todo o mundo via, de um lado, a moral; de outro, a religião. A questão moral abalou a Igreja; hoje, será a Ciência quem acabará com ela. No momento em que os homens "souberem", a Igreja virá abaixo. Não choramos o seu desaparecimento. Ela não representa, na História, mais do que uma das formas da ideia religiosa em marcha. Fez o bem e preferimos ver esse bem a notar o mal que causou; acima de tudo, apraz-nos ver nela a grande figura do Cristo, seu fundador. Veremos sempre, na missa, o Evangelho, que lhe é o ponto central e não a elevação da hóstia, como muitos acreditam. Amamos esse Evangelho; é ele que ainda hoje nos atrai a algumas catedrais. Amamos a Igreja, veneramo-la, como veneramos tudo o que haja proporcionado à Humanidade alguma coisa de grande.

Mais tarde, maior veneração consagraremos àquele que há de trazer uma nova palavra de vida, ao Espírito de Verdade, anunciado desde longo tempo. Será um homem de ciência, um sábio, um filósofo e, sobretudo, um homem de delicada sensibilidade. Os maometanos o esperam também. Todas as religiões o prometeram. É mister que todas as almas se sintam desorientadas, que todas experimentem a necessidade de sua vinda. A dissolução é mais profunda do que na época em que o Cristo apareceu e também o desejo de saber. Todos os povos se acham oprimidos pelos governos. A hora se aproxima.

Ninguém deve levantar-se contra os que se vão contra a Igreja. O Cristo não clamou contra a religião. Lembrai-vos de que ele pronunciou estas palavras por demais esquecidas: "Aos judeus, primeiramente!". Nós, também, por nossa vez, dizemos: "À Igreja, primeiramente!", pois é ela que encerra maior número de espiritualistas; é ela quem deles maior necessidade tem. A nova religião se elevará sobre as bases do Cristianismo, como o Cristianismo se elevou sobre o Judaísmo. A antiga Igreja, como a lei de Moisés, será renovada, melhorada.

Jerônimo de Praga

Julho de 1909, pela incorporação:

Que são os dogmas e os mistérios? Busquemos o sentido das religiões! A religião se cerca de um aparato sombrio e temível. Tudo, acredita-o ela, está sabido, conhecido, descoberto. Profundo erro!

A verdade não pode separar-se de Deus, não pode ser um símbolo. É um raio luminoso, escapado da fronte divina. Temos Deus em nós, mas não pelo seu corpo de carne (a hóstia).

Por intermédio de seus mensageiros é que se cumpre o sacrifício divino. Deus está em nós pelas irradiações de sua verdade. Esta, porém, não é conhecida: é esperada. Precisamos saber amá-la, para que ela desça até nós. O homem é perfectível ao infinito. Comete grave falta quem lhe quebra as perspectivas do futuro. A Misericórdia Divina lhe dá, com a esperança, a reparação sempre possível de suas faltas.

A Igreja diz ao homem: Deixa que te guiemos. Esquece-se de que assim se torna responsável para com Deus pela conduta das almas. E se a Igreja fosse Deus, Deus seria responsável pela conduta das almas. É falso! O homem poderia em tal caso adormecer na confiança de estar sendo suficientemente dirigido.

A Igreja foi muitas vezes madrasta para os que lhe viviam no seio. Mutilou todas as inteligências que passavam de um certo nível. Perderam-na o amor à matéria, o poder temporal, o desejo da dominação. Invadiu-a a embriaguez do poder. Bebeu pela taça do orgulho. Será essa a causa de sua decadência, pois que a matéria não pode dar vida. O poder temporal esboroou-se; com os outros o mesmo sucederá. Respeitemos a Igreja, como se respeitam pessoas idosas, que fizeram grandes coisas na mocidade. Hoje, as multidões se afastam dela. As naves, a não ser por ocasião das pomposas cerimônias, se conservam solitárias. A Igreja não mais ama bastante, por isso é que morre. Amar cada vez mais — eis todo o pensamento do Cristo, que amou os homens mais do que a si mesmo, como Joana amou a França. É o que a Igreja não mais sabe fazer. Cumpria-lhe governar as almas pelo amor e não pelo medo. João disse: "Amai-vos, eis toda a religião!".

O Cristo amou a Tomé, que duvidava, até ao ponto de se materializar e apresentar-lhe as chagas, para que fossem por ele tocadas. A Igreja, porém, não ama os que duvidam; repele-os. Para que uma fé seja real, é preciso que o amor a torne fecunda. O amor é a alavanca da Humanidade. A Igreja o esqueceu e por isso está destinada a enfraquecer-se de mais em mais.

Devemos saudá-la por haver recebido outrora o pensamento do Cristo. Presentemente, já deu tudo que podia dar; fez o seu tempo. Não compreendeu o século atual. Julga que tudo dorme no passado. Mas, em lugar de remexer a cinza das velhas recordações, é necessário pensar nos deveres para com os homens do presente e preparar os tempos futuros. Nada de ódio! Devemos lamentá-la e deixar que se extinga suavemente. Não se clama contra os que vão morrer. Que a paz seja com ela! Que todos orem por ela!

Quanto à sua atitude no que concerne a Joana, assim se explica: A Igreja quis fazer uma santa popular e, por esse modo, readquirir um pouco da perdida influência. Como o patriotismo se vai enfraquecendo, ela tenta apoderar-se desta ideia, em proveito próprio. Apanha a espada de Joana e faz dessa espada uma arma para combater os que ela, a Igreja, considera seus inimigos. Mas não são suas antigas vítimas que poderão defendê-la neste momento. Manifestação mais material do que espiritual! Deverá proceder de outra maneira: instaurar um novo processo, para definir as responsabilidades, condenar Cauchon e livrar Roma. O processo de reabilitação assentou sobre os textos.
Não incriminaram os juízes; reconheceram, mantiveram-lhes a validade. Não basta trovejar contra eles do alto do púlpito; fora necessário um ato mais solene. A Igreja não teve a coragem de suas ações e de sua política.

Jerônimo de Praga

Julho de 1909, pela escrita mediúnica:

A Igreja está muitas vezes em contradição com seus ensinamentos. Exige das almas que se purifiquem e melhorem, que abandonem seus erros, e ao mesmo tempo declara ter o privilégio da onisciência e da onipotência. Não admite que seus conhecimentos de outrora já não possam bastar hoje; acredita que o mundo parou debaixo das naves das catedrais góticas. Em realidade, não há como pedir ao homem instruído e cético de vosso século o que se podia exigir daqueles que se aterrorizavam com os castigos eternos. Os tempos fizeram sua obra: amontoaram as ruínas. As almas se renovaram; só a Igreja se obstinou em escorar o seu velho edifício, em reconstruir continuamente a temível fortaleza. Foi assim pouco a pouco separando-se do mundo. Comprazendo-se na satisfação do poder e do orgulho, esqueceu a história das civilizações.
As exigências da evolução que as almas experimentam são tão fortes, que renovam a fé e a ciência. As antigas crenças são esquecidas por outras, e a Igreja, por sua vez, deveria subir para a luz. Deveria ser o caminho natural das almas que se dirigem para Deus e oferecer-lhes todos os recursos reclamados por inteligências enamoradas de beleza, de grandeza, de verdade mais perfeita.

Ela impõe ao homem adulto os mesmos preceitos que à criança. Suas explicações, seus mandamentos são os mesmos para todos. Leva por toda a parte o desejo de unidade e a vontade de fixar as almas na contemplação de seus dogmas.

A preocupação constante de sua vida e de sua existência deveria fazer-lhe compreender que fora hábil e forte abandonar, no momento preciso, os processos que haviam bastado para governar o mundo antigamente. Não se atrai o homem usando das mesmas palavras com que se seduz a criança, e o que dava bom resultado, em relação aos povos dos séculos idos, é hoje insuficiente. Hábeis Espíritos o perceberam e tentaram emprestar um sentido místico e espiritual aos dogmas, apresentá-los como símbolos de algum grande pensamento. Mas a Igreja, como instituição, não é acessível à reflexão sublime. As mediocridades se apossaram do poder e o que se viu foi a dura repressão daqueles ensaios inúteis, porquanto, se tal reforma se realizasse no tocante à fé, teria que se operar também com relação à conduta a seguir. Era preciso ter a coragem de simbolizar tudo, de mostrar que a Igreja conduzira os povos e os reis, porque uns e outros estavam ainda na infância; era preciso reprovar os erros, castigar o passado e renegar altamente tudo o que não estivesse de acordo com as novas vistas. Teria sido político. A Igreja, efetivamente, não mais representa hoje uma religião, no sentido próprio do termo: não procura unir as almas, e sim governar os corpos, por todos os meios. Porém, para governar os corpos, precisava tornar-se senhora das almas e fora acertado atraí-las pelo emprego de alguns gestos hábeis, pela glorificação de algumas almas veneradas por todos.

Nestes tempos perturbados, em que ela parece sustentar o supremo combate, quer ter um poderoso auxiliar na pessoa de Joana. Seria necessário acusar explicitamente de impostura os juízes e apontá-los como agentes de uma autoridade não reconhecida. A Igreja tão desazadamente repeliu de seu seio tantos grandes homens, que facilmente pudera ter feito algumas vítimas a mais e assim encontraria a ocasião melhor indicada de colocar entre seus santos algumas de suas outras vítimas, sobre as quais se estende a piedade das próprias almas crentes. Como instituição, podia fazê-lo. Durante longo tempo, defendeu os juízes de Joana e agora procura justificar a antiga herética, mas muitos crentes inquirem onde está então o culpado da triste tragédia de Rouen.

Hoje, sabendo perfeitamente que Joana é uma santa, o povo a colocou entre as protetoras da pátria, mas a Igreja pretendeu, esgueirando-se por trás do seu pedestal, substituir-se à virgem, dando-lhe um lugar entre suas eleitas. Ninguém pode negá-lo: Joana é mais amada do que a Igreja, e esta, que a condenou, não logrará desfigurá-la. Nós, porém, não podemos aceitar semelhante beatificação, que é uma manobra da Igreja, porquanto é mais um dos muitos atos que a celebrizaram justamente: uma semicovardia, originada de um cálculo, em que o interesse se mascara com o desejo da verdade.

Jerônimo de Praga

Julho de 1909, pela incorporação:

Amai a Deus acima de tudo. Aí está a força que vos libertará desse mundo material e vos fará suportar as chamas da dor.
Esse amor me deu toda a energia, todo o poder. Dói-me ver que os franceses disputam entre si minha alma.
Tudo perdoo à Igreja, exceto a sua doutrina. Não lhe perdoo o andar espalhando erros e o terror nas almas. A Igreja se extingue. Bendigamo-la pelo bem que fez. Lamentemo-la pelo mal que praticou. Sou seu guia e não seu defensor.
Que a França se torne consciente de seu papel, que é o de derramar no mundo claridades sempre mais vivas. Chegaram os tempos. O Espírito de Verdade, anunciado pelo Cristo, vem próximo. Nascerá no meio de vós. O Cristianismo não foi compreendido. Ele viera para tirar a alma do sofrimento e da inconsciência. Agora, outras verdades superiores vão luzir.

Joana

XVI
Joana d'Arc e o ideal céltico

Oh! terra de granito esmaltada de robles!
Brizeux

Uma noite, o Espírito de J. Michelet, precedendo e anunciando o de Joana d'Arc, dirigiu-nos estas palavras, no correr de uma das nossas reuniões de estudos:

Joana adquiriu, em suas existências anteriores, o sentimento dos grandes deveres que teria de cumprir. Encontramo-nos muitas vezes nesses longínquos tempos. O laço que desde então se estabeleceu entre nós a atrai. Ela vos inspirará, do mesmo modo por que me inspirou a mim. Meu livro não foi mais do que um eco da sua paixão pela França e pela verdade. Vai agora descer para vos transmitir uma parcela da verdade divina.

Joana, como todas as almas que conosco percorrem o ciclo imenso da evolução, contou numerosas existências na Terra. Algumas foram brilhantes, vividas sobre os degraus de um trono; outras obscuras; todas, porém, de resultados fecundos para o seu próprio adiantamento e benéficas para os seus semelhantes.

As primeiras transcorreram durante o período céltico, no país de Armor. Lá é que a sua personalidade se impregnou dessa natureza particular, feita de ideal, de intrepidez e de mística poesia, que a caracteriza no décimo quinto século.

Desde a infância em Domremy, aprazia-lhe frequentar os lugares onde se celebraram os ritos druídicos: os bosquetes de carvalho, testemunhas das antigas evocações das almas, as fontes sagradas, os monumentos de pedra bruta, esparsos aqui e ali, nos arredores da aldeia. Gostava de internar-se na espessa floresta, para lhe escutar as harmonias, quando, sacudindo-a, o vento fá-la vibrar qual harpa gigantesca. Com o olhar de vidente, distinguia, por sob as abóbadas verdejantes, as misteriosas sombras dos que presidiam àquelas evocações e aos sacrifícios. Entre seus guias invisíveis, poder-se-ia deparar com os Espíritos protetores das Gálias, os mesmos que em todas as eras prestam assistência aos filhos de Artur e de Merlin e dão aos que lutam por uma causa nobre a vontade e o amor que conduzem à vitória.

Feneceu nas ramagens o visco, nos lares apagou-se a chama sagrada; mas, no coração de Joana, vívida estará sempre a fé nas vidas inextinguíveis e nos mundos superiores. Os historiadores, que lhe souberam analisar e compreender o caráter, reconheceram nele os influxos de uma dupla corrente — céltica e cristã, cuja origem ela própria nos indicará em breve. Henri Martin, notadamente, a acentuou nas páginas de sua *História*. Em primeiro lugar, ele assinala, nos seguintes termos, as lembranças deixadas pelos celtas, ainda vivas no tempo da heroína:

> Próximo da casa de Joana d'Arc passava uma vereda que, atravessando tufos de groselheiras, subia o outeiro a cujo cimo, coberto de mata, era dado o nome de *Bois Chesnu*. À meia encosta, de sob grande faia isolada, borbotava uma fonte, objeto de culto tradicional. Em suas águas claras, desde tempos imemoráveis, buscavam a cura os enfermos que a febre atormentava... Seres misteriosos, anteriores entre nós ao Cristianismo e que os camponeses nunca assentiram em confundir com os Espíritos infernais da legenda cristã, os gênios das águas, das pedras e dos bosques, as *senhoras fadas*, frequentavam a cristalina fonte e a faia secular, que se chamava o *Belo Maio*. Ao entrar a primavera, vinham as donzelas dançar embaixo da árvore de maio, "bela como os lírios", e pendurar-lhe nos galhos, em honra das fadas, grinaldas que desapareciam durante a noite, segundo era voz geral.[221]

---

221 Henri Martin — *Histoire de France*, t. VI, p. 138 e 193.

Descreve em seguida as impressões da virgem lorena:

> As duas grandes correntes que se haviam juntado para dar nascimento à poesia cavaleiresca, a do sentimento céltico e a do sentimento cristão, misturaram-se de novo para formar esta alma predestinada. A jovem pastora umas vezes sonha ao pé da árvore de maio, ou sob os robles... Doutras, passa horas esquecidas no fundo da pequenina igreja, em êxtase diante das santas imagens que resplandecem nas vidraças... Quanto às fadas, ela nunca as viu ao luar, descrevendo os círculos de suas danças, em torno do *Belo Maio*. Sua madrinha, porém, outrora as encontrara, e Joana julga perceber de quando em quando formas imprecisas, nos vapores do crepúsculo: gemem vozes à tarde nos ramos dos carvalhos; as fadas não mais dançam — choram: é o lamento da velha Gália que expira![222]

Finalmente, falando do processo de Rouen, diz ainda o mesmo autor:[223]

> Joana soube opor o livre gênio gaulês ao clero romano, que intentava pronunciar-se em definitivo sobre a existência da França. Por seu intermédio, o gênio místico reivindica os direitos da personalidade humana, com a mesma força que o gênio filosófico; a mesma alma, a grande alma da Gália, desabrochada no Santuário do Carvalho, brota igualmente no *livre-arbítrio* de Lérins e do Paracleto, na soberana independência da inspiração de Joana d'Arc e no *Eu* de Descartes.

A própria Joana, confirmando estes modos de ver, assim se exprimia numa mensagem que ditou em Paris, no ano de 1898:[224]

> Remontemos, por instantes, ao curso das idades, a fim de aprenderdes o caminho que percorri, preparando-me para transpor a etapa dolorosa que conheceis.
> Múltiplas foram as existências que contribuíram para o meu progresso espiritual. Decorreram na velha Armorique, sob o zimbório dos grandes

---

222 H. Martin — *Histoire de France*, p. 140.
223 Id. Ibid., t. VI, p. 302.
224 Ver *Revue Scientifique et Morale du Spiritisme*, jan. 1898.

robles seculares, cobertos do visco sagrado. Foi lá que, lentamente, me encaminhei para o estudo das leis do Espírito e para o culto da pátria. Oh! entre todas, benditas as horas em que o bardo, com seus cantares alegres, nos fazia palpitar os corações e nos abria os olhos para a luz, permitindo-nos entrever as maravilhas do infinito! Ensinava-nos então que o passar da morte à ressurreição gloriosa do Espírito, no Espaço, representa uma simples transformação, sombria, ou luminosa, conforme o homem se conduziu nesse mundo: ou seguindo a estrada da justiça e do amor, ou deixando-se dominar pelas forças avassaladoras da matéria. Fazia-nos compreender as leis da solidariedade e da abnegação; instruía-nos sobre o que era a prece, dizendo: "Orar é triunfar; a prece é o motor de que o pensamento se serve para estimular as faculdades do Espírito, as quais, no Espaço, constituem a sua ferramenta. A prece é o ímã poderoso de que se desprende o fluido magnético espiritual, que não só pode aliviar e curar, como também descerra ao Espírito horizontes sem-fim e lhe dá azo de satisfazer ao desejo de conhecer e aproximar-se continuamente da fonte divina, donde manam todas as coisas. A prece é o fio condutor que põe a criatura em relação com o Criador e com os seus missionários".

Um dia, compenetrada destas verdades, adormeci e tive a seguinte visão: assisti, primeiramente, a muitos combates, oh! impossível de serem evitados por efeito do livre-arbítrio de cada um; mas, sobretudo, por motivo do amor ao ouro e à dominação, os dois flagelos da Humanidade. Depois, descortinei claramente a grandeza futura da França e seu papel de civilizadora no porvir. Deliberei consagrar-me muito particularmente a essa obra.

Logo me vi rodeada de uma multidão simpática, que na maior parte chorava e deplorava a minha perda. Em seguida, o veneno, o cadafalso, a fogueira passam vagarosamente por diante de mim. Senti as labaredas devorando-me as carnes e desmaiei!... Vozes amigas chamaram-me à vida e me disseram: "Espera! A falange celeste que tem por missão velar sobre esse globo te escolheu para secundá-la em seus trabalhos e assim acelerar o teu progresso espiritual. Mortifica tua carne, a fim de que suas leis não possam ser obstáculo a teu Espírito. A provação será curta, porém rude. Ora e a força te será dada: colherás de tua obra todas as bênçãos nos tempos vindouros. Assegurarás a vitória da fé arrazoada contra o erro e a superstição. Prepara-te para fazer em tudo a vontade do Senhor, a

fim de que, chegada a ocasião, tenhas adquirido bastante energia moral para resistir aos homens e obedecer a Deus! Seguindo estes conselhos, os mensageiros do céu virão a ti, ouvirás suas vozes, eles te guiarão e aconselharão; podes ficar tranquila, não te hão de abandonar!".
Como descrever o supremo anelo que se apoderou de mim! Senti o aguilhão do amor penetrar todo o meu ser. Não tive mais outro objetivo que não fosse trabalhar pela libertação espiritual deste país abençoado, em que acabava de saborear o pão da vida e de beber pela taça dos fortes. Essa visão foi para minha alma um celestial viático.

* * *

Lá nos confins do continente, como imensa cidadela contra a qual o mar e a tempestade se empenham num interminável assalto, estende-se uma terra singular, austera, recolhida, propícia ao estudo, às graves meditações.

Ao centro, em vasto planalto, se alongam, a perder de vista, charnecas tapizadas de róseos tojos, de douradas giestas, de juncos espinhosos. Além, os campos de trigo alternam com as macieiras acaçapadas; bordam o horizonte bosques de carvalho, tão espessos que nenhum raio de sol lhes atravessa as frondes.

É a Bretanha, o santuário da Gália, o lugar sagrado, onde a alma céltica dorme um pesado sono de vinte séculos.

Que de vezes lhe percorri, empunhando o cajado, trazendo a tiracolo o saco de viagem, os balseiros densos, as ásperas quebradas, as angras cavadas pela maré! Que de vezes interroguei o oceano de cima dos promontórios de granito! Conheço-lhe os vincos e as sinuosidades das encostas e dos vales. Conheço a solidão de suas florestas umbrosas e sussurrantes: Kénécan, Coatmeur e, sobretudo, Brocélyande, onde dorme Merlin, o bardo gaulês de harpa d'ouro, o encantador encantado por Viviane, a bela fada que simboliza a Natureza, a matéria, a carne. Mas Merlin despertará, pois que Radiance, sua alma inspirada, seu gênio imortal, vela e, chegado o momento, saberá arrancá-lo, com os filhos, às teias da sensualidade, que lhe paralisam a ação e impedem os voos do pensamento.

A Bretanha não se assemelha a nenhum outro país. Debaixo das sombrias ramagens de seus carvalhos, por sobre seus matagais pardacentos e mornos, onde zune a triste melopeia do vento, por sobre as suas costas recortadas, onde as vagas espumosas travam incessante combate com os rochedos, por toda a parte se sente pairar misteriosa influência; por toda a parte se sente perpassar o sopro do Invisível. O solo, o espaço, as águas, tudo ali é repleto de vozes que murmuram à alma do místico mil segredos esquecidos. Na poesia da terra bretã, há qualquer coisa de austero que empolga e comove. É viril e penetrante. Suas lições, quando compreendidas e aplicadas, produzem as grandes almas, os caracteres heroicos, os profundos e notáveis pensadores.

Lá subsistem os últimos renovos da raça; lá também se perpetuam os acentos de uma língua sonora, cujas frases soam como o retintim de espadas e o entrechocar de escudos.

É a terra de Armor! *Ar-mor-ic*, país do mar, onde se escondeu por detrás da tríplice muralha das florestas, das montanhas e dos arrecifes, a alma insondável, a índole melancólica e sonhadora da Gália. Somente lá encontrarei, em toda a sua pureza, a raça valorosa, tenaz e forte, cujos feitos estrondearam pelo mundo inteiro. Encontrá-la-eis sob seu duplo aspecto: o que César descreveu nos *Comentários*, o aspecto gaélico, caracterizado pelo espírito vivaz, lesto e versátil, e o aspecto kímrico, o mais moderno ramo da gente céltica, grave, por vezes triste, fiel a suas afeições, apaixonado pelo que é grande, guardando ciosamente, nos recônditos escaninhos da alma, a arca santa das lembranças.

Essa raça, nada pôde fatigá-la; resistiu duzentos anos pelas armas, como disse Michelet, e mil anos pela esperança. Vencida, ainda assombra os vencedores. Entretanto, soube dar-se. Mediante um casamento, a França assimilou-a.

A alma céltica tem por santuário a Bretanha; porém, as vibrações de seu pensamento e de sua vida se propagam até muito longe, por sobre toda a região que foi a Gália, do Escalda aos Pirineus, do oceano ao país dos helvécios. Criou para si, em todos os pontos do território nacional, retiros ocultos, onde, latente, vive o pensar das idades: o planalto central, a Arvernie, a "alta morada"; o Morvan, as escabrosas Cevenas, as florestas de Lorena, onde Joana ouvia "suas vozes".

Que é então a alma céltica? É a consciência profunda da Gália. Recalcada pelo gênio latino, oprimida pela brutalidade dos francos, desconhecida, olvidada por seus próprios filhos, a alma céltica sobrevive através dos séculos.

É quem reaparece nas horas solenes da História, nas épocas de desastres e de ruínas, para salvar a pátria em perigo. É a velha mãe que se sobressalta, sempre que as plantas do inimigo lhe maculam o tálamo, e desperta do sono, para concitar os filhos a expelir o estrangeiro.

Dela ainda é que vêm as poderosas influências, as irresistíveis impulsões, as sugestões grandiosas que hão feito da França a campeã da ideia e a inspiradora da Humanidade.

A França por isso não pode perecer, malgrado as suas faltas, suas fraquezas, seus abatimentos e suas quedas. De cada vez que o abismo se lhe abre aos pés, do seio dos espaços, invisível mão se estende para guiá-la. Durante a Guerra de Cem Anos, como ao tempo da Revolução, a alma céltica ressurge para entusiasmar, para inflamar os heróis. Orienta os enviados providenciais e muda a face às coisas.

Por vezes se recolhe, adormece, dorme e, então, não lhe escutando a voz, seu povo se abate, perde a virilidade, a grandeza, escorrega pouco a pouco pelo declive da dúvida, do sensualismo, da indiferença, não mais se lembra das virtudes, das forças que tem dentro de si mesmo. Os acordamentos, porém, são ruidosos e, cedo ou tarde, ela de novo aparece, jovem, ardente, impetuosa, para indicar aos filhos o caminho dos altos cimos e o manancial das maravilhosas intuições.

Estamos presentemente numa dessas horas. Há um século, atravessamos um período de silêncio. A alma céltica se conserva muda; o brilho do gênio nacional empalidece. A França se materializa e degenera, esquece seu objetivo sublime, sua sagrada tarefa. Todavia, já no alvorecer dos dias que despontam, o pensador vê a alma da Gália levantar-se envolta em longos véus. Rebrilha numa eterna juventude, coroada de verbena, deslembra os prolongados lutos, a morte aparente, as dolorosas provações. Apontando com o dedo para o céu, mostra-nos a aurora, a primavera da ideia, a vitória definitiva e próxima do pensamento céltico, desembaraçado das sombras de que o colmaram vinte séculos de opressões e de erros.

Multiplicadas manifestações do sentimento céltico se observam há trinta anos.

Por ocasião da Exposição de 1900, o contra-almirante Réveillère escrevia ao Conselho Municipal de Paris, propondo-lhe fizesse figurar no Campo de Marte o *menhir*[225] quebrado de Locmariaker, uma pedra de 25 metros, colossal monumento levantado pela mão dos celtas à borda do

---

225 N.E.: Monumento megalítico formado por uma pedra fixada verticalmente no solo.

pequeno mar, *Armor bihan* (Morbihan), cujas margens e ilhas são ricas de imponentes relíquias: dolmens gigantescos, *cromlechs*, túmulos, "pedras aprumadas", a cuja sombra cantavam os bardos.

É preciso, acrescentava o contra-almirante Réveillère, fundamentando sua proposta, que o "panceltismo se torne uma fé, uma religião".

Precisando este conceito, dizia mais adiante:

> Dupla é a obra de nossa época. Em primeiro lugar, a de renovação da fé cristã, assentando-a na doutrina céltica da transmigração das almas, como a cruz assentou no menhir, única doutrina capaz de satisfazer à inteligência pela crença na perfectibilidade indefinida da alma humana, numa série de existências sucessivas. Em segundo lugar, a da restauração da pátria céltica e da reunião, num só corpo, de seus membros, hoje separados. Não somos latinos, somos celtas!

Aplaudimos estas palavras, que protestam contra um erro histórico, prenhe de consequências funestas à França.

Desde então, tomou incremento esse movimento de ideais. Todos os anos, os representantes mais ilustres da raça se reúnem em assembleia ou *eisteddfod*, nalgum ponto da terra céltica. As diversas regiões enviam delegados: escoceses, irlandeses, gauleses, bretões da França, cornualheses, insulanos de Man, celtaisantes vindos da América e mesmo da Austrália, pois "em qualquer parte do globo os celtas são irmãos". Todos se congregam unidos por um mesmo símbolo, para celebrarem a memória dos venerandos antepassados e se entregarem às justas do pensamento.

Ainda mais numerosos são os que, na atualidade, lutam em favor do celtismo renascente sob a forma do Moderno Espiritualismo.

Julgamos útil, portanto, repetir aqui, sucintamente, o que eram as crenças de nossos pais.

* * *

Dissipando os prejuízos semeados em nossos espíritos pelos autores latinos e escritores católicos, luz viva projetaram sobre as instituições e as crenças dos gauleses os trabalhos de historiadores eminentes, de pensadores eruditos.[226]

---

226 Ver Gatien Arnoult, *Philosophie gauloise*, t. I; Henri Martin, *Histoire de France*, t. I; Adolphe Pictet, *Bibliothèque de Genève*; Alfred Dumesnil, *Immortalité*; Jean Reynaud, *L'Esprit de la Gaule*.

A filosofia dos druidas, reconstituída em sua imponente grandeza, patenteou-se conforme às aspirações das novas escolas espiritualistas.

Como nós, os druidas sustentavam a infinidade da vida, as existências progressivas da alma, a pluralidade dos mundos habitados.

Destas doutrinas viris, do sentimento da imortalidade que delas dimana, é que nossos pais tiravam o espírito de liberdade, de igualdade social e heroísmo em presença da morte.

Uma espécie de vertigem nos assalta quando, reportando-nos a vinte séculos atrás, consideramos que os princípios da nova filosofia se achavam espalhados por toda a sociedade gaulesa, argamassando-lhe as instituições e fecundando-lhe o gênio.

De repente, apagou-se essa luz intensa que inundou a terra das gálias.

A mão brutal de Roma, expulsando os druidas, abriu praça aos padres cristãos. Depois, vieram os bárbaros e fez-se a noite sobre o pensamento, a noite da Idade Média, longa de dez séculos, tão carregada que parecia impossível conseguissem vará-la os raios da verdade.

Enfim, após lenta e dolorosa gestação, a fé dos nossos maiores, rejuvenescida, completada pelos trabalhos científicos, pelas conquistas intelectuais das últimas centúrias, suavizada pela influência do Cristianismo, renasce em novos moldes. Filhos dos gauleses, retomamos a obra de nossos pais. Armados da tradição filosófica que lhes alicerçou a grandeza, esclarecidos, como eles, respeito aos mistérios da vida e da morte, oferecemos à sociedade atual, invadida pelos instintos materiais, um ensino que lhe proporciona, de par com o levantamento moral, os meios de implantar neste planeta o reino da Justiça, da verdadeira fraternidade. Importa, pois, recordar o que foi, do ponto de vista das convicções e das aspirações, o passado de nossa raça. Importa ligar o movimento filosófico moderno às concepções de nossos avós, às doutrinas dos druidas, tão racionais, baseadas no estudo da Natureza e na observação das forças físicas, e mostrar que a renovação espiritualista é realmente uma ressurreição do gênio da Gália, uma recomposição das tradições nacionais, que tantos séculos de compressão e de erro puderam anuviar, mas destruir, não.

A base essencial do druidismo era a crença nas vidas progressivas da alma, na sua ascensão pela escala dos mundos. É sobre esta noção fundamental do destino que julgo dever insistir.

Quisera dispor dos recursos da eloquência e dos elementos de persuasão do talento, para expor a grande lei das *Tríades*[227] e dizer como, das profundezas do passado, dos abismos da vida, surdem sem cessar, se distendem e sobem as extensas teorias de almas. O princípio espiritual que nos anima precisa descer à matéria para se individualizar, para constituir e depois desenvolver, por um moroso trabalho secular, suas faculdades latentes e o eu consciente. De degrau em degrau, esse princípio engendra para si organismos apropriados às necessidades de sua evolução, formas perecíveis que abandona ao cabo de cada existência, como trajo usado, para buscar outras mais belas, melhor adaptadas às exigências de suas tarefas, cuja importância cresce de uma para outra.

Enquanto lhe dura a ascensão, ele se mantém solidário com o meio que ocupa, preso aos seus semelhantes por secretas afinidades, concorrendo para o progresso de todos, ao mesmo tempo que para o seu próprio progresso todos trabalham.

Passa de vida em vida, pelo crisol da Humanidade, sempre mais amplo, sempre diversos, a fim de adquirir virtudes, conhecimentos, novas qualidades. Quando auferiu de um mundo tudo o que ele podia lhe dar em ciência e em sabedoria, eleva-se ao convívio de melhores sociedades, a esferas mais bem aquinhoadas, arrastando consigo todos aqueles a quem ama.

Qual o fim para que se encaminha nessa marcha ascensional? Qual o termo final de seus esforços? O fim parece tão distante! Não será loucura pretender atingi-lo? O navegante que singra as vastas solidões do oceano escolhe para objetivo de sua rota a estrela que vê tremeluzindo na orla do horizonte. Como alcançá-la? Intransponíveis distâncias os separam! Ele, entretanto, poderá conhecer um dia, noutros tempos e sob forma diferente, essa estrelazinha perdida no fundo dos céus. Do mesmo modo, o homem terrestre que somos conhecerá, um dia, os mundos da vida feliz e perfeita. A perfeição na plenitude do ser, eis o fim. Aprender sempre, aprofundar os mistérios divinos. O infinito nos atrai, passamos a eternidade a percorrer a imensidade, a gozar-lhe dos esplendores, das belezas embriagadoras. Tornar-se cada vez melhor, cada vez maior pela inteligência e pelo coração, elevar-se a uma harmonia cada vez mais penetrante; a uma luz cada vez mais clara, arrebatando consigo tudo o que sofre, tudo o que ignora: tal o objetivo assinado pela Lei Divina a todas as almas.

---

227 *Cyfrinach Beirdd Inys Prydain*: Mistérios dos bardos da Ilha da Bretanha, tradução Edward Williams, 1794.

A concepção das *Tríades* encerra uma alta ideia da vida! O homem, obreiro de seus destinos, prepara e constrói, pelos atos, o seu futuro. O fim real da existência é a elevação pelo esforço, pelo cumprimento do dever, pelo sofrimento mesmo. A vida, quanto mais acogulada[228] de amarguras, tanto mais produtiva para o que com bravura a suporta. É uma arena fechada em que o bravo mostra a coragem e conquista um grau mais subido; é uma frágua em que a desgraça e as provações fazem com a virtude o que com os metais opera o fogo, que os acrisola. Através das vidas múltiplas e das várias condições, o homem precipita sua carreira terrena, indo de uma a outra com intervalos de repouso e recolhimento no espaço; avança continuamente nessa via ascendente que não tem término. Cheias de dores e afanosas são quase todas, no orbe terráqueo; mas também são férteis, pois que por elas é que nossas almas se engrandecem, que entesouram força e saber.

Semelhante doutrina pode fornecer às sociedades humanas incomparável estímulo para o bem. Enobrece os sentimentos, depura os costumes, afasta as puerilidades de um misticismo falso e as sequidões do positivismo.

Essa doutrina é a nossa. As crenças de nossos pais reaparecem ampliadas, apoiando-se num conjunto de fatos, de revelações, de fenômenos comprovados pela ciência contemporânea. Elas se impõem à atenção de todos os pensadores.

* * *

As existências anteriores de Joana riscaram-se-lhe da memória a cada renascimento. É a lei comum. A carne desempenha o papel de um apagador de lembranças; o cérebro humano, salvo casos excepcionais,[229] só reproduz as sensações que ele mesmo registra. Mas toda a história de cada homem se conserva gravada na sua consciência profunda. Logo que o Espírito se liberta dos despojos mortais, restabelece-se o encadeamento da recordação, com intensidade tanto maior, quanto mais adiantada na evolução, mais instruída, mais perfeita estiver a alma. Não obstante o esquecimento temporário, o passado se mantém sempre vivo em nós. Revela-se-nos, nas

---
228 N.E.: Muito cheia, transbordada.
229 Ver *O problema do ser, do destino e da dor*, cap. XIV, "Renovação da memória".

vidas terrestres, pelas aptidões, capacidades, gostos adquiridos, pelos traços do caráter e da mentalidade. Bastaria que nos estudássemos com atenção, para reconstruirmos o nosso passado em suas linhas principais. O mesmo ocorria com Joana d'Arc, em quem se podiam descobrir os característicos de suas vidas célticas e os menos remotos de suas existências de patrícia, de grande dama amante das vestes suntuosas e das belas armaduras. O que nela, das primeiras, sobretudo, persiste é a forma particular e bem acentuada do misticismo dos druidas e dos bardos, isto é, a intuição direta das coisas da alma, intuição que reclama uma revelação pessoal e não aceita a fé imposta; são as faculdades de vidente, peculiares à raça céltica, tão disseminadas nas origens de nossa história e ainda hoje observadas em certos meios étnicos, especialmente na Escócia, na Irlanda e na Bretanha armoricana. Só pelo uso metódico dessas faculdades se pode explicar o conhecimento aprofundado que os druidas tinham do Mundo Invisível e de suas leis. A festa de 2 de novembro, a comemoração dos mortos, é de fundação gálica. Os gauleses praticavam a evocação dos defuntos nos recintos de pedra. As druidisas e os bardos obtinham os oráculos.

A História nos ministra exemplos desses fatos.[230] Refere que Vercingétorix se entretinha, à sombra da ramada dos bosques, com as almas dos heróis, mortos pela pátria. Como Joana, outra personificação da Gália, o jovem chefe ouvia vozes misteriosas.

Um episódio de sua vida prova que os gauleses evocavam os Espíritos nas circunstâncias graves. Na extremidade do velho continente, no ponto em que acaba o fragoso planalto da Cornualha bretã, altas penedias escalam um céu carregado de nuvens. Os vagalhões enfurecidos porfiam numa eterna batalha contra as gigânteas rochas. Velozes, espumantes, quais muralhas líquidas, acorrem do mar largo e ruem sobre os baluartes de granito. Os rochedos, carcomidos pela ação das águas, juncam de pedregulhos a praia. Durante as noites invernosas, o fragor dos blocos que se entrechocam e o clamor imenso do oceano se fazem ouvir a muitas léguas no interior, infundindo nos corações supersticioso terror. A pequena distância da costa sinistra, em meio de parcéis que a espuma dos escarcéus assinala, emerge uma ilha, outrora recamada de bosquetes de carvalho, sob cujas frondes se erguiam altares de pedra bruta. É Sein, antiga morada das druidisas; Sein, santuário

---

230 Ver Bosc et Bonnemére, *Histoire Nationale des Gaulois*.

do mistério, que os pés do homem jamais conspurcavam. Todavia, antes de levantar a Gália contra César e de, num supremo esforço, tentar libertar a pátria do jugo estrangeiro, Vercingétorix foi ter à ilha, munido de um salvo conduto do chefe dos druidas. Lá, por entre o fuzilar dos relâmpagos, diz a legenda, apareceu-lhe o gênio da Gália e lhe predisse a derrota e o martírio.

Certos fatos da vida do grande chefe gaulês não se explicam senão mediante inspirações ocultas. Por exemplo, sua rendição a César, próximo de Alésia. Qualquer outro celta teria preferido matar-se a se submeter ao vencedor e a servir-lhe de troféu no triunfo. Vercingétorix aceita a humilhação, a fim de reparar pesadas faltas que cometera em vidas antecedentes e que lhe foram reveladas.

Tais são os princípios básicos da filosofia druídica; em primeira linha, a unidade de Deus. O Deus dos celtas tinha por templo o infinito dos espaços, ou as guaridas misteriosas dos grandes bosques e era, acima de tudo, força, vida, amor. Os mundos que marchetam as regiões etéreas são as estações das almas, na ascensão para o bem, através de vidas sempre renascentes, vidas cada vez mais belas e felizes, segundo os méritos adquiridos. Íntima comunhão une os vivos da Terra aos defuntos, invisíveis, mas presentes. Este preceito enriquece o Espírito de superiores noções sobre o progresso e a liberdade. Graças a ele, o celta introduziu no mundo o gosto pelo ideal, coisa que jamais conheceu o romano, amante das realidades positivas. O celta é inclinado às ações nobres e generosas. Da guerra, aprecia a glória, não o proveito. Pratica a abnegação, despreza o medo, desafia a morte. Daí, a atitude que guarda nos combates. "Os chefes guerreiros só entram na peleja vestindo flamantes uniformes e cavalgando corcéis dignos dos Deuses", diz o coronel Biottot.[231]

Estudai bem Joana d'Arc e descobrireis nela todos esses sentimentos e gostos. Joana é como que uma síntese do que de mais puro e de mais eminente encerram a alma céltica e a alma francesa, razão por que sua memória fulgirá sempre, qual estrela, no firmamento nuvioso da pátria. Em todas as ocasiões de infortúnio, a França se voltará instintivamente para ela, como para um paládio vivo.

Nova Veleda, última flor desabrochada entre as vergônteas do visco sagrado, Joana personifica o gênio da Gália e a alma da França.

---

[231] Coronel Biottot — *Les Grands Inspirés devant la Science: Jeanne d'Arc*, p. 224.

Nela se manifestam todas as modalidades, todos os sinais indicativos das faculdades que constituem o dom dos videntes e das druidisas. Médium por excelência, foi o instrumento de que os Espíritos Protetores da Gália, que se tornara a França, lançaram mão para salvar este país. Ora, ao êxito de uma obra de salvação, é mister que o salvador de um povo seja produto dos mais puros elementos de sua substância, rebento das raízes vigorosas de suas origens e de toda a sua história. Joana o foi no mais elevado grau. Eis por que encarna o duplo gênio da Gália e da França cristã.

Embora uma parte de nossa raça tenha perdido os caracteres que lhe distinguiam a nacionalidade, a alma céltica sobrevive na nação francesa. É, conforme dizíamos há pouco, a sua consciência profunda e, assim como as forças acumuladas em nós, no correr das idades, e entorpecidas pela carne, têm despertares ruidosos, também a alma céltica rebrilhará numa ressurreição esplendente, para salvar, não mais, como outrora, a vida material de seu povo, mas para lhe salvar a vida moral comprometida. Virá reacender nas almas cansadas o amor ao saber e a disposição ao sacrifício. Repetir-nos-á as palavras consagradas e as comoventes invocações, que faziam retumbar as praias sonoras e os ecos das florestas. Proporcionará aos Espíritos hesitantes, que vogam ao léu no mar da incerteza, a visão de horizontes, onde tudo é calma e maravilha.

À França atual, faltava a ciência superior dos destinos, a divina esperança, a confiança serena no futuro infinito. Seus educadores não lhe têm sabido dar esses elementos essenciais da verdadeira grandeza, indispensáveis aos nobres arroubos da alma. Daí decorre a esterilidade relativa de nossa época, a ausência de ideal e de gênio. Eis aqui, porém, o remédio.

Ao mesmo tempo que as correntes da democracia nos reconduzem às tradições políticas da Gália, o Espiritismo experimental nos reconduz às suas tradições filosóficas. Allan Kardec, inspirado pelos Espíritos Superiores, restaurou, dilatando-lhes o plano, as crenças de nossos antepassados. É verdadeiramente o espírito religioso da Gália que revive nesse chefe de escola. Nele, tudo lembra o druida: o nome que adotou, absolutamente céltico, o monumento que, por sua vontade, lhe cobre os despojos materiais, sua vida austera, seu caráter grave, meditativo, sua obra inteira. Allan Kardec, preparado em existências precedentes para a grande missão que acaba de desempenhar, não é senão a reencarnação de um celta eminente. Ele próprio o afirma na seguinte mensagem obtida em 1909:

> Fui sacerdote, diretor das sacerdotisas da ilha de Sein e vivi nas costas do mar furioso, na ponta extrema do que chamais a Bretanha.
> Não esqueçais o grande Espírito de vida, aquele que faz crescer o visco nos ramos do carvalho e que as pedras antigas de vossos avós consagram. Sinto-me feliz, por vos assegurar que vossos pais tiveram a fé. Guardai-a como eles, pois que o espírito céltico não está extinto na França; tem sobrevivido e restituirá aos filhos a vontade de crer e de se aproximar de Deus.
> Não esqueçais aqueles a quem amastes, os quais todos vos cercam, como as estrelas do céu que não vedes em pleno dia, ainda que brilhem constantemente.
> O poder divino é infinito; irradiado por sobre vós, através das brumas da Terra, seus raios vos chegam disseminados e enfraquecidos.
> Escutai a voz do coração quando, enfrentando o oceano cujas encapeladas vagas se perseguem, vos sentis tomados de medo e de esperanças. Ela fala alto aos que o querem ouvir. Deveis compreendê-la, porquanto para isso tendes tido, reunidos, todos os ensinamentos da Terra.
> Amai-nos, a nós os homens antigos desse mundo. Temos precisão de que vos lembreis de nós, meus bem-amados! Que vossas almas venham visitar-nos durante o sono que Deus vos concede!
> Quereis saber quem sou: dir-vos-ei meu nome; porém, que importam nomes! Deixamos na Terra, com o nosso corpo, a recordação dos nomes e das coisas, para não mais nos lembrarmos senão das vontades de Deus e dos sentimentos que a Ele nos levam, para não mais conhecermos senão seu amor e sua glória, pois que, na luminosidade infinita, todas as chamas como que se apagam: o sol de Deus as torna menos visíveis e as funde numa eterna irradiação.
> A Terra não é mais do que um lugar de passagem, uma floresta profunda e escura, onde só muito surdamente ressoam os ecos da vida nos mundos. Aí estaremos sempre, os grandes guias que encaminham a Humanidade sofredora para o fim desconhecido dos homens, mas que Deus fixou e que brilha para nós na noite dos tempos como um facho luminoso. Esperemos o momento em que, finalmente libertos, possais voltar para junto de nós, a cantar eternamente o hino que glorifica a Deus.

Almas da França, sois filhas da Gália. Lembrai-vos das crenças de vossos antepassados, que também foram as vossas. Remontai algumas vezes pelo pensamento, às fontes saudáveis de nossas origens, às tradições fortes e às alturas de nossa história, para recobrardes a energia e a fé, para reavivardes o espírito e reconfortardes o coração, na pureza do ar, na beleza dos cumes, na Luz Divina.

Allan Kardec

XVII
Joana d'Arc e o Espiritualismo Moderno; as missões de Joana

Se fé, costumes, leis em trevas divisamos,
A Joana, claro sol que fulge no horizonte,
As vozes e o olhar erguer todos saibamos.
PAUL ALLARD

A Gália não foi o único teatro das manifestações do Além. Toda a Antiguidade conheceu os fenômenos ocultos. Eles constituíam um dos principais elementos dos mistérios gregos. As primeiras décadas do Cristianismo se nos mostram férteis de visões, de aparições, de vozes, de sonhos premonitórios,[232] onde os iniciados e os crentes hauriam a força moral que lhes comunicava à vida incomparável impulso e lhes permitia afrontar sem desfalecimentos as provações e os suplícios. Desde os mais remotos tempos, a humanidade invisível entreteve sempre relações com a nossa. De contínuo, uma corrente de vida espiritual se difundia sobre a Humanidade terrestre, por meio dos profetas e dos médiuns. Esta corrente, este influxo vital, manando das fontes eternas, foi que deu nascimento às

---
[232] Ver *Depois da morte* e *Cristianismo e espiritismo*, passim.

grandes religiões. Todas, em sua origem, imergem as raízes nessas águas lustrais e, enquanto nelas se banham, conservam o viço, o prestígio, a vitalidade. Enfraquecem e morrem, quando se afastam daqueles reservatórios e lhes menosprezam as forças encobertas.

É o que sucede ao Catolicismo, por haver desapreciado, esquecido a caudal abundante de força espiritual que fecundava a ideia cristã em seu nascedouro. Queimou aos milhares os agentes do Mundo Invisível, rejeitou-lhes as lições, abafou-lhes as vozes. Os processos por feitiçaria e as fogueiras da Inquisição levantaram uma barreira entre os dois mundos e interromperam por séculos a comunhão dos Espíritos, que longe de ser um acidente, é, ao contrário, lei fundamental da Natureza.

Em derredor de nós se patenteiam os desastrosos efeitos de semelhante proceder. As religiões não são mais do que ramos secos de um tronco baldo de seiva, porque suas raízes não mais mergulham nos mananciais vivos. Elas ainda nos falam da sobrevivência do ser e da vida futura, mas se denunciam impotentes para dar dessas verdades a menor prova sensível. O mesmo se verifica com os sistemas filosóficos. Se a fé está cambaleante, se o materialismo e o ateísmo têm avançado a passos de gigante, se a dúvida, as ardentes paixões e o suicídio causam tantas devastações, é que as ondas da vida superior já não refrigeram o pensamento humano, é que a ideia da imortalidade carece de demonstração experimental. O desenvolvimento dos estudos científicos e do espírito crítico tornaram o homem cada vez mais exigente. Hoje, as afirmações já lhe não bastam. Ele reclama provas e fatos.

Considerai qual seria a importância, no momento atual, de uma ciência, de uma revelação baseada num conjunto de fenômenos e de experiências, que nos demonstrassem positivamente a sobrevivência e, ao mesmo tempo, nos dessem a prova de que a lei de justiça não é uma vã palavra, de que a cada um de nós se depara no Além uma situação correspondente a seus méritos.

Ora, é precisamente o que o Moderno Espiritualismo nos vem facultar. Ele contém os germens de uma verdadeira revolução: revolução nas ideias, nas crenças, nas opiniões e nos costumes. Daí a necessidade do estudo, da classificação e da análise metódica dos fenômenos e dos ensinamentos que deles resultam.

* * *

A situação moral das sociedades fez-se grave e inquietadora. Sem embargo da instrução disseminada, a criminalidade avulta: multiplicam-se os roubos, os assassínios, os suicídios; os hábitos se corrompem. O ódio e as desilusões vão sempre se aprofundando no coração do homem. O horizonte escurece e ouvem-se ao longe surdos rumores que parecem pressagiar a tempestade social. Em quase todas as almas, o sensualismo assenhoreou-se dos caracteres e das consciências. Da alma do povo varreram o ideal. Disseram-lhe: come, bebe, enriquece, pois que tudo mais é quimera. O dinheiro é o único Deus; o gozo, o único objetivo da vida! Em consequência, desencadearam-se os apetites e cobiças. A massa popular se levanta como imensa vaga e ameaça tudo tragar.

Entretanto, muitos Espíritos bons refletem e se entristecem, percebendo claramente que não há só matéria. Em certos momentos, a Humanidade chora o ideal perdido e experimenta o vazio, a instabilidade das coisas terrenas. Pressente que é falha a lição recebida, que a vida é mais ampla, o mundo mais vasto, o Universo mais maravilhoso do que o supuseram. O homem procura, tateia, interroga. Busca não só um ideal, mas, de preferência, uma certeza, que o sustenha, que o console nas provações, nas lutas, nos sofrimentos. Inquire do que vai suceder nesta época de transição, que assiste à morte de uma aluvião de crenças, de sistemas, de tradições, cuja poeira se espalha em torno de nós.

Pela obstinação em fechar-se no círculo apertado de seus dogmas, pela persistência em não alargar a concepção do destino humano e do Universo, a religião afastou de si a nata dos pensadores e dos sábios, quase todos aqueles cujas opiniões gozam de autoridade no orbe. E a multidão os acompanhou. A Humanidade volveu o olhar para a Ciência, a quem desde longo tempo pede a solução do problema da vida. Mas a Ciência, a de ontem, não obstante suas conquistas magníficas, ainda estava muito imbuída das teorias positivistas, para poder dar ao homem uma noção do ser e de seus destinos, capaz de lhe revigorar as energias, reanimar o coração, inspirar cânticos de fé e de amor com que acalente os filhinhos.

Ora, eis que o Mundo Invisível, um de cujos intérpretes foi Joana, esse mundo que a Igreja combateu, que rechaçou para a sombra durante centenas de anos, entra novamente em ação, se manifesta em todos os pontos do globo ao mesmo tempo, debaixo de aspectos inúmeros e pelas mais variadas maneiras.[233] Vem apontar aos homens o caminho seguro, o caminho reto que os conduzirá às alturas deslumbrantes.

Em todos os centros surgem médiuns, perturbadores fenômenos se produzem, fundam-se sociedades de estudos e revistas, constituindo outros tantos focos de onde gradualmente se propaga a ideia nova. Estas sociedades são já em número bastante para formarem uma rede que circunda todo o planeta. Graças a elas, temos podido ver, nos cinco últimos decênios, delinear-se, primeiramente, e logo se organizar, acentuar e crescer o trabalho surdo, obscuro, da florescência do século prestes a despontar. Aí está o que denominamos novo Espiritualismo, ou Espiritualismo Moderno, que não é uma religião no sentido acanhado da palavra, que é antes uma ciência, uma síntese, um coroamento de todas as labutas e conquistas do pensamento, uma revelação que arrebata a Humanidade para fora das trilhas e das vias que até aqui percorrera e a torna partícipe da vida dos largos espaços, da vida universal, infinita.

O Moderno Espiritualismo é o estudo do homem, não em sua forma corpórea e fugidia, mas em seu espírito, em sua realidade imperecível, é o de sua evolução através das ideias e dos mundos. É o estudo dos fenômenos do pensamento transcendental e da consciência profunda, a solução das questões de responsabilidade, de liberdade, de justiça, do dever, dos problemas da vida e da morte, do aquém e do Além. É a aplicação destes problemas ao progresso moral, ao bem de todos, à harmonia social.

A vida material nada mais é do que uma passagem; a existência presente, um instante da eternidade; nossa morada, um ponto da imensidade. O homem, um átomo pensante e consciente sobre o globo que o transporta, e mesmo este globo não passa de um átomo que rola no Universo sem limites. Nosso futuro, porém, é infinito, como o Universo, e os astros que brilham sobre as nossas cabeças compõem a nossa herança.

O Moderno Espiritualismo nos ensina a sair do âmbito estreito das ocupações cotidianas e a rotear o vasto campo de trabalho, de atividade, de elevação, que nos está aberto. O grande enigma se desfaz, o plano divino se desvenda. A Natureza adquire uma significação, torna-se aos nossos olhos a escala grandiosa da evolução, o cenário dos esforços da alma, para se desenredar da matéria, da vida inferior e subir para a luz.

---

233 Ver: *No invisível: Espiritismo e mediunidade*.

Harmoniosa comunhão liga os seres em todos os degraus da imensa escala de ascensão e em todos os planos da vida. O homem nunca está só, quando luta e sofre pelo bem e pela verdade. Uma invisível multidão o assiste e inspira, como assistia Joana e os que combatiam sob suas ordens.

Esta solidariedade se faz sentir fortemente na quadra que atravessamos. Nas horas de crise, quando as almas se abandonam, quando a Humanidade hesita na escabrosa estrada, o mundo oculto intervém. Os Espíritos celestes, os mensageiros do Alto põem mãos à obra, estimulando a marcha dos acontecimentos e das ideias. Presentemente, trabalham para restabelecer o laço que unia as duas humanidades e que se quebrou. Eles mesmos no-lo dizem nestes termos:[234]

> Escutai-nos, ó vós que procurais e chorais! Não estais abandonados! Temos sofrido para estabelecer uma comunicação entre o vosso mundo de esquecimento e o nosso mundo de lembrança. Estabelecemos, primeiramente, um laço frágil, mas que se tornará forte: a mediunidade. Doravante, ela não mais se verá desprezada, infamada, perseguida, e os homens não mais poderão desconhecê-la. É o único intermediário possível entre os vivos e os mortos, e estes não consentirão se feche a porta que abriram, a fim de que o homem inquieto possa aprender a lutar ao clarão das luzes celestes.
>
> João, discípulo de Paulo.

Chega no momento azado a Nova Revelação e reveste o caráter que o espírito do tempo exige: o caráter científico e filosófico. Não vem destruir e sim edificar. Os ensinamentos do Além iluminarão simultaneamente o passado e o futuro, retirarão do pó dos séculos as crenças soterradas, fá-las-ão reviver, completamente, fertilizando-as. As tenebrosas palavras da Igreja Romana, palavras de horror e de condenação, que dizem: "É preciso morrer!" anteporão estas palavras de vida: "É preciso renascer!". Em lugar dos terrores que a ideia do nada ou o espantalho do inferno infundem, eles nos dão a alegria da alma desabrochada na vida imensa, radiosa, solidária, sem-fim. A todos os desesperados da Terra, aos

---

[234] Comunicação obtida em Mans, no mês de junho de 1909. Médium: *Mlle*. L.

fracos, aos desiludidos vêm apresentar a taça dos fortes, oferecer o vinho generoso da esperança e da imortalidade.

* * *

Voltemos a Joana d'Arc. Parecerá, talvez, à primeira vista, que a digressão que acabamos de fazer nos afastou do assunto. Absolutamente não. As considerações a que nos entregamos tornarão melhor compreensíveis o papel e as missões de Joana. Dizemos — missões — porque sua obra atual, ainda que menos aparente, tem tanta importância quanto a do século XV. Falemos primordialmente desta.

Que era Joana, em realidade, ao aparecer na cena da História? Um mensageiro celeste e, segundo Henri Martin, um "messias". Como definiremos estes termos? Deixemos o encargo aos próprios Espíritos. Eis o que, pela incorporação, nos diz um dos nossos guias:

> Quando os homens se esquecem do dever, Deus lhes manda um mensageiro, um auxiliar para que possam cumprir com mais facilidade e também mais ativamente a tarefa que lhes incumbe. A esses auxiliares é que podeis dar o nome de messias. Nos momentos em que as almas se acobardam, eles fazem ouvir suas vozes inspiradas, mostrando a verdade a chamar os homens. Notai, com efeito, que sempre surgem nas horas de crise, quando tudo parece que desmorona, ao embate da ardorosa luta dos interesses e das paixões. Assemelham-se ao vento da tarde, que pacifica as vagas ululantes e revoltas durante a tormenta do dia.
> Paz a vós que procurais o caminho, a vós que já não tendes forças bastantes para vos dirigirdes ao vosso Senhor. Pedi, e o auxílio divino vos será concedido, conforme vo-lo prometeu o nosso Mestre. Mas não repilais o mensageiro; sabei compreendê-lo; respeitai-lhe o pensamento e a alma: ele é o enviado de Deus, reveste-lhe o ser a luz da verdade divina. Deveis-lhe, portanto, gratidão.
> Os povos nem sempre sabem descobrir na fronte desses entes superiores o brilho sobre-humano e caritativo que lhes irradia das almas. Têm a intuição de que os messias diferem dos homens carnais, mas não o compreendem, e é por isso que vereis sempre o enviado do Senhor rematar a lição suprema, dando à sua obra, por selo, a suprema dor. Pesquisai e

verificareis que todos aqueles a quem a Humanidade acabou deferindo honras morreram esquecidos, ou antes — traídos e sacrificados. É que o ensino por eles dado devia também mostrar a grandeza da dor, e as últimas palavras que proferem são as mesmas que encontrareis nos lábios do Mestre e nos de todos os grandes supliciados: "Perdoai aos que ignoram!". O sofrer ainda é um ato de amor.

João, discípulo de Paulo.

Joana é um desses messias. Deus a envia para salvar um povo que agoniza e ao qual, entretanto, grandes destinos estão reservados. A França fora escolhida para desempenhar importante papel no planeta. Sua história o provou. Dispunha para tal fim das qualidades necessárias. Certamente se poderá dizer que há outras nações mais sérias, mais refletidas, mais práticas. Nenhuma, porém, possui os impulsos do coração, a generosidade um pouco aventurosa, que têm feito da França o apóstolo, o soldado da justiça e da liberdade do mundo. Todavia, ela não poderia desempenhar o papel que lhe estava predestinado, senão sob a condição de manter-se livre, e eis que suas faltas a arrastaram a dois passos de uma perda completa. Por ocasião do aparecimento de Joana, acreditava-se, dizia-se mesmo em toda a Europa, que findara a missão da França, daquele povo varonil que se ilustrara por tantos feitos gloriosos. Fora ela especialmente quem criara a cavalaria, quem suscitara as cruzadas e fundara as artes da Idade Média. Pertencia-lhe a iniciativa do progresso no Ocidente. E, no entanto, os recursos humanos se mostravam todos insuficientes para salvá-la. O que, porém, os homens já não podem fazer, um Espírito Superior vai realizar com o socorro do Mundo Invisível.

Uma questão aqui se impõe. Por que escolheu Deus a mão de uma mulher para tirar a França do túmulo? Terá sido, como pensava Michelet, porque a França é mulher, mulher pelo coração? Seria, como outros escritores o disseram, porque a mulher é superior ao homem pelos sentimentos, pela piedade, pela ternura, pelo entusiasmo? Sim, sem dúvida, e aí está o segredo da abnegação da mulher, de seu espírito de sacrifício.

No décimo quinto século, diz Henri Martin, esgotadas se acham todas as energias do sexo forte, do sexo aparelhado para a vida exterior, para a ação. As últimas reservas de que a França dispõe se encontram na mulher, sustentada pelo poder divino. Esse o motivo por que o céu nos delega a que suas vozes apelidam de "filha de Deus".

Porém, a tal escolha presidiu razão de ordem mais elevada. Se Deus, aquilatando da fraqueza dos fortes e da prudência dos avisados, preferiu salvar a França por intermédio de uma mulher, de uma menina, quase uma criança, foi, sobretudo, para que, comparando a fragilidade do instrumento com a grandeza do resultado, o homem não mais duvidasse; foi para que visse claramente, nessa obra de salvação, o efeito de uma vontade superior, a intervenção da potência eterna.

Perguntar-nos-ão com certeza: Se Joana era uma enviada do Céu, se sua missão era providencial, por que tantas vicissitudes e dificuldades na obra de libertação? Por que as hesitações, as surdas intrigas, os desfalecimentos, as traições em torno dela? Quando o Céu intervém, quando Deus manda seus mensageiros à Terra, podem opor-se-lhe à ação resistência e obstáculos?

Tocamos neste ponto o magno problema. Antes de tudo, precisamos compenetrar-nos de uma coisa: de que o homem é livre, de que a Humanidade é livre e responsável. Não existe responsabilidade sem liberdade. A Humanidade sendo livre, acarreta com as consequências de seus atos no curso dos tempos. Temos visto que são os mesmos os seres que de século em século reaparecem na História, para recolher numa nova vida os frutos, doces ou amargos, de alegrias ou de dores, que plantaram em vidas precedentes. O esquecimento do passado, por meramente temporário, nada prova contra a lei. A Humanidade é livre, mas a liberdade sem a sabedoria, sem a razão, sem a luz, pode conduzi-la aos abismos. Também o cego é livre e, contudo, sem guia, de que lhe serve a liberdade? Assim, pois, a Humanidade precisa ser amparada, guiada, protegida, inspirada, dentro de certos limites, pela Providência. Mas convém que esse apoio não seja muito ostensivo, porquanto, se a potestade superior se impõe abertamente, sua ação se torna constrangedora; diminui, aniquila a liberdade humana; o homem perde o mérito da iniciativa, deixa de elevar-se por seus próprios esforços; o objetivo falha, a obra de progresso fica comprometida. Daí as dificuldades da intervenção nas horas de agitações. Que faz então o enviado do Alto, o ministro das vontades eternas? Não se impõe, oferece-se; não ordena, inspira; e o indivíduo, a coletividade, a Humanidade inteira conservarão a liberdade de suas resoluções.

Assim se explicam a missão, os triunfos e os reveses, a glória e o martírio de Joana. Do mesmo modo se explica a lei das influências espirituais na Humanidade. A potência que Deus envia não atua no mundo, senão na medida em que o mundo a aceita. Se é bem acolhida, obedecida, coadjuvada, mostra-se ativa, fecundante, reformadora. Se é repelida, nada pode fazer. O enviado, o messias, se afasta então da Terra.

A Humanidade marcha pelos séculos à conquista dos supernos bens: a verdade, a justiça, o amor, cabendo-lhe alcançá-los por seus livres esforços. Tal a lei de seu destino, a razão mesma de sua existência. Entretanto, nos momentos de confusão, de perigo, de recuo, o Céu expede seus missionários à Humanidade que se desorienta, que se oblitera e se transvia.

Joana pertence ao número destes. Como quase todos os emissários divinos, ela, baixando à Terra, fez sua aparição entre os mais pobres, os mais obscuros. Sua infância tem este traço de comum com a do Cristo. É uma lei da História e uma lição de Deus: o que há de mais elevado provém do que há de mais rasteiro. O Cristo foi o filho de um carpinteiro humilde; Joana d'Arc, uma camponesa nascida no seio do pobre povo da França. Nenhum dos dois messias, vindo ao mundo, escolheu para lhe embalar o berço, a ciência ou a riqueza. Que préstimo lhes reservavam uma ou outra? Os filhos da Terra precisam do poder material ou científico para praticar grandes façanhas. Inúteis eram esses poderes àqueles messias, que dispunham da força por excelência. Nascendo e conservando-se humildes, não eram por isso menos superiores aos mais nobres e aos mais sábios.

A Joana cumpria executar uma dupla missão, à qual ainda hoje ela se consagra nos páramos espirituais. Trouxe a salvação à França, e à Terra inteira traz a revelação do Mundo Invisível e das forças que ele encerra; traz o ensinamento e as palavras de vida que devem repercutir na sucessão das eras.

Na Idade Média, a Humanidade não estava apta nem a compreender tal ensinamento, nem a aplicá-lo. Necessários foram, para que houvesse possibilidade e proveito daquela revelação, mais de quatro séculos de trabalho e progresso. Eis por que a Vontade suprema permitiu que durante quatrocentos anos a memória de Joana permanecesse envolta em sombras e que deslumbrante fosse a sua revivescência. Hoje, a grandiosa figura da heroína se destaca resplendente, da escuridão dos tempos. O pensamento humano se apresta para dar solução ao problema e penetrar no Mundo dos Espíritos, que tem, na vida e na missão de Joana, em sua comunhão com o Além, uma das afirmações, um dos mais eloquentes testemunhos da História.

* * *

Joana tinha seus protetores, seus guias invisíveis. Devemos fazer notar que, numa ordem menos elevada, o mesmo se verifica com cada um de nós. Todo ser humano tem perto de si um amigo invisível, que o ampara, aconselha e dirige pelo bom caminho, se ele consente em seguir a inspiração que recebe. As mais das vezes, são os entes que amamos na Terra: um pai, uma mãe que se foram, uma esposa prematuramente morta. Muitos seres velam por nós e se esforçam por dominar os instintos, as influências, as paixões que nos impelem para o mal. Sejam os gênios familiares, como os gregos os designavam, sejam os anjos da guarda do Catolicismo, pouco importam os nomes que lhes emprestem. O que é certo é que todos temos nossos guias, nossos inspiradores ocultos, que todos temos nossas vozes.

Mas, enquanto que as de Joana eram exteriores, objetivas, percebidas pelos sentidos, as da maior parte de nós outros são interiores, intuitivas e só repercutem no domínio da consciência.

Nenhum há dentre vós, leitores, que tenha escutado essas vozes? Elas se fazem ouvir no silêncio e no recolhimento; falam das lutas que havemos de sustentar, dos esforços que precisamos empregar para nos elevarmos, elevando os outros. Certamente, vós todos já tendes ouvido a voz que no santuário da alma nos exorta ao dever e ao sacrifício. E quando quiserdes percebê-la de novo, concentrai-vos e erguei o pensamento. Pedi e recebereis. Apelai para a ajuda divina. Indagai, estudai, meditai, a fim de vos iniciardes nos grandes mistérios e, pouco a pouco, verificareis o acordar de novas faculdades; percebereis que as ondas de uma luz desconhecida vos banham; vereis que no vosso ser desabrocha a flor delicada da esperança e vos sentireis penetrados da energia que a certeza do Além e a confiança na justiça eterna prodigalizam. Tudo então se vos tornará fácil. Vosso entendimento, em vez de rastejar penosamente no dédalo escuro das dúvidas e das contradições terrestres, desferirá o voo, vivificado, iluminado pelas inspirações do Alto.

Devemos lembrar-nos de que, em cada um de nós, infinitas riquezas jazem inúteis, improdutivas, donde a nossa aparente indigência, a nossa tristeza e mesmo, por vezes, o tédio da vida. Mas abri o coração, deixai que nele penetre a centelha, o bafo regenerador, e então uma vida mais intensa e mais bela reflorirá em vós. Tomareis gosto por mil coisas que vos eram indiferentes e que passarão a constituir o encanto de vossos dias; observareis que vos estais engrandecendo; caminhareis pela existência com passo mais firme, mais seguro, e vossa alma se transformará num templo transbordante de esplendor e de harmonia.

* * *

Joana, dissemos, era a mensageira do Mundo dos Espíritos, um dos médiuns de Deus. As faculdades que possuía não se encontram senão de longe em longe num grau tão eminente, e é lícito afirmar-se, como já o fizemos, que ela realizou, em nossa história, o ideal de mediunidade. Entretanto, os predicados, de que desfrutava a título excepcional, podem constituir partilha de grande número de entes humanos.

Já tivemos ocasião de citar algures estas proféticas palavras: "Quando os tempos forem vindos, espalharei meu espírito por sobre toda a carne: os jovens terão visões e os velhos terão sonhos".[235]

Tudo parece indicar que esses tempos vêm próximos. Aquela predição se verifica pouco a pouco em volta de nós. O que no passado foi privilégio de alguns tende a tornar-se patrimônio de todos. Já por toda parte há, no seio do povo, missionários ignorados; por toda a parte há sinais, indicações anunciadoras dos novos tempos. Dentro em breve, o que constitui a grandiosidade e a beleza do humano gênio, todas as glórias da civilização, tudo será renovado, fecundado pela prodigiosa torrente de inspirações, que virá descerrar ao espírito do homem um domínio, um campo não lindado, onde se hão de erigir obras que eclipsarão as maravilhas das eras transatas. Todas as artes, filosofias, letras e ciências, a música e a poesia se abeberarão nas fontes inesgotáveis, tudo se transmudará sob o influxo poderoso do infinito.

A missão do novo Espiritualismo, como a de Joana, é uma missão de luta, entrecortada de duras provações. Indícios e presságios a assinalam. Marca-a o selo divino. Sua tarefa consiste em combater, em expulsar o

---

235 ATOS, 2:17.

inimigo, e o inimigo, hoje, é o negativismo, o pessimismo, é essa filosofia gélida e nebulosa, que só produz gozadores e desesperados.

Primeiramente, ele terá que percorrer a via dolorosa.

Tal a sorte de qualquer ideia nova. Neste instante, soou-lhe a hora do processo. Como Joana em presença dos examinadores de Poitiers, a Nova Revelação enfrenta as crenças e os sistemas do passado, os teólogos, os representantes da ciência tacanha e da letra. Defrontam-na todas as autoridades, os mandatários da ideia envelhecida ou incompleta, da ideia que se tornou insuficiente e que deve ceder o passo ao novo verbo, que reclama lugar no mundo, sob o glorioso sol da vida.

No momento atual, esse processo se desenrola à face da Humanidade, expectadora interessada e cujo próprio futuro está em causa. Qual será o resultado, o julgamento? Nenhuma dúvida pode haver. Entre a ideia jovem e fecunda, cheia de vida, que sobe e avança, e a outra, decrépita, valetudinária, que desce e se abisma, como hesitar? A Humanidade necessita de viver, de prosperar, de engrandecer-se, e não será no meio de ruínas que se lhe há de deparar asilo para a razão e para o coração.

O novo Espiritualismo está à barra do tribunal da opinião. Dirigindo-se às Igrejas e às potestades terrenas, diz-lhes:

> Dispondes de todos os meios de ação que uma autoridade muitas vezes secular vos criou e nada podeis contra o materialismo e o pessimismo, contra o crime e a imoralidade, que se alastram, como corrosiva chaga. Sois fracas para salvar a Humanidade em perigo. Não vos conserveis, pois, insensíveis aos reclamos do espírito novo, que vos traz, com a verdade e a vida, os recursos precisos para erguer e regenerar a sociedade. Apelai para o que de grande e de belo encerra a alma do homem e, comigo, dizei-lhe: "Solta o voo, eleva-te, alma humana! Penetra-te do sentimento da força que te sustém; avança confiante para o teu magnífico porvir. As potências infinitas te assistem; a Natureza se associa à tua obra; os astros em seus cursos te aclaram a estrada.
>
> Vai, alma humana, fortalecida pelo socorro que te ampara! Vai, como a Joana d'Arc das batalhas, através do mundo da matéria, através dos embates das paixões. À tua voz, as sociedades se transfigurarão, desaparecerão as formas envelhecidas, para dar campo a formas novas, a organizações juvenis, mais ricas de luz e de vida".

Quanto à Joana, vimo-la, sua influência, sua ação persistiram no mundo, depois que ela do mundo se partiu. Graças a ela é que, em primeiro lugar, a França se libertou dos ingleses, não numa só campanha, não por efeito de uma única arremetida semelhante à das vagas do oceano varrendo as areias das praias, como houvera sucedido se os homens tivessem a fé e a fortaleza de ânimo que a escudavam; mas, permeando repetidas vicissitudes, alternativas de êxito e de malogro. A alma de Joana, maciça de amor e de vontade do bem, de dedicação a seu país, não podia imobilizar-se na beatitude celeste. Volta-nos atualmente com uma outra missão: a de executar em esfera mais vasta, no Plano Espiritual e moral, o que fez pela França, do ponto de vista material. Auxilia, incita os servidores, os porta-vozes da nova fé, todos aqueles que no coração aninham inabalável confiança no futuro.

Sabei-o: começou uma revolução maior do que quantas já se operaram no mundo, revolução pacífica e regeneradora, que arrancará as sociedades humanas da rotina e dos carreiros, e dirigirá o olhar do homem para os destinos esplêndidos que o esperam.

Reaparecem as grandes almas que viveram neste planeta; suas vozes ressoam, concitando a Humanidade a acelerar a marcha. E a alma de Joana é uma das mais poderosas que atuam no globo, que trabalham por preparar para o gênero humano uma nova era. É por isso que, no momento preciso, luziu a verdade sobre o caráter e a missão da virgem lorena. Por seu intermédio, com seu apoio, com o auxílio dos grandes seres que amaram e serviram à França e à Humanidade, confirmar-se-ão as esperanças dos que desejam o bem e buscam a justiça.

A radiante legião dos Espíritos cujos nomes, como faróis, balizam as fases da História, os iniciados de antanho, os profetas de todos os povos, os mensageiros da verdade, todos os que compuseram a Humanidade em séculos e séculos de trabalho, de meditação, de sacrifício, se acham empenhados na obra, e, acima deles, está a própria Joana convidando-nos ao labor, ao esforço. Todos nos clamam:

> A postos! Não mais para o cruzar das espadas, mas para as lutas fecundas do pensamento. A postos! Para a luta contra uma invasão mais temível do que a do estrangeiro, contra o Materialismo, o sensualismo e todas as suas consequências: o abuso dos prazeres, a ruína dos ideais; contra tudo o que pouco a pouco vos deprime, vos enerva, enfraquece e conduz à

humilhação e à queda. A postos! Trabalhai e lutai pela salvação intelectual e pelo levantamento de nossa raça e da humana gente!

* * *

Por sobre nós adeja a alma sublime, cuja lembrança pungente e gloriosa este livro evoca. Em várias ocasiões, pôde dizer-nos o que pensava do movimento de ideias que a objetivam, de tantas apreciações diversas e contraditórias sobre o seu papel e sobre a natureza das forças que a sustentavam. Cedendo aos nossos rogos, consentiu em resumir todo o seu pensamento numa mensagem, que nos consideramos no dever de reproduzir com escrupulosa fidelidade, como o mais belo fecho que pudéramos dar a este capítulo.

Essa mensagem traz em si mesma todas as garantias desejáveis de autenticidade. O Espírito que a ditou escolheu para intérprete um médium que vivera no décimo quinto século e conservava, no seu "eu" profundo, lembranças, reminiscências daquela época. Por esta circunstância, possível lhe foi imprimir à linguagem, dentro de certos limites, o cunho do tempo.[236]

Mensagem de Joana, 15 de julho de 1909.

Doce me é a comunhão com os que, como eu, amam a nosso Senhor e Pai — e não me dói a visão do passado, por isso que ela me aproxima de vós, e a lembrança de minhas comunicações com os mortos e os santos me faz irmã e amiga de todos aqueles a quem Deus concedeu o favor de conhecer o segredo da vida e da morte.
Rendo graças a Deus por me permitir transmitir-vos minha crença e minha fé e por poder ainda dizer, aos que sabem um pouco, que as vidas que o Senhor nos dá devem ser utilizadas santamente, a fim de estarmos em sua graça. Devem ser-nos gratas as vidas em que possamos desempenhar a tarefa que o todo poderoso Juiz e Pai nos assinou, e devemos bendizer o que de suas mãos recebemos. Ele sempre escolheu os fracos para realizar seus desígnios, porquanto sabe dar força ao cordeiro,

---

[236] Objetar-me-ão, talvez, que Joana não sabia ler, nem escrever. Responderei que, depois de sua morte trágica, ao regressar para o Espaço, ela recobrou todos os seus conhecimentos anteriores.

conforme o prometeu; mas este não deve se misturar com os lobos, e a alma inflamada pela fé deve guardar-se das ciladas e sofrer com paciência todas as provações e castigos que ao Senhor apraza dar-lhe.

Ele nos ministra a sua verdade sob as mais variadas formas, porém nem todos penetram a sua vontade. Submissa às suas leis e procurando respeitá-las, mais acreditei do que compreendi. Eu sabia que conselhos tão salutares não podiam ser obra de inimigo, e o reconforto que me deram foi para mim um arrimo e a mais doce das satisfações. Jamais soube qual era a vontade remota do Senhor. Ele me ocultou, por seus enviados, o fim doloroso que tive, compadecido da minha fraqueza e do medo que o sofrimento me causava; porém, chegada a hora, recebi, por intermédio daqueles enviados, toda a força e toda a coragem.

É-me doce e delicioso volver aos momentos em que primeiramente ouvi minhas vozes. Não posso dizer que me amedrontei. Fiquei grandemente admirada e mesmo um pouco surpreendida de me ver objeto da Misericórdia Divina. Senti subitamente, antes que as palavras me houvessem chegado, que elas vinham de servos de Deus e grande doçura experimentei em meu coração, que afinal se aquietou quando a voz do santo ressoou aos meus ouvidos. Dizer-vos o que se passava então em mim não é possível, porque eu não vos poderia descrever a minha alegria calma e intensa; mas senti tão grande paz que, ao partirem os mensageiros, me julguei órfã de Deus e do Céu. Compreendi um pouco que a vontade deles devia ser a minha; porém, desejando imensamente que me visitassem, admirei-me das ordens que me davam e receei um pouco ver realizados os desejos que exprimiam. Parecia-me, certamente, uma bela obra tornar-me eu a salvaguarda da França; mas uma donzela não vai para o meio de homens de armas. Finalmente, na doce e habitual companhia dos seres que me falavam, cheguei a ter mais confiança em mim própria, e o amor que sempre consagrei a Deus me indicou a conduta a seguir, pois que não é decorosa a rebelião contra a vontade de um pai. Foi-me penoso, embora também motivo de alegria, o obedecer e, enfim, fiz primeiramente a vontade de Deus. Por essa obediência sou feliz e nisto também acho uma razão para fazer o que Deus quer, para perdoar aos que foram o instrumento de minha morte, crente de que não tinham ódio à minha alma, tanto que lhe deram a liberdade, mas sim à obra que era por mim executada.

Tendo sido essa obra abençoada por Deus, eles eram grandemente culpados; também nenhum ódio lhes tenho às almas. Sou inimiga de tudo o que Deus reprova, da falta e da maldade. A obra que fizeram é que está fora da graça. Todos reentrarão na graça de Deus, mas a lembrança do passado não se lhes apagará. Choro o ódio que plantaram entre seus irmãos, o mau grão que semearam no campo da Igreja e que levou esta mãe que tanto amei a procurar mais a fé do que o amor do perdão. É-me grato, entretanto, vê-los emendar-se a confessar um pouco o erro que cometeram; porém, não o fizeram como eu desejara, e a minha afeição à Igreja se desligará cada vez mais desta antiga reitora das almas, para se dar tão somente ao nosso doce e gracioso Senhor.

JOANA

XVIII
Retrato e caráter de Joana d'Arc

Viva o trabalho
Joana

Assunto algum ainda excitou tanto a emulação entre os nossos poetas, artistas e oradores como a personalidade de Joana. A poesia, a música e a eloquência rivalizam em primores, celebrando-a. A pintura e a estatuária recorrem à inspiração e se empenham, sem o conseguir em, em lhe recompor a imagem. Por toda a parte, o mármore e o bronze são torturados, no afã de lhe reproduzirem os traços, e um dia sua estátua se ostentará em todas as cidades da França. Mas, ah! quantas obras medíocres e positivamente más no acervo dessas reproduções fantasiosas!

Realmente, de Joana nenhum retrato autêntico possuímos. Dentre as obras modernas, a fisionomia que parece apresentar maior semelhança com a da virgem é a que lhe emprestou o escultor Barrias no monumento de Bon-Secours, em Rouen. Pelo menos, é o que afirmam os videntes a quem ela apareceu. Os grandes artistas, por vezes, têm intuições seguras, vislumbram a verdade e, sob esse aspecto, também são médiuns.

Em muitas ocasiões, Joana se tem feito visível, e em circunstâncias que não admitem dúvidas sobre a realidade do fenômeno. E é certo que os erros e os embustes abundam nessa ordem de manifestações. Numerosos casos imaginários e fraudulentos se poderiam citar, nos quais a intrometeram inadmissivelmente. De nenhuma individualidade psíquica ainda se abusou tanto. Nas exibições de um mistificador célebre, havia sempre uma Joana d'Arc com o sotaque inglês do operador e que se prestava a demonstrações excêntricas. De fato, são raras suas manifestações. Conhecemos, entretanto, algumas absolutamente autênticas, que deixamos assinaladas. Acrescentemos que, em certos fenômenos de incorporação, ela se mostra com tal majestade, tal grandeza que impressionam. Parece-me ainda a estar vendo apoderar-se bruscamente de seu médium favorito, no auge de uma discussão política, e erguer-se com um movimento cheio de dignidade, com um gesto de autoridade e um relâmpago no olhar, para protestar contra as teorias dos *sem-pátria* e dos *sem-Deus*. Não menos veemente se revela nas discussões religiosas. A um eclesiástico, que excepcionalmente presenciava uma de nossas reuniões, disse: "Não faleis jamais de penas eternas! Fazeis de Deus um carrasco. Deus é amor; não pode infligir sofrimentos sem utilidade, sem proveito. Falando desse modo, afastais de Deus o homem".

Quando se manifesta, a voz do médium adquire geralmente extrema doçura; tem inflexões melodiosas, que abalam e subjugam os insensíveis. Comove tanto a manifestação, que todos experimentam um como desejo de ajoelhar-se. Seu aparecimento nas sessões é anunciado por uma harmonia que nada tem de terrestre, e que só os médiuns percebem. Faz-se uma grande luz e ela se lhes torna visível. Brilha-lhe na fronte e nas palavras uma auréola divina e um bater de asas agita o ar que a cerca. Ninguém lhe resiste à influência. É, com efeito, a "filha de Deus". Não é, porém, a única. Muito acima de nós, uma região existe, superior e pura, onde viceja uma criação angélica, que os homens ignoram. De lá vêm os messias, os agentes da divindade, incumbidos das missões dolorosas. Eles encarnam nos mundos da matéria e muitas vezes se misturam conosco, para dar aos filhos da Terra o exemplo do amor e do sacrifício. Surdem nas camadas dos humildes e dos obscuros, e são sempre reconhecíveis por seus sentimentos nobres e por suas altas virtudes.

* * *

De Joana não há, dissemos, nenhuma imagem coetânea. Todavia, nas escavações praticadas em Orléans, para a abertura da Rua Joana d'Arc, achou-se uma estatueta antiga, representando uma mulher armada de capacete, e cujo fino perfil se aproxima, sensivelmente, das linhas fisionômicas da estátua de Barrias.[237]

Por outro lado, são pouco numerosos e precisos os documentos históricos que descrevem o físico da virgem. Merece citada, em primeiro lugar, uma carta escrita pelos condes Guy e André de Laval à sua mãe, em 8 de junho de 1429: "Eles a encontraram em Selles, em Berry, armada toda de branco, exceto a cabeça, com uma pequena acha na mão, montando negro corcel". E acrescentam com entusiasmo: "parece coisa divina, realmente, vê-la e ouvi-la".[238]

Um cronista picardo fala de Joana, segundo os testemunhos de muitas pessoas que a viram em viagem, entre Reims e Soissons, nestes termos:[239]

> E cavalgava à frente do rei, armada de um arnês completo, com o estandarte desfraldado. Quando desarmada, trazia vestuário de cavaleiro, sapatos atados acima dos pés, gibão e calções justos, um capuz na cabeça; usava trajes muito nobres, de brocado de ouro e de seda, bastante grossos.

Segundo o depoimento do cavaleiro Jean d'Aulon, "ela era bela e bem-feita",[240] "robusta e infatigável", no dizer do presidente Simon Charles,[241] "tendo ao mesmo tempo um ar risonho e as lágrimas fáceis", conforme o relatório do conselheiro-camarista Perceval de Boulainvilliers.[242] "Tem bom porte quando em armas e o busto belo", diz o duque d'Alençon.[243] "Suas sobrancelhas finamente desenhadas, sombreando belos olhos pardos, davam-lhe uma expressão de doçura infinita ao olhar inspirado", acrescenta um escritor nosso contemporâneo.[244]

Os debates havidos no curso do processo nos cientificam de que seus cabelos, a que tantos pintores imprimiram um tom louro e figuraram caindo-lhe esparsos sobre os ombros, "eram pretos e cortados curtos *em*

---

237 *L'Art Gothique*, Dictionnaire Encyclopédique: Musée Archéologique d'Orléans, L. Gonse.
238 Wallon — *Jeanne d'Arc*, p. 100.
239 Chronique picarde, *Revue Hebdomadaire*, 17 abr. 1909.
240 J. Fabre — *Processo de reabilitação*, t. I.
241 Id. Ibid., *Processo de reabilitação*, t. I.
242 Id. Ibid., *Jeanne d'Arc libératrice*, p. 263.
243 J. Fabre – *Processo de reabilitação*, t. I.
244 *Le Portrait de Jeanne d'Arc par un Essénien du Dix-neuvième Siècle*. Chamuel editeur.

escudela, de maneira a formarem na cabeça uma espécie de calota, semelhante a um tecido de seda escura".

O coronel Biottot, resumindo os informes de diversos cronistas, assim se exprime, a respeito das vestes e do porte da virgem:[245]

> O semblante da heroína, de traços regulares, tinha o cunho da doçura e da modéstia. Modelavam-lhe o corpo linhas cheias e harmoniosas. Desde os primeiros dias, surpreendem e encantam seus gestos desembaraçados de menina, sua graciosa flexibilidade em todas as circunstâncias e particularmente em trajos guerreiros a cavalo, empunhando a lança ou a bandeira. Enfim, o cândido fulgor de sua virgindade e a chama da inspiração lhe espargiam por sobre o conjunto "uma virtude secreta, que afastava os desejos carnais", impondo respeito e atenção aos mais sensuais.
>
> [...]
>
> Cobrem-na brilhantes atavios de guerra. As vestes e a bandeira são de alvos e preciosos tecidos, como convinha, para lembrarem sua castidade e a missão angélica a que esta se achava ligada.

Todas as descrições concordam em acentuar o suave reflexo que lhe irradiava do semblante iluminado por um pensamento íntimo. A alma, até certo ponto, esculpe os traços de seu invólucro. Por aí podemos fazer ideia da beleza daquele ser excepcional, do luzeiro nele oculto e que, fulgurando-lhe na fisionomia, em todos os seus atos rebrilha.

Dela emanava uma serenidade, um eflúvio que envolviam todos os que se lhe aproximavam, acalmando os mais insubmissos. No torvelinho das batalhas e dos acampamentos, conserva sempre a calma, que é o apanágio das almas superiores. Em Compiègne, no mais aceso da luta, quando os borgonheses lhe cortam a retirada, quase a ser capturada, diz como que absorta em pleno sonho, aos franceses que a rodeiam e se mostram desesperados: "Não penseis senão em ferir!".

À luz dos mais variados documentos, Joana nos aparece como uma flor das campinas da França, esbelta e robusta, fresca e perfumada. Por

---

[245] Coronel Biottot — *Les Grands Inspirés Devant la Science*, p. 123 e 125.

isso mesmo, é de todo lamentável o modo por que a maioria dos pintores e estatuários a desfiguraram, desrespeitando a verdade e a História. Certo crítico, não sem fundamento, fala assim da estátua talhada por Frémiet e colocada na praça das Pirâmides, no coração de Paris: "Ele fez um rapazola aborrecido, desgostoso, de cabelos compridos como uma crina, com um braço de pau sustentando uma longa bandeira e uma coroa no ar!".

Que há nisso de surpreendente? Observa o crítico: Frémiet é um animalista, razão por que sua Joana resultou "um ser híbrido, de pequena estatura, sobre um cavalo enorme".[246] Essa estátua é uma paródia, uma vergonha para os franceses, sobretudo no lugar em que a erigiram, exposta aos olhos dos estrangeiros.

A de Roulleau, em Chinon, ainda é pior, pesada, maciça, tão material quanto possível.

Outros artistas se saíram melhor, sem todavia se mostrarem mais escrupulosos em respeitar a História. Charpentier no-la representa em oração. A fisionomia é graciosa e tocante. Mas para que aquele livro caído a seus pés, quando ela não sabia ler e viveu numa época em que a imprensa ainda não fora inventada?

Os pintores não são mais atentos à verdade histórica. Jean-Paul Laurens assinou o tríptico que orna uma das salas do novo palácio da Municipalidade em Tours e reproduz três cenas da vida da heroína. No terceiro painel, vê-se a praça em que se consumou o suplício. Está vazia e por cima da fogueira, que acaba de apagar-se, um pouco de fumaça volteia nos ares. É noite e o último juiz se retira. J.-P. Laurens não leu. Ignora que os ingleses, logo que Joana expirou, mandaram apagar o fogo, para que seu corpo carbonizado ficasse exposto como ficou, durante oito dias, à vista do povo, de modo a todos poderem certificar-se de que a virgem não pertencia mais a este mundo. Ao cabo de uma semana, reacenderam a fogueira para destruir completamente os despojos da vítima, cujas cinzas foram depois lançadas no Sena.[247]

* * *

---

246 *Le Portrait de Jeanne d'Arc par un Essénien du Dix-neuvième Siècle.*
247 Ver H. Martin, *Histoire de France*, t. VI, p. 304 e 305.

O estudo das almas é dos mais belos que se oferecem às lucubrações do pensador, e nenhuma cativa tanto como a de Joana d'Arc. O que de mais surpreendente há nela não é a sua obra de heroísmo, ainda que única na História, é o caráter em que se casam e fundem as qualidades aparentemente mais contraditórias: a força e a brandura, a energia e a meiguice, a providência e a sagacidade, o espírito arguto, engenhoso, penetrante, que em poucas palavras, nítidas e precisas, deslinda as mais difíceis questões, aclara as situações mais ambíguas.

Por efeito dessas qualidades, sua vida nos ministra toda a sorte de nobres exemplos. Patriota e francesa, quaisquer que sejam as circunstâncias, ela nos dá lições de devotamento levado até ao sacrifício. Profundamente religiosa, idealista e cristã, numa época em que o Cristianismo constitui a única força moral de uma sociedade ainda bárbara, exornam-na os subidos dotes, as eminentes virtudes do crente isento de fanatismo e de beatice. Na vida íntima, familiar, pratica as virtudes modestas que são a riqueza dos humildes: a obediência, a simplicidade, o amor ao trabalho. Em resumo, toda a sua existência é uma lição para aquele que sabe ver e compreender. Porém, o que acima de tudo a caracteriza é a bondade, a bondade sem a qual não há verdadeira beleza d'alma.

Esta harmoniosa aliança, este equilíbrio perfeito de predicados, que, à primeira vista, parecem de molde a se repelirem, fazem de Joana d'Arc um enigma, que, entretanto, alimentamos a pretensão de resolver.

Todos os coevos[248] que lhe cultivaram as relações dão testemunho de que, quer em meio da ação guerreira, quer durante as provações, ela consorciava grande doçura a uma vontade cuja firmeza coisa alguma poderia abalar. Os burgueses de Orléans foram acordes em dizer nos seus depoimentos: "Era um grande consolo tratar com ela".[249] Os mesmos traços de caráter se nos antolharam novamente no Espírito que, com o seu nome, se manifestou diversas vezes em nosso grupo de estudos. Também nele, as virtudes, os mais variados dons morais se combinam, em perfeita harmonia.

Para bem julgar-se de uma entidade tão superior, importa insulá-la das disputas partidárias e contemplá-la à luz pura de sua vida e de seus pensamentos. Uma efluência do Além lhe aureola a fronte bela e grave, e à emoção que incute se agrega um sentimento de respeito. Não obstante o

---

[248] N.E.: Que ou quem é do mesmo tempo ou da mesma época. Contemporâneo.
[249] J. Fabre — *Processo de reabilitação*, t. I, p. 266.

ceticismo dos tempos presentes, ninguém se pode furtar à sensação de que, acima das eventualidades habituais da vida humana, há seres de escol, que são a honra de nossa raça e o eterno esplendor da História.

A existência da virgem lorena é comparável a uma sinfonia, em que as vozes comovedoras e trágicas da Terra se entrelaçam com as exortações misteriosas do Mundo Invisível.

Como todas as grandes almas, ela acreditava em si mesma, na sua alta missão, e sabia transfundir a fé nos outros, fazendo-a emanar de seu ser.

Sempre ponderada e circunspecta, alia a humildade da camponesa à nobreza da rainha, uma pureza absoluta a uma extrema audácia. Vestida de homem, vive nos acampamentos qual anjo sobre quem Deus pousa o olhar e ninguém se escandaliza. A glória que a cinge parece-lhe tão natural que nunca lhe ocorre envaidecer-se dela. Não fora para praticar grandes obras que viera ao mundo e não era natural que de seus feitos lhe decorressem honras? Daí o desembaraço com que se porta em presença dos nobres e das fidalgas. Somente a Deus se curva; mas apraz-lhe fazer-se humilde para com os pequeninos que lhe prestam homenagens. Na igreja, é dentre as crianças que prefere elevar a alma ao Céu.

Seus conceitos não são menos admiráveis do que os atos. Nas mais confusas discussões sempre lhe acodem o termo apropriado, o argumento preciso. Sob uma certa ingenuidade gaulesa que a enfaixa, nela se expande um senso profundo dos seres e das coisas, o qual, nos momentos decisivos, lhe sugere as inflexões capazes de atear o ardor nas almas e de, nos corações, reavivar os sentimentos fortes e generosos.

Como admitir-se que uma menina de 18 anos haja podido por si só encontrar expressões, quais as que temos consignado? Como duvidar-se de que fosse inspirada por gênios invisíveis, conforme o foram, antes e depois, tantos outros agentes do Além?

As palavras profundas, como já vimos, pululam na curta existência da heroína, e não fugiremos à oportunidade de ainda reproduzir algumas. Aqueles lábios juvenis proferiram sentenças que merecem figurar ao lado dos mais belos preceitos da Antiguidade.

"Era muito circunspecta e pouco loquaz",[250] dizia a Crônica, mas, quando falava, sua voz tinha vibrações que penetravam no íntimo dos

---

[250] J. Fabre — *Processo de reabilitação*, t. I, p. 135, nota 1.

ouvintes, nos quais sensibilizava fibras que lhes eram desconhecidas e que nenhum poder lograra ainda despertar a tal ponto. Esse o segredo do ascendente que exercia sobre tantas criaturas rudes, porém fundamentalmente boas.

E tais palavras não aproveitaram somente aos que as ouviram. Recolhidas pela História, irão, séculos afora, consolar as almas e estimular os corações.

Joana acha sempre os dizeres que convêm, e às imagens de que se serve sobram relevo e colorido. O mesmo sucede hoje nas mensagens que dita a alguns raros médiuns e que, em parte, temos inserido aqui. Para nós, são outras tantas provas, outras tantas demonstrações de identidade.

Relembremos algumas de suas palavras, a um tempo ingênuas e ponderadas. Nunca seria demasiado repeti-las, nem propô-las como normas e lições a tanta gente que, honorificando-a, pouco diligencia por se lhe assemelhar, no que concerne ao caráter e às virtudes. Todos temos interesse pessoal em lhe estudarmos a existência, em nos alçarmos à altura dos ensinamentos que ela contém, pelos exemplos que oferece do viver íntimo e do viver social, de beleza moral e de grandeza na simplicidade.

"A partir do momento em que soube que devia vir à França, pouco me entreguei aos brincos e aos passeios".[251]

O descuido e a leviandade são habituais na infância e em muitos persistem até avançada idade. Joana, ao contrário, tem a preocupação constante do futuro, da relevante missão que lhe tocara, dos encargos que lhe vão pesar sobre os ombros. Roçaram-na as asas das criaturas angélicas e a sua vida recebeu assim uma impulsão que só a morte paralisará. Percebeu os chamados mistérios do Alto e suas práticas com o Invisível lhe imprimiram à atitude e ao pensamento a gravidade que ostentará sempre unida à graça e à doçura.

No interrogatório de Poitiers, Guilherme Aimery lhe observa: "Pedes soldados e dizes ser do agrado de Deus que os ingleses se vão. Ora, se é assim, não há necessidade de soldados, pois que Deus só basta". "Em nome de Deus!", retrucou ela, "os soldados batalharão e Deus lhes dará vitória".[252]

Esta resposta resume uma grande lição. O homem é livre. A lei suprema exige que ele próprio edifique seu destino no volver dos tempos, mediante inúmeras existências. Sem isto, quais seriam seus méritos, seus títulos à ventura, ao poder, à felicidade? Se lhe fora possível alcançá-los sem

---

[251] Terceiro interrogatório público.
[252] *Processo de reabilitação*. Depoimento de frei Seguin.

trabalho, esses bens nenhum preço teriam a seus olhos. Nem mesmo lhes compreenderia o valor, visto que o homem só aprecia as coisas na razão dos esforços que elas lhe custam. Quando, porém, os obstáculos são insuperáveis e ele pelo pensamento se associa à vontade divina, as forças e os socorros lhe descem do Infinito e o fazem triunfar das maiores dificuldades. Naquelas poucas frases, Joana afirma o princípio da intervenção da Providência na História, a comunhão fecunda do Céu e da Terra, que nos aplaina as estradas e faculta às nossas almas, nas horas de desespero, a possibilidade da salvação.

Estranho fato! O homem desconhece e muitas vezes despreza o que lhe é mais necessário. Sem os auxílios do Alto e alheios à íntima solidariedade que conjuga a fraqueza humana às forças do Céu, como poderíamos prosseguir, armados unicamente dos recursos que nos são peculiares, a imensa ascensão que nos leva do fundo dos abismos da vida até Deus? A só perspectiva da senda interminável a percorrer bastaria para nos abater e desalentar. O extremo afastamento da meta e a necessidade do esforço persistente nos imobilizariam. É a razão por que, nos primeiros degraus da prodigiosa escada, nas primeiras estações do percurso, o objetivo distante se nos conserva velado e restritos nos parecem os horizontes da existência.

Quando, porém, nos aventurarmos às passagens perigosas que inçam o acidentado caminho, ocultas mãos se estendem para nos suster. Temos a liberdade de repeli-las. Mas, se condescendemos em aceitar o amparo que se nos traz, chegaremos a realizar as mais árduas empresas. A obra de beleza e de grandeza que nossas vidas executam não se ultimaria sem a ação combinada do homem e de seus invisíveis irmãos. É o que Joana atesta ainda por estas outras palavras: "Sem a graça de Deus, eu nada poderia fazer".

Com muita bondade acolhia sempre os curiosos que a iam ver, especialmente as mulheres. Falava-lhes tão meiga e cariciosamente, diz a Crônica, que as fazia chorar.

Contudo, simples e despretensiosa, preferira esquivar-se às "adorações" da multidão. Sentindo-lhes o perigo, dizia: "Na verdade, eu não conseguiria preservar-me de tais coisas, se Deus não me preservasse".[253] "Evitava, quanto podia, que me beijassem as mãos", declara no curso do processo.[254] E quando, em Bourges, as mulheres do povo lhe apresentavam

---
253 J. Fabre — *Processo de reabilitação*, t. I. Depoimento do advogado Marbin e de Simon Beaucroix.
254 Sexto interrogatório público. Ver também suas palavras por ocasião da leitura do auto de acusação.

pequenos objetos para que os tocasse, dizia, rindo: "Tocai-os vós mesmas. Tão cheios de virtudes ficarão por efeito do vosso contato, quanto do meu".[255]

De par com as qualidades que vimos de apreciar, Joana era dotada de um senso estético notável:

> Tinha paixão pelas armaduras, referem seus historiadores, e revelava um esmero muito puro e distinto nas mais insignificantes minudências do trato de sua pessoa e de seu vestuário. Os cortesãos lhe admiravam esses cuidados, e as próprias damas muito naturalmente a houveram tomado por uma de sua hierarquia, tais a graça e a distinção que se lhe notavam.
> Valente ao ponto de, nos combates, desafiar alegremente a morte, sem jamais dá-la a quem quer que fosse; adoravelmente mulher, não dissimulava o contentamento por possuir brilhantes armas e belos cavalos negros, sobretudo por serem estes "tais e tão maliciosos que ninguém se atreveria a montá-los".[256]

Seus juízes a criminaram por gostar dos trajos elegantes e dos cavalos de raça. Mas como bem o diz Henri Martin:[257]

> Seu misticismo, de ordem elevada, associando o sentimento do belo ao do bem, nada tinha de comum com essa espécie de ascetismo que faz da negligência com o corpo e do exterior sórdido uma virtude, e que parece ter por ideal o feio.

Particularidade dolorosa: em sua rápida carreira política, os que mais a fizeram sofrer foram exatamente aqueles que lhe deviam amparo, gratidão e amor.

Isso, porém, não lhe agastou o caráter, nem jamais a tornou mal-humorada. Quando passava por alguma decepção amarga, mostrava inabalável firmeza de ânimo e recorria à prece. Dizia:

---

255 J. Fabre — *Processo de reabilitação*, t. I. Depoimento de Marguerite la Touroulde.
256 H. Boissonnot — *Jeanne d'Arc à Tours*.
257 H. Martin — *Histoire de France*, t. VI, p. 234.

> Quando sou contrariada de qualquer maneira, retiro-me para um canto e oro a Deus, queixando-me de que aqueles a quem falo não me acreditam facilmente. Acabada a minha oração a Deus, ouço uma voz que me diz: "Filha de Deus, vai, vai, serei teu amparo, vai!".[258]

Acusaram-na de haver querido suicidar-se no castelo de Beaurevoir. Mentira! É exato que, prisioneira de Jean de Luxemburgo, Joana tentou evadir-se, crente de que a evasão é um direito de todo preso. Bem longe de pretender matar-se, como procuraram insinuar durante o processo, ela nutria "a esperança de salvar o corpo e de ir em socorro da boa gente que estava em perigo".[259] Tratava-se dos sitiados de Compiègne, cuja sorte tanto lhe amargurava o coração. Refletiu, estudou maduramente seu projeto e não se precipitou loucamente no vácuo, como em geral se supõe. Por uma corda que amarrou à janela da prisão, conseguiu descer do alto da torre; mas, ou por ser a corda muito curta, ou porque se partisse, não resistindo à tensão, ela caiu pesadamente sobre as pedras. Levaram-na dali semimorta e a encarceraram de novo.[260]

Em Rouen, sobretudo, diante dos juízes velhacos e astuciosos, é que lampejam suas réplicas finas e inopinadas, suas respostas breves, incisivas, inflamadas. Guido Goerres o comprova nestes termos, que convém sejam transcritos:

> A cada interrogação, Joana se via na contingência de sustentar rijo combate. Todavia, a ingênua donzela, que não aprendera com seus pais senão o *Padre-nosso*, a *Ave-maria* e o *Credo*, fixava sobre os seus inimigos um olhar firme e tranquilo e mais de uma vez os obrigou a baixar os olhos e os confundiu, desenleando subitamente a trama de suas perfídias e mostrando-se-lhes em todo o fulgor da inocência. Se, pouco antes, os mais bravos cavaleiros lhe admiravam a coragem heroica no ardor das batalhas, muito maior era a que alardeava quando, carregada de ferros, aguardando uma horrorosa morte, testificava a verdade de sua missão divina a seus algozes e profetizava àquele tribunal, prestes a condená-la

---

258 J. Fabre — *Processo de reabilitação*. Depoimento de Dunois.
259 Sexto interrogatório secreto.
260 Id. Ibid., t. II, p. 142, nota 2.

em nome do rei da Inglaterra, a queda completa da dominação inglesa na França e o triunfo da causa nacional.

"Sabes", perguntam-lhe, "se Santa Catarina e Santa Margarida odeiam os ingleses?". "Elas amam o que Deus ama e abominam o que a Deus aborrece".[261] E o juiz fica desnorteado. Um outro interroga:

> Santa Margarida fala o inglês?
> — Como poderia ela falar o inglês, se não é do partido dos ingleses?
> — São Miguel estava nu?
> — Pensais que Deus não tem com que o vestir?
> — Tinha cabelos?
> — Por que lhe haviam de ser cortados os cabelos?![262]

Balda com uma palavra as armadilhas que lhe preparam. Perguntam-lhe se está em graça: "Se não estou, que Deus me faça estar; se estou, que Deus me conserve nela".[263]

Citemos ainda a digna e altiva resposta que deu, quando lhe censuraram o haver desfraldado o estandarte durante a cerimônia da sagração em Reims: "Ele fora atribulado; justo era que fosse preiteado".[264]

Um dos inquisidores escarnece de seu cativeiro e do suplício que a espera. Responde ela sem hesitar: "Bem pode ser que os que me querem tirar deste mundo vão antes de mim".[265]

O bispo de Beauvais, desassossegado, atormentado pela consciência, pergunta-lhe:

> — As vozes já te têm falado de teus juízes?
> — Frequentemente tenho, por minhas vozes, notícias de monsenhor de Beauvais.
> — Que te dizem elas de mim?
> — Eu vo-lo direi em particular.[266]

---

261 Oitavo interrogatório secreto.
262 Quinto interrogatório público.
263 Terceiro interrogatório público.
264 Nono interrogatório secreto.
265 Quinto interrogatório público.
266 J. Fabre — *Processo de condenação*, p. 244.

E eis que com estas simples palavras um prelado é chamado ao sentimento de sua dignidade, por aquela cuja perda ele resolvera.

* * *

Como explicaremos os contrastes que dão à pulcra figura de Joana d'Arc tão forte brilho: a pureza de uma virgem e a intrepidez de um capitão; o recolhimento com que ora no templo e a viveza jovial nos acampamentos; a simplicidade de uma campônia e os gostos delicados de uma dama de alta estirpe; a graça, a bondade, de par com a audácia, a força, o gênio? Que pensar da complexidade de traços que lhe compõem uma fisionomia sem precedente na História?

Explicá-lo-emos de três maneiras: primeiro, pela sua natureza e sua origem. Sua alma, temo-lo dito, vinha de muito alto. Demonstra-o a circunstância de que, desprovida de toda e qualquer cultura terrestre, sua inteligência se elevava às mais sublimes concepções. Em seguida, pelas inspirações de seus guias. Em terceiro lugar, pelas riquezas que acumulara no decurso de suas vidas anteriores, vidas que ela própria nos fez conhecer.

Joana era uma missionária, uma enviada, um médium de Deus e, como em todos os missionários do Céu, para salvação dos povos, três grandes coisas nela preponderam: a inspiração, a ação e, por fim, a paixão, o sofrimento, que é o fecho, a apoteose de toda existência digna.

Domremy, Orléans e Rouen foram os campos escolhidos para desabrolhar, expandir-se e consumar-se tão maravilhoso destino.

A vida de Joana d'Arc tem flagrantes analogias com a do Cristo. Como este, ela nasceu entre os pequeninos da Terra. O adolescente de Nazaré discutia com os doutores da lei no sinédrio; do mesmo modo, a virgem de Lorena confunde os de Poitiers, respondendo-lhes às insidiosas perguntas. Ao vê-la expulsar do acampamento as ribaldas, reconhecemos o gesto de Jesus expulsando do templo os mercadores. A paixão de Rouen não emparelha com a do Gólgota e a morte da virgem não pode ser comparada ao fim trágico do filho de Maria? Como Jesus, Joana foi renegada e vendida. O preço da vítima retinirá nas mãos de Jean de Luxemburgo, como na de Judas. A exemplo de Pedro no pretório, o rei Carlos e seus conselheiros voltarão costas e fingirão não mais a conhecer, quando lhes noticiam que Joana se acha em poder dos ingleses, ameaçada de cruel morte. Até a cena de Saint-Ouen muitas semelhanças apresenta com a do Jardim das Oliveiras.

Temos tratado longamente das missões de Joana d'Arc. Não haja equívoco sobre o sentido deste termo. Julgamos oportuno dizer aqui que, na realidade, cada alma tem a sua neste mundo. À maioria tocam em partilha as missões humildes, obscuras, apagadas; outras recebem encargos mais importantes, de acordo com as suas aptidões, com as qualidades que apuraram, evolvendo no perpassar das idades. Só às almas ilustres estão reservadas as grandiosas missões, que o martírio remata.

Cada vida terrena, sabemo-lo, é a resultante de um imenso passado de trabalho e de provações. Do conhecimento da lei de ascensão no tempo e no espaço, que já expusemos,[267] não havia mister Joana, no décimo quinto século, por isso que as condições intelectuais de sua época não o comportavam. A concepção do destino era muito limitada: as vastas perspectivas da evolução teriam perturbado, sem proveito, o pensamento dos homens, ainda muito atrasados para apreciarem e entenderem os magníficos desígnios de Deus a respeito das criaturas humanas. Entretanto, no Espírito Superior de Joana, sujeito, como todos, à lei do esquecimento durante a encarnação na Terra, um passado maravilhoso esplende; virtudes, faculdades, intuições, tudo demonstra que aquela alma percorrera dilatado ciclo e amadurecera para as missões providenciais. Pode-se mesmo, já o vimos, reconhecer nela, mais particularmente, um espírito céltico impregnado das qualidades daquela raça entusiástica e generosa, apaixonada pela justiça, sempre pronta a se consagrar às causas nobres. Familiarizada, desde os primeiros albores da História, com os mais transcendentes problemas, essa raça possuiu constantemente numerosos médiuns. Joana aparece-nos, por entre a caligem da Idade Média, como a reencarnação de alguma antiga vidente, ao mesmo tempo guerreira e profetisa.

O que na sua personalidade, porém, predomina, em todas as eras e meios em que viveu, é o espírito de sacrifício, é a bondade, o perdão, a caridade. No desempenho das tarefas que lhe foram confiadas, mostrou-se invariavelmente o que Henri Martin soube definir numa palavra: "a mulher de grande coração". Essas tarefas, Joana não as tem por findas. Continua a considerar-se em obrigação para com aqueles que Deus colocou sob seu patrocínio. Conserva ardente, como no século XV, o amor que vota à França, e os que então lhe foram objeto de solicitude ainda são

---

[267] Ver nesta obra o cap. XVI e *O problema do ser, do destino e da dor*, passim.

presentemente seus protegidos. Entre os que tiveram parte em sua vida heróica, quer benéfica, quer maleficamente, muitos revivem hoje na Terra em condições bem diversas.

Carlos VII, reencarnado num desconhecido burguês, acabrunhado de enfermidades, foi muitas vezes distinguido com a visita da "filha de Deus". Iniciado nas doutrinas espiritualistas, pôde comunicar com ela, receber seus conselhos, seus incitamentos. Uma única palavra de censura lhe ouviu: "A nenhum", disse-lhe um dia Joana, "me custou tanto perdoar como a ti". Por meios e com o auxílio de influências que seria supérfluo indicar aqui, a virgem conseguira reunir em um só ponto do globo, há alguns anos, seus inimigos de outrora, até mesmo seus algozes, e, usando do ascendente que sobre eles exercia, procurava levá-los à luz, fazê-los defensores e propagandistas da nova fé. Era um espetáculo comovente para quem, conhecedor daquelas personagens de uma outra época, podia perceber a maneira sublime por que ela se vingava, esforçando-se pelos transformar em agentes de renovação.

Por que me há de a verdade obrigar a dizer que os resultados foram medíocres? Todos, sem dúvida, a ouviam com uma deferência cheia de admiração, sentindo bem ser um Espírito de alto valor, quem os aconselhava. Mas logo o peso dos cuidados mundanos, dos interesses egoístas, das preocupações de amor-próprio, oprimia aquelas almas. O sopro do Além que, por instantes, as sacudira, cessou. Joana jamais se revelou senão a poucos. Os outros não souberam adivinhá-la. Raros puderam compreendê-la.

Sua linguagem era muito perfeita; vertiginosas as alturas a que tentava atraí-los. Esses estigmatizados da História, que se ignoram a si mesmos, ainda não estavam amadurecidos para semelhante papel. Todavia, o que não foi possível obter no correr de uma existência, ela o alcançará nas que se hão de suceder, porquanto nada conseguirá esgotar-lhe a paciência e a bondade. E as almas sempre se encontram, ao longo do caminho do destino.

XIX
Gênio militar de Joana d'Arc

O mérito da vitória coube principalmente à donzela.
Coronel E. Collet

Os detratores de Joana d'Arc: Anatole France, Thalamas, H. Bérenger, Jules Soury, etc., acordemente lhe negam talentos militares. A. France, com especialidade, não perde ocasião de lhe rebaixar o papel, de lhe restringir a parte que teve na obra de libertação. Faz pouco caso dos depoimentos dos companheiros de armas da heroína, prestados no processo de reabilitação, sob o pretexto de estarem misturados com os de uma "honesta viúva". Moteja dos historiadores que consideram Joana a "padroeira dos oficiais, o modelo inimitável dos alunos de Saint-Cyr, a guarda nacional inspirada, a artilharia patriota".[268] Mais adiante diz:

> Uma única era a sua tática: impedir que os homens blasfemassem e tivessem ribaldas em sua companhia.
> Toda a sua arte militar consiste no encaminhar os soldados para a confissão.[269]

---
268 Anatole France — *Vie de Jeanne d'Arc*. Préface, cap. XXXVIII.
269 Id., ibid., t. I, p. 309.

Por nosso lado, que caso devemos fazer de tais opiniões? Até que ponto professores, romancistas, jornalistas, que talvez nunca pegaram numa arma, são competentes para apreciar as operações militares da virgem?

Na obra intitulada *Jeanne d'Arc, l'Histoire et la Légende*, Thalamas nos aconselha, com razão, a só termos em conta os testemunhos diretos e a desprezarmos os outros. Este modo de ver se nos afigura especialmente aplicável à questão que agora nos preocupa. Ora, os testemunhos concernentes às aptidões militares de Joana são formais: emanam de pessoas que a viram de perto, que com ela partilharam dos perigos e combateram à sua ilharga. O duque d'Alençon se expressa deste modo:[270]

> Nas coisas da guerra, era muito experiente, tanto para empunhar a lança, como para reunir um exército, ou ordenar um combate e dispor a artilharia. Todos se maravilhavam de ver que, relativamente às coisas militares, ela procedia com tanto acerto e previdência, como se fora um capitão que houvesse guerreado durante vinte ou trinta anos. Sobretudo, no manejo da artilharia, é que era muito entendida.

Outro comandante, Thibauld d'Armagnac, senhor de Termes, diz, a seu turno:

> Em todos estes assaltos (no cerco de Orléans), foi tão valorosa e se conduziu de tal maneira que a homem algum seria possível portar-se melhor na guerra. Todos os capitães pasmavam de sua valentia e de sua atividade, das canseiras e trabalhos que suportava... Para dirigir e dispor as tropas, para preparar a batalha e animar os soldados, comportava-se como se fora o mais hábil capitão do mundo, desde longo tempo adestrado na guerra.[271]

Entre os escritores contemporâneos, que se ocuparam com Joana d'Arc, os mais aptos a lhe apreciarem o papel militar são evidentemente os que têm exercido a profissão das armas, comandado tropas, dirigido operações de

---

270 J. Fabre — *Processo de reabilitação*, t. I.
271 Id. Ibid. t. I.

guerra. Ora, esses unanimemente reconhecem os talentos de Joana na arte de combater, sua queda para a tática, sua habilidade em utilizar a artilharia.

Consideram a campanha de Loire um modelo no gênero. O general russo Dragomirow assim a resume:

> Só a 10 de junho lhe permitiram marchar com o exército do duque d'Alençon, para desalojar os ingleses dos pontos em que ainda se mantinham em Loire. A 14 de junho, tomou de assalto Jargeau; a 15, a ponte de Meung; a 17, ocupou Beaugency; a 18, derrotou Talbot e Falstolf num reencontro em campo raso. Resultado dos cinco dias de ação: dois assaltos e uma batalha, feito que não teria mareado a glória de Napoleão e que Joana sabia realizar quando a embaraçavam.[272]

O que releva notar nesta ação fulminante é o ardor que a inspira e dirige, temperado pela prudência. Esses movimentos rápidos têm por fim alcançar e ferir o inimigo no ponto principal de seu poder, sem lhe deixar tempo de se recobrar, de acordo com o método dos grandes capitães modernos.

Foi ainda o senso estratégico de Joana que impôs a marcha sobre Reims e em seguida impeliu o rei a avançar sobre Paris. A grande cidade teria sido tomada, se não fora o inqualificável abandono do cerco, ordenado por Carlos VII.

Considerai também a coragem heroica da virgem e o constante sacrifício de si mesma. Desconhecia o medo e a fadiga, dormia completamente armada e se satisfazia com uma alimentação frugal. Maravilhoso era, sobretudo, o dom que possuía de fascinar as tropas. Em Troyes, segundo o testemunho de Dunois, a energia e a destreza que demonstrou em organizar um assalto, contra os fortes da cidade, não poderiam ser igualadas pelas dos melhores comandantes de exército da Europa inteira. O marechal de Gaucourt, veterano da Guerra de Cem Anos, concorda com Dunois, quanto à admirável conduta de Joana nessa operação em que ele tomou parte.

A disciplina era-lhe uma preocupação de todos os instantes, e a solicitude que consagrava aos soldados denota aprofundado conhecimento da vida militar. Nas Tourelles, mesmo ferida, manda que as tropas se restaurem, antes de renovarem o assalto. Sua antipatia aos ladrões e às meretrizes,

---

[272] Dragomirow — *Jeanne d'Arc*, p. 37.

o desejo que manifestava de que os soldados se abstivessem de deboches, de sacrilégios e de rapinagens, deram azo a que o Sr. Anatole France, qualificando aqueles sentimentos de hipocrisia de "beguina",[273] os metesse a ridículo. Confessemos, entretanto, que de outro meio ela não dispunha para restabelecer a ordem e a disciplina, condições essenciais do bom êxito.

Diz Andrew Lang:

> Preocupavam-na tanto as almas como os corpos de seus soldados, o que hoje parece infantil e absurdo ao espírito científico da escola do Sr. Anatole France: mas é preciso não esquecer que Joana era mulher do seu tempo e que seu método não diferia do de Cromwell, do dos mais célebres condutores de homens, que a História do passado aponta.

Não menos notáveis se revelaram nela a compreensão, a previdência, o discernimento nas coisas da política. O Sr. A. France parece às vezes considerá-la uma espécie de idiota. Que se lembre, no entanto, do acolhimento que a heroína dispensou ao condestável de Richemont, inabilmente repelido pelo rei, e cujas oitocentas lanças contribuíram muito para a vitória de Patay; dos estratagemas que empregava para enganar o inimigo acerca do conteúdo de suas mensagens, dado o caso de lhes caírem estas nas mãos. Não esqueçamos, outrossim, a sutileza com que adivinhou, muito antes dos mais sagazes políticos, a falsidade das negociações entabuladas pelo duque de Borgonha, depois da sagração de Carlos VII. Dizia então: "Não se conseguirá a paz com os borgonheses senão à ponta de lança".[274]

Joseph Fabre realça em traços vigorosos esse dom de penetração peculiar à virgem:

> Forçando o resultado, a poder de acreditar nele, com que notável instinto ela esfrangalha as teias de aranha da diplomacia, para se lançar na ação a todo transe! É um pássaro de alto voo, que desconcerta vitoriosamente os políticos rastejantes, covardes promotores da paz a qualquer preço.[275]

---

273 N.E.: Beata devota, verdadeira ou hipócrita.
274 J. Fabre — *Processo de condenação*, 6º interrogatório público.
275 Id., *La Fête Nationale de Jeanne d'Arc*.

Consultemos agora os escritores militares, que julgamos haver estudado com mais sagacidade e consciência o papel da heroína. O general Canonge assim se manifesta:[276]

> Joana imprime às operações, em torno de Orléans, uma atividade até então desconhecida e, ao cabo de nove dias, o assédio, que durava havia seis meses, termina a nosso favor.
> Conduzida ofensivamente, a campanha de Loire chega a termo feliz, com uma rapidez imprevista; a jornada de Patay, remata-a no dia 18. Inutilmente se há tentado negar, contra toda a verdade, a parte que coube à Joana nessa vitória decisiva: ela fizera o necessário para que o choque com os ingleses não resultasse inútil, anunciou a luta e predisse a vitória, prescrevendo a fórmula de obtê-la. No fim de junho, deixa de "comandar" e, por conseguinte, deixa de ter a responsabilidade do êxito. Durante a cavalgada para Reims, de 29 de junho a 16 de julho, diante de Troyes, a força moral de Joana intervém eficazmente, no momento mesmo em que o séquito real pretende nada menos do que fazer o exército retroceder para Loire. É sabido que à permissão, miseravelmente concedida à virgem, de operar livremente, se seguia, a curto prazo, a queda de Troyes.
> A partir da sagração, Joana é desprezada. Está provado, entretanto, que ela se opôs à marcha ondulante sobre Paris e, bem inspirada a todos os respeitos, preconizou a marcha direta.
> Quanto ao revés sob os muros da grande cidade, não lhe poderia ser imputado. Se o fraco Carlos VII lhe houvesse prestado ouvidos, em lugar de reduzi-la à impotência, o insucesso de 8 de setembro teria sido prontamente reparado.
> No alto Loire, durante os assédios de Saint-Pierre-le-Moutier e de Charité, Joana, colocada em segundo plano, só influiu pelo maravilhoso exemplo, que deu, como um capitão.
> Enfim, na sua última campanha, tão brutalmente interrompida, desempenhou o papel de chefe de partido.
> Na ocasião em que caiu prisioneira, contava apenas dezoito anos e cinco meses; sua ação militar não durara mais do que treze meses.

---

276 Général F. Canonge — "Jeanne d'Arc, Chef de Guerre". *Le Journal*, 15 abr. 1909.

Fora inútil querer demonstrar que a liberdade completa da França não coincidiu com o desaparecimento da virgem. Contudo, é inegável que, graças a Joana, o indolente monarca reconquistara a maior parte da região compreendida entre Orléans e Mosa, que a confiança voltara, enfim, que a libertação definitiva foi consequência do prodigioso ardor patriótico que ela incendera.

O papel militar de Joana d'Arc pode ser encarado de duas maneiras: como "soldado", distinguiu-se por qualidades cuja reunião é rara.

Aos olhos de qualquer observador leal, não disposto a negar até a evidência, o "comandante" provoca verdadeira admiração.

Segue-se um conjunto de predicados que se nos deparam em alguns vencedores, cujos nomes a História registrou. Em Joana, com efeito, a concepção e a execução correm parelha. Daquela deflui uma ofensiva audaciosa, obstinada, da natureza da que, admitida mais tarde por Napoleão, imobiliza o inimigo, não lhe dá tempo de se refazer e vai ao ponto de destroçá-lo material e moralmente.

A execução é impetuosa; mas, tanto quanto preciso, moderada pela prudência.

Bastará enumerar as outras qualidades que lhe permitiram violentar a vitória: ciência do tempo, previdência, bom senso pouco comum, fé imperturbável no êxito, exemplo fascinador, reconfortante, grande poder de trabalho, espírito de perseverança, secundado por uma vontade inabalável, conhecimento do coração humano, donde uma influência moral que só alguns insignes capitães chegaram, com o tempo, a possuir no mesmo grau.

O caráter da guerra do século XV não dá ocasião a Joana de fazer obra de estratégia. Assim é que todos os seus contemporâneos reconheceram nela uma tática notável e temida.

A origem, a ignorância e a inexperiência das coisas da guerra, o sexo e a mocidade da virgem desnortearam muitos Espíritos.

Embora sem cogitar de comparar a nossa heroína a tal ou qual extraordinário capitão, ou de lhe assinalar um posto na gloriosa falange dos guerreiros, justo é que a coloquemos entre estes por uma excelente razão: a de que os talentos de que ela deu prova são os que, desde todas as épocas, conduziram ao triunfo.

Entremos agora na indagação do porquê da iniciação súbita de Joana nos mais delicados segredos da arte da guerra.

A bem dizer, essa indagação seria ociosa, se fosse verdade, como se avançou muito levianamente, que a arte militar não existia no décimo quinto século, que então bastava saber montar a cavalo, que, finalmente, no que respeita a Joana, sua arte militar se reduzia a levar os soldados à confissão. Falemos claro.

A primeira negação provém, não há que duvidar, de uma ignorância completa da questão. A segunda é estupefaciente. Dunois e alguns outros capitães, com efeito, juntavam à experiência e ao saber um traquejo na equitação mais do que suficiente, em tal caso, para vencer e, no entanto, o bom êxito sempre lhes falhou, até ao aparecimento de Joana. Quanto à última alegação — aliás em absoluto desacordo com os fatos é, pelo menos, singular.

Passemos, pois, às objeções formuladas por historiadores sérios e dignos de todas as atenções, por isso que buscaram a solução do problema com incontestável lealdade. Todavia, este exame será rápido.

Negar o incompreensível no papel militar da virgem é dar de barato as dificuldades da questão.

O *bom senso*, que, como qualidade dominante, invocaram, era incapaz de lhe fornecer, de um dia para o outro, os conhecimentos técnicos necessários à boa direção das operações.

A fé ardente que reinava no século XV poderia por si só armar Joana de uma alavanca que bastasse? É lícito duvidar.

Invocaram também a obediência. Ora, a obediência só se tornou realidade depois da libertação de Orléans. Dizer que Joana realizou a unidade de ação, que até então faltava, é reconhecer um fato, não é explicá-lo. Dunois é uma testemunha que cumpria fosse tida em conta. Entretanto, ele se mostrou uma criança em confronto com a virgem, a 7 de maio de 1429, por ocasião do ataque ao forte de Tourelles. Sabe-se com que ímpeto ela atacou. Processo idêntico seguiu em Jargeau, em Patay, diante de Troyes e de Saint-Pierre-le-Moutier.

Enfim, julgaram-se no direito de atribuir "unicamente ao sentimento de revolta patriótica" os êxitos da heroína. Certo, o patriotismo pode, quer individualmente, quer coletivamente, fazer milagres; mas é impotente para transformar em comandante de exército, do dia para a noite, uma mocinha ignorante e com menos de 18 anos. Joana constitui um verdadeiro fenômeno, único no gênero; e, sob esse aspecto, ocupa lugar excepcional na França e na história de todos os povos. O seguinte paralelo se impõe à reflexão. Em 1429, o patriotismo, cujo desenvolvimento Joana apressou, mal começava a despontar. Por que, em 1870–71, quando já estava mais esclarecido, mais ardente e mais disseminado, não pôde, manifestamente, salvar a França que se achava na última extremidade? Em suma, parece que nenhuma das razões humanas apresentadas explica as vitórias que Joana obteve, empregando, conscientemente ou não, os princípios aplicados, em campos de operações mais ou menos vastos, por grandes capitães.

Soldado, eu me declaro incapaz de resolver, humanamente falando, o problema militar de Joana d'Arc.

E o general Canonge, terminando, adota a solução que a própria Joana forneceu, assinalando como origem de seus atos principais "o socorro de Deus".

A estas considerações de um escritor, cuja autoridade em tais matérias não se poderá contestar, aditaremos as seguintes citações de tópicos de um trabalho inédito, mas que será em breve publicado.[277] Devemo-lo à pena do coronel E. Collet, vice-presidente da Sociedade de Estudos Psíquicos de Nancy. Respondem ponto por ponto às críticas dos Srs. Anatole France e Thalamas sobre o levantamento do cerco de Orléans, cujo mérito, segundo esses autores, pertence muito mais aos sitiados do que a Joana.

Depois de enumerar os episódios do assédio, diz aquele coronel:

> Está, portanto, bem firmado que a virgem, desde o primeiro dia, mostrara um senso militar infinitamente superior ao dos melhores capitães do exército, disciplinando as tropas e querendo marchar imediatamente sobre o ponto em que os ingleses concentravam suas forças principais. Os capitães de espírito elevado e reto, como Le Bâtard d'Orléans, Florent d'Illiers, La Hire etc., e os homens de armas não orgulhosos, nem ciosos, logo o verificaram. A milícia comunal a reconheceu de pronto como seu verdadeiro chefe e se persuadiu de que seria invencível, obedecendo-lhe às ordens. — É um fato de psicologia militar, que se explica facilmente neste caso, mas cuja causa se conserva misteriosa em muitos outros que a História menciona. Por que instinto de justo discernimento a turba ignorante dos soldados

---

277 Coronel E. Collet — *Vie Militaire de Jeanne d'Arc*. Considerações sobre o cerco de Orléans.

percebe muitas vezes, sem nenhum sinal aparente, dentre seus chefes, qual o que realmente terá capacidade para guiá-la e lhe proporcionar vitórias? — Com efeito, aquela notícia contribuiu mais do que as tropas assalariadas para a tomada de Tourelles e mostrou todo o valor e energia de que são capazes os que se batem pela defesa de seus lares e de sua liberdade. Daí veio à virgem a primeira ideia de um exército nacional permanente, instituído mais tarde pelo rei Carlos VII, depois que se tornara mais criterioso e mais patriota.

Já falamos das razões intuitivas que a decidiram a continuar o ataque às fortificações da margem esquerda, sem embargo da decisão em contrário dos capitães, decisão que parecia ter por base a prudência. O êxito provou que as razões de ordem psicológica eram boas. Quando, ferida no decurso da ação, dominando os sofrimentos, animada por *suas vozes*, correu ao lugar em que se achava Le Bâtard d'Orléans, para impedir que ele ordenasse a retirada, e para dirigir em pessoa o assalto decisivo, ainda obedeceu à mesma intuição de psicologia militar e ao mais racional princípio de uma boa ofensiva de tática — o da perseverança. Acode, a este propósito, uma observação interessante. Dizendo a Le Bâtard d'Orléans: "Fazei com que a nossa gente repouse; dai-lhe de beber e de comer", não revelava ela o senso prático de um veterano capitão, ocupando-se com as necessidades materiais de seus soldados, antes de obrigá-los a novo esforço? Isto nos leva a pensar em Bugeaud e nos práticos que se instruíram na velha escola da guerra e que serão sempre nossos mestres, na difícil arte de conduzir exércitos.

Pode-se, pois, afirmar com absoluta certeza que o mérito da vitória coube principalmente à virgem, bem secundada pelos valentes capitães e homens de armas que a acompanharam à margem esquerda e poderosamente ajudada pelos orleaneses, operando com tanta habilidade, quanto vigor, no ataque a Tourelles, pela ponte de Loire: sem ela o ataque não se praticaria, ou se teria malogrado.

Cumpre lembrar que desde 3 de maio Joana anunciara que o cerco seria levantado em cinco dias. (Depoimento de frei Jean Pasquerel e confissão de Jean Wavrin du Forestel, cronista do partido inglês).

O Sr. Anatole France desconfiou do testemunho de Pasquerel, se bem que um outro o corrobore. Parecem-lhe suspeitas as predições da virgem e, para justificar o seu ceticismo, cita o seguinte:

"Antes que chegue o dia de São João Batista (ano de 29), nem mais um só inglês, por valente e forte que seja, a França verá, quer em campanha, quer em batalha." Fonte indicada: Notariado da Câmara das Contas de Brabant, no *Processo*, tomo IV, página 426. (*Vie de Jeanne d'Arc*, tomo I, p. 402). Ora, procuramos essa pretendida profecia no documento apontado (*Processo*, t. IV, p. 426), e não a encontramos. Nele, ao contrário, se lê que as predições de Joana relativamente à libertação de Orléans, a seu ferimento e à sagração em Reims se realizaram perfeitamente. E as fraudes deste gênero abundam no livro do Sr. France; não se pode atamancar mais indignamente a História.

Em seguida, o coronel Collet cita este documento, que demonstra, mais uma vez, quanto são injustificadas as críticas dos Srs. France e Thalamas:

E, conquanto os capitães e outros homens de guerra executassem o que ela dizia, a dita Joana ia sempre às escaramuças com seu arnês, ainda que contra a vontade e a opinião da maior parte daqueles capitães e homens de guerra; e montava seu corcel, armada como um cavaleiro do exército nascido na corte do rei, o que aborrecia e espantava os homens de guerra.

João Chartier.

E o coronel Collet conclui nestes termos:

Em resumo, o cerco de Orléans, mantido sem habilidade e sem vigor pelos ingleses, houvera contudo terminado, em prazo mais ou menos longo, pela capitulação da cidade, cujos recursos acabariam por esgotar-se, não obstante o corajoso devotamento e a constância de seus habitantes, pois que a praça já só recebia socorros muito insuficientes e perdia pouco a pouco as forças, em ações parciais, empenhadas sem método e sem espírito de continuidade, por capitães que abusavam demasiado da iniciativa. Porém, com a chegada da virgem, as coisas mudaram de feição, pelo efeito moral que ela produziu sobre os dois exércitos, inversamente, e pela força irresistível que trouxe à defesa, força que a jovem guerreira soube utilizar admiravelmente. Disciplinando as tropas por um meio poderoso, o da fé religiosa que dominava tudo naquela época, constituiu-se-lhes o verdadeiro chefe e as tornou capazes do esforço prodigioso que a vitória exigia. Impôs-lhes a sua vontade pela palavra e pelo exemplo, deu-lhes a unidade de ação e a direção de que careciam, ensinou-lhes a ofensiva ousada, calculada e perseverante, que força o triunfo. Finalmente, nas circunstâncias todas em que vimos de apreciá-la, procedeu como um chefe que tem o conhecimento perfeito dos homens, a intuição dos princípios reguladores essenciais, a experiência das coisas da guerra e uma bravura excepcional.

Acrescentemos ainda o quadro seguinte, cheio de animação e de colorido, em que o coronel Collet desenha o papel da virgem no cerco de Troyes:[278]

> A cavalo, empunhando um bastão, a virgem correu aos acampamentos, a fim de fazer que preparassem, a toda pressa, os engenhos e os materiais necessários para atacar à viva força a praça. Comunicou prontamente seu ardor às tropas, e cada um tratou de desempenhar com entusiasmo a tarefa que lhe incumbia: cavaleiros, escudeiros, archeiros, gente de todas as condições entraram, com assombrosa atividade, a dispor, nos pontos bem escolhidos, os poucos canhões e bombardas que o exército possuía, a transportar faxina, madeiros, pranchas, folhas de portas, janelas, etc., e a construir tapagens e aproches, visando a um assalto eminente e terrível.[279] Joana encorajava os trabalhadores, estimulava-lhes o zelo, fiscalizava tudo e mostrava, diz Dunois em seu depoimento, diligência tão maravilhosa, que dois ou três consumados capitães não teriam podido fazer mais.
> E isto se passava durante a noite, cujas trevas davam aspecto fantástico àqueles preparativos extraordinários: movimentos de homens, de cavalos e de carretas, à luz baça de archotes, em meio de uma zoada ensurdecedora de gritos, chamadas, relinchos, golpes de machado e de martelo, estalos e desabamentos, ranger de eixos, solavancos, etc. Sem dúvida que não era banal o espetáculo, para os homens da guarnição, que se mantinham vigilantes por detrás das ameias, bem como para a população da cidade, que tudo observava trepada nas coberturas das casas e nos monumentos públicos, e facilmente podemos imaginar qual o espanto e o pavor de

---

[278] Ver *Bulletin de la Société d'Études Psychiques de Nancy*, dez. 1907.
[279] *Chronique de la Pucelle*.

uns e outros. Que mudança se operara no campo francês, onde pouco antes tudo indicava desânimo? Que significavam aquela estranha agitação, aquele tumulto assustador? Mistério diabólico, que nada de bom pressagiava: formidável catástrofe ameaçava a cidade, era certo!

Entre a populaça aterrorizada circulavam os mais sinistros boatos; a multidão se comprimia nas igrejas; toda a gente se lamentava e clamava que a cidade devia fazer ato de submissão ao rei e à virgem, conforme o aconselhava frei Richard em suas prédicas.[280] O bispo e os burgueses notáveis se encontravam numa perplexidade cruel: tinham-se comprometido a resistir até à morte, mas começavam a entrever as vantagens de se submeterem. Quanto aos nobres e aos homens da guarnição, pouco tranquilos se mostravam no tocante ao resultado da luta, se a terrível virgem os atacasse.

Afinal, o espantoso tumulto cessou gradualmente no acampamento francês; os archotes se apagaram uns após outros, e a noite se afigurou mais escura. Os sitiados, presas de angústia, não divisavam mais do que sombrias e confusas massas, que pareciam engrossar de instante a instante e mover-se nas proximidades dos fossos; apenas ouviam um indistinto rumor de vozes abafadas, de armas que se entrechocavam, de passos inseguros, de folhagens pisadas, etc., ruído sinistro, precursor da tempestade. Ao raiar a alvorada, o quadro se patenteou nitidamente aos olhos dos desorientados habitantes de Troyes. Desaparecera gradativamente o fantástico, dando lugar à realidade não menos ameaçadora, a saber: tudo completamente organizado para uma arremetida, que não podia deixar de ser furiosa, obstinada, implacável!

O exército francês, munido de todo o seu material de aproximação e de ataque, estava disposto em perfeita ordem nos pontos mais favoráveis, pois que a virgem, como de costume, aproveitara o tempo para reconhecer o terreno; as três ou quatro peças de artilharia, bem situadas e abrigadas, se preparavam para romper o fogo e para suprir a deficiência do número com a rapidez e justeza do tiro; os grupos de faxineiros e de porta-escadas, os archeiros e besteiros — emboscados nos refúgios; as colunas de assalto e as reservas, silenciosas e concentradas, aguardando o sinal. E a virgem,

---

280 *Ipsi cives perdiderunt animum nec qoerebant nisi refugiam et fugere ad ecclesias.* (Depoimento de Dunois).

à borda do fosso, com o estandarte em punho, relanceava imponente, antes de ordenar que as trombetas avançassem para o toque de assaltar; era de um efeito empolgante.

Por último, o coronel Biottot, em sua obra *Les Grands Inspirés Devant la Science; Jeanne d'Arc*, eleva-se a uma apreciação de conjunto, que julgamos dever reproduzir, terminando este capítulo:[281]

> As inspirações militares de Joana d'Arc, diz-nos um crítico eminente, lhe foram gentilmente emprestadas pelos da profissão, seus companheiros de armas.
> Os fatos darão testemunho contrário à tese; mas, desde logo, podemos apontar a razão que a faz insustentável.
> A guerra é um ato que, como todos os atos, obedece, em suas formas, ao comando de seu objeto. Hereditariamente, os senhores, os chefes de bandos, que serão os colaboradores de Joana, têm, do objeto da guerra, uma concepção diametralmente oposta à que a heroína enuncia e demonstra. Joana considera nacional esse objeto e se esforça por lhe criar instrumentos e processos adequados. Dirige-se, de preferência, para constituir seus exércitos, ao elemento nacional, aos bons franceses, os quais, abrangendo já a causa, abrangerão os processos convenientes. Esses processos serão de invenção simples e de fácil compreensão. Trata-se de operar célere e decisivamente; de vibrar os golpes com energia, tenacidade, rapidez, continuidade e visando o ponto em que "reside a maior força do inimigo". É toda a estratégia e toda a tática das guerras de nação, é a estratégia e a tática de Napoleão, a quem foram inspiradas pela nacionalização das causas e dos instrumentos da guerra de seu tempo.
> Tais, porém, não podem ser a estratégia e a tática dos profissionais do século XV. Eles se deixarão levar à aplicação dessa estratégia e dessa tática, mas não são capazes de as imaginar e insuflar. Uma e outra rompem com as tradições e a rotina que seguem e lhes arruinarão o ofício. Se Napoleão contasse Frederico entre os seus generais, pudera alguém suspeitar que as inspirações lhe vinham deste gênio da guerra geométrica, com atores mercenários? Menos possível é ainda que Joana tenha sido inspirada por

---

[281] P. 150, 155, 158, 211 e 213.

um Dunois, um La Hire, mestres talvez na pequena esgrima de seu século, porém incapazes de uma ampliação, de uma invenção, de uma inovação de ideias, que só podiam decorrer da extensão, da diversidade, da novidade da cena em que, destacando-se, o nacionalismo enfim trazia a guerra...

Joana tem que inventar o instrumento para a guerra nacional. Uma obra nacional demanda artistas nacionais. Assim é que formou o exército de Gien, o qual, pela fé patriótica, pelo ardor cívico, é o protótipo dos exércitos de cidadãos. Não há nisso pequeno mérito, conquanto à primeira vista o não pareça.

Quão mais expedito, mais seguro e mais simples não se afiguraria apelar para os bandos profissionais, militarizados, ou, pelo menos, dar-lhes, na composição do exército, os lugares que o número e as finanças de cada um lhes assinavam! Joana fez o contrário. Preferiu excluir os bandos. Ela, portanto, imaginou, ou criou o instrumento conveniente à guerra que lhe cumpria fazer, e, já nisto, seu gênio resolveu vitoriosamente uma dificuldade com que o gênio de Napoleão não teve que defrontar. Efetivamente, Napoleão recebeu, como entrada para o jogo, a nacionalidade, a que a França chegara, da guerra e dos exércitos. Não lhe foi necessário mostrar que era do interesse nacional o objetivo que propunha aos esforços: o aniquilamento da vontade inimiga, que pretendia atentar contra a liberdade e a vida da nação.

Isso a todos ocorria naturalmente e com mais clareza do que no tempo de Joana. Entretanto, Napoleão não deixou de o lembrar e repetir como a heroína. Ele compreendera, pudera observar que aí residia toda a força moral, superior à força numérica e mecânica do adversário. Reconhecera a necessidade que tinha o comandante em chefe de tornar comum, em sua generalidade, vital em seu interesse, a causa que se debatia.

O gênio de Joana tivera espontaneamente essa concepção, porque direta e verdadeiramente uma causa de ordem geral o inspirava...

Se a importância dos meios postos em ação não constitui a medida pela qual se pode aferir o gênio, se pela novidade e originalidade desses meios é que se deve reconhecê-lo, tão inegável quanto o de Napoleão se patenteia o de Joana. Pode-se por acaso dizer que o gênio da virgem, no curso destes últimos acontecimentos,[282] tenha sofrido um eclipse e que, em consequência, se haja submetido às inspirações dos que a cercavam?

---

282 Trata-se da retirada que se operou depois do ataque a Paris.

Ao contrário, esse gênio nos aparece mais do que nunca transbordante de energia, de tenacidade e de vontade; mais do que nunca, destro, engenhoso, fecundo na adaptação dos meios às circunstâncias; mais do que nunca, pessoal e independente.

Em Saint-Pierre-le-Moutier, em Charité, como diante da bastilha de Saint-Loup, só há necessidade de audácia, de dominação da vontade adversa pela manifestação de uma vontade de poder e essência superiores. Mais do que na bastilha de Saint-Loup, sob os muros de Paris, Joana se mostrou audaciosa e impelida por uma vontade dominadora.

Defronte de Franquet d'Arras, inaugura uma tática, que mais tarde será frequentemente a de Napoleão e que lhe valerá as maiores vitórias. Imobiliza um inimigo superior em número, até que o possa esmagar, dizimar, com o concurso de reforços recebidos.

Para libertar Choisy, imagina, vendo-se impossibilitada de atacar diretamente, golpes e manobras indiretas, que constituirão, passados dois séculos, a guerra de evolução, a guerra dos Turenne, dos Montecuculli, de Frederico, o Grande...

No decorrer dos últimos feitos de armas da heroína e até em Compiègne, seu gênio permaneceu sempre o mesmo. E, como não ser assim, se provinha de uma só inspiração, de uma só paixão, antes exacerbada do que enfraquecida?

Nossa História é rica de grandes capitães: gentis-homens, ou filhos do povo, todos bravos de gloriosa espada. Joana d'Arc, vê-se, os iguala e, em certos pontos, sobrepuja. Além de todas as qualidades militares, ela ainda tem mais: a habilidade na preparação e a audácia, o ímpeto irresistível na execução. Sabe, instintivamente, que o soldado francês excede na ofensiva, que a *fúria* é um dos privilégios de nossa raça. Por isso, cinco dias lhe bastam para desassediar Orléans, oito para livrar do inimigo todo o vale de Loire, quinze para conquistar a Champagne: ao todo, dois meses apenas para erguer a França do seu abatimento. Em vão se procuraria na História um feito semelhante. Os mais ilustres guerreiros podem inclinar-se diante da virgem de 18 anos, cuja fronte o prestígio de tais vitórias aureola.

Nem um só momento de fraqueza física ou moral se descobre nesta carreira surpreendente. Em toda ela e sempre, o que se observa é a paciência, a intrepidez no combate, o descaso do perigo e da morte, a grandeza d'alma no sofrimento. No coração de Joana, o amor ao país vibra e palpita constantemente e, nas horas de desespero, dardeja de seus lábios em palavras breves, inflamadas, que a todos arrebatam.

Em resumo, sem a intervenção de causas ocultas não se poderia explicar que ela reunisse tantas aptidões guerreiras e conhecimentos técnicos, que só a experiência e um longo tirocínio na profissão das armas facultam.

A França conta milhares de soldados valorosos, de hábeis generais, porém, até hoje, só teve uma Joana d'Arc!

XX
Joana d'Arc no século; seus admiradores, seus detratores

> *Dói-me ver que os franceses
> disputam entre si minha alma.*
>
> Joana

  A segunda metade do século XIX e o começo do século XX assistiram à formação de uma forte corrente de opinião, simultaneamente leiga e religiosa, a favor da virgem lorena. As reputações mal firmadas não resistem à ação do tempo. A fisionomia moral da heroína, ao contrário, se engrandece com o correr dos anos e rebrilha com mais vivo fulgor.

  De duas fontes emana essa corrente de opinião. De um lado, servem-lhe de origem as numerosas obras de história e de erudição, publicadas por J. Michelet, Quicherat, H. Martin, Wallon, Siméon Luce, J. Fabre e outros. Nesta ordem de ideias, nenhum assunto ainda gerou tão imponente cabedal de trabalhos.

  Flui também dos inquéritos e do processo dirigidos pela Igreja Católica, tendo em vista a canonização de Joana d'Arc. De ambos os lados, a memória da heroína encontrou admiradores sinceros e defensores generosos. Após longo período de silêncio e de esquecimento, opera-se como que um acordar do entusiasmo. É de dar a supor que estamos no dia seguinte ao da libertação de Orléans. À medida que os trabalhos avançam, luz mais completa se faz. A grande figura sai dos limites estreitos em que o passado a confinara e aparece em toda a sua beleza, como a mais pura encarnação da ideia de pátria, como um verdadeiro messias nacional. Este ímpeto magnífico de simpatia não cessou de acentuar-se, malgrado os esforços de alguns detratores, dos quais mais longe falaremos. Hoje, a virgem está a pique de tornar-se o vulto histórico mais popular de nosso país.

Em 1884, o gabinete político presidido por Dupuy tomou a iniciativa de uma festa nacional em honra de Joana d'Arc. A 30 de junho, uma primeira proposta foi feita à Câmara, assinada por 252 deputados, e começava por uma exposição de motivos assim concebida:

> Grande movimento de opinião acaba de produzir-se em favor da instituição de uma festa nacional de Joana d'Arc, festa que seria a do patriotismo. Cumpriria optar por uma de duas datas: a de 8 de maio, data gloriosa da libertação de Orléans, e a de 30 de maio, data aniversária da morte de Joana d'Arc. Estando a 30 de maio muito próxima do 14 de julho, proporíamos a 8 de maio.
> Nesse dia, todos os franceses se uniriam numa benéfica comunhão de entusiasmo.

A comissão de iniciativa concluiu opinando por que a proposta fosse tomada em consideração. Mas, ao encerrar-se a legislatura, ficou pendente, depois foi submetida ao Senado a requerimento de 120 senadores republicanos.

No parecer que sobre o assunto apresentou à alta câmara, o Sr. Joseph Fabre, senador do Aveyron, se exprimia assim: "Nem o Oriente com todas as suas lendas, nem a Grécia com todos os seus poemas, nada conceberam que se possa comparar a esta Joana d'Arc que a História nos deu".

Concluindo, dizia:

> Não será azado o momento para opor-se esta grande memória às declarações perigosas de todos os pontífices do cosmopolitismo, que intentam persuadir-nos de que nem sequer nos resta a única religião que não comporta ateus, a religião da pátria?

O Senado votou o projeto de lei e o enviou à Câmara.

A 29 de julho de 1890, o Conselho Superior da Instrução Pública, por sua vez, adotou a seguinte resolução: "É declarado dia de festa, para todos os estabelecimentos de instrução pública, o 8 de maio de cada ano, data aniversária da libertação de Orléans".

Esta decisão não teve andamento. Quanto ao projeto de lei que o Senado aprovou, dorme ainda nas pastas da Câmara. Nem o seu exame, nem a sua discussão foram iniciados em sessão pública, apesar de uma enérgica petição das mulheres da França. Grave falta cometeram assim os deputados republicanos. A indiferença, a má vontade que hão demonstrado permitiram que os católicos tomassem a dianteira, que se apoderassem da nobre figura da virgem e a colocassem nos seus altares. Quando ela devia pertencer a todos os franceses, constituir um laço que unisse os diversos partidos, para lhe honrar a memória, corre o risco de tornar-se exclusivamente prisioneira de uma religião.

Que considerações deteve os políticos céticos da Câmara? Provavelmente, as "vozes" de Joana d'Arc e o caráter espiritualista de sua missão. Mas as vozes existiram, o Mundo Invisível interveio. A solidariedade que liga os seres vivos se estende para além do mundo físico, enlaça duas humanidades e se revela por fatos. As entidades do Espaço salvaram a França no décimo quinto século, por intermédio da heroína. Agrade ou não, a História não se suprime. A França e o mundo estão nas mãos de Deus, ainda quando governam os ateus e materialistas. A própria Revolução traduz um gesto das potências invisíveis; porém, a ideia matriz, que a inspirou, permaneceu incompreendida.

Pode-se combater o clericalismo e seus abusos; mas o ideal espiritualista e religioso nunca poderá ser destruído. Dominará os tempos e os impérios, transformando-se com eles, para assumir uma amplitude e elevação sempre e sempre maiores.

Quanto a essa espécie de monopolização da memória de Joana pela Igreja Católica, só foi possível, não o esqueçamos, graças à pequenez d'alma de certos republicanos.

Joana se constituiu credora da afeição tanto dos democratas, como dos clericais, por títulos da mesma valia. De fato, sua obra não é somente uma afirmação do Além, senão também a glorificação do povo, de cujo seio ela emergiu, a glorificação da mulher, a do direito das nações e, sobretudo, a consagração da inviolabilidade das consciências.

Muito diversa da dos republicanos de nossos dias era a maneira por que os homens de 89 e de 48 concebiam a personalidade ideal de Joana. Ante a sua memória, todos se inclinavam e Barbès escrevia: "dia virá em que até a mais pequenina de nossas aldeias lhe erigirá uma estátua".

Da parte dos católicos, o movimento de opinião em favor da libertadora se operou regular e continuamente. O bispo de Orléans, monsenhor Dupanloup, foi o primeiro a pensar no projeto da canonização. A 8 de maio de 1869, dirigiu ao papa Pio IX um requerimento, assinado por grande número de bispos, pedindo que a "virgem, proclamada santa, pudesse receber nos templos as homenagens e orações dos fiéis". Os sucessos de 1870 e a queda do poder temporal retardaram os efeitos dessa primeira súplica. Mas pouco depois a questão voltou à baila e o "processo de informação", ordenado em 1874, terminou em 1876.

A 11 de outubro de 1888, 32 cardeais, arcebispos e bispos franceses dirigiram a Leão XIII "uma suplicação, para que Joana d'Arc fosse sem demora colocada nos altares".

A 27 de janeiro de 1894, a Congregação dos Ritos unanimemente se pronunciava favorável à admissão da causa, e Joana era declarada "venerável". É o primeiro grau da canonização.

Em seguida, veio a beatificação, celebrada com grande pompa a 24 de abril de 1909, em São Paulo de Roma, por Pio X, estando presentes 30 mil peregrinos franceses, entre os quais 65 bispos. A multidão, transbordando do templo, enchia o adro e se comprimia na praça, até à colunata de Bernin.

Para justificarem essa beatificação, recorreram a motivos de causar pasmo — "curas milagrosas" de cancros e outras moléstias, operadas por Joana d'Arc em religiosas, a cujas preces atendera. Sabemos que tais curas são uma das condições que a Igreja impõe para a canonização; mas não achariam coisa melhor?

De maneira alguma pensamos em censurar as manifestações solenes que se efetuaram em Roma e na França inteira. A todos os franceses assiste o direito de honorificar a seu modo a libertadora. Apenas lamentamos que um partido político aproveite quase exclusivamente dessa beatificação, por culpa de republicanos materialistas e maus patriotas, baldos de senso prático e de clarividência.

Dizemos — partido político. Com efeito, no movimento católico em favor de Joana, evidencia-se o interesse de casta. Exploram a memória da heroína e a deformam, santificando-a; procuram fazer dela um troféu, um emblema de aliança, para lutas semipolíticas, semirreligiosas. Essas homenagens, parece, pouco sensibilizam a virgem lorena. Às cerimônias ruidosas, Joana prefere a afeição de tantas almas modestas e obscuras, que a sabem amar em silêncio e cujos pensamentos ascenderam até ela, como o perfume suave das violetas, na calma e no recolhimento da prece. Tocam-lhe mais esses preitos mudos, do que o estrépito das festas e o ressoar do órgão, ou dos canhões.

* * *

A corrente católica provocou uma corrente oposta. Só de há pouco tempo se observa, com um misto de admiração e de assombro, o delineamento de uma campanha de enxovalho contra Joana d'Arc. Ao passo que todos os povos no-la invejam, que os alemães a glorificam pela obra de Schiller, que os próprios ingleses a enaltecem, proclamando-a um dos mais belos exemplos oferecidos à Humanidade, é na França que se ouve criticar, rebaixar uma das mais puras glórias do nosso país.

Uma classe inteira de escritores, livres-pensadores, se encarniçou contra o renome de Joana. Até a franco-maçonaria, associação poderosa, que, por séculos, foi o asilo de todas as ideias generosas, o refúgio e o esteio dos que pela liberdade combatiam a opressão, obcecada agora pelo seu Materialismo doutrinal, desceu ao ponto de tomar a iniciativa de um movimento infenso à grande inspirada. A instituição de uma festa de Joana d'Arc infundiu provavelmente nos grão-mestres da maçonaria francesa o temor de que a glorificação da epopeia da virgem determinasse a revivescência do ideal religioso.

Seja qual for o móvel a que tenham obedecido, eis aqui a circular que o presidente da loja "Clemente Amizade" endereçou aos deputados franco-maçons do Parlamento, no dia em que se ia dar começo na Câmara à discussão sobre a instituição da festa de Joana d'Arc:

> A Câmara vai hoje ocupar-se com um parecer sentimental, apoiado em petições de mulheres sugestionadas pelos curas. O projeto de lei instituindo uma festa de Joana d'Arc traz numerosas assinaturas de membros do Parlamento, cegos, ou cúmplices da reação clerical. Os cegos deixamos

aos vossos cuidados, MM. CC. II.; abri-lhes os olhos. Dos cúmplices, cúmplices do papa e dos jesuítas, desses nos encarregamos nós; havemos de conhecê-los e não os esqueceremos. Mas suplicamos aos MM. CC. II., republicanos sem compromissos sórdidos, que impeçam a instituição da festa de Joana d'Arc.

Esta injunção produziu o desejado efeito: a inclusão do projeto em ordem do dia foi definitivamente repelida em 1898.

Terão obedecido à imensa palavra de ordem o diretor de um jornal parisiense e o professor da universidade, que granjearam notoriedade especial, desnaturando a obra de Joana, ou apenas cederam à necessidade malsã, peculiar a certos Espíritos, de apoucar tudo o que traz um cunho de superioridade? Não sabemos, mas ninguém pode deixar de deplorar a atitude desses dois homens, cuja cultura intelectual os devera preservar de semelhante aviltamento.

Leiamos o que escreveu o Sr. Bérenger, diretor do jornal *L'Action*, sobre a grande alma cuja vida acabamos de estudar:

> Doentia, histérica, ignorante, Joana d'Arc, mesmo queimada pelos padres e traída pelo seu rei, não merece as nossas simpatias. Nenhum dos ideais, nenhum dos sentimentos que a Humanidade hoje inspira guiou a alucinada mística de Domremy. Sustentando um Valois contra um Plantagenet, que foi o que praticou de heroico, ou, sequer, de louvável? Contribuiu, mais do que ninguém, para criar, entre a França e a Inglaterra, o miserável antagonismo de que ainda temos dificuldade em nos livrarmos, passados seis séculos. Pois que os sotainas pretendem impor seu feiticismo à República, saberemos responder convenientemente a essa provocação. Aquela virgem estéril só amou a religião e o exército, os santos-óleos e o arcabuz. O fato de haver expirado numa fogueira dá motivo para que dela nos compadeçamos, não para que a admiremos. Portanto, abaixo o culto de Joana d'Arc! Abaixo a legenda da virgem! Abaixo a histeria contrária à natureza e à razão e que paralisa a Humanidade em proveito de uma dinastia!

Que dizer deste amontoado de insânias, onde quase que cada palavra é um ultraje, cada pensamento um desafio à História e ao bom senso?

E que dizer também do Sr. Thalamas, professor de um liceu de Paris, procurando incutir nos cérebros juvenis dos que lhe frequentam os cursos, meninos de 15 anos, a dúvida sobre o verdadeiro caráter da virgem! Em que fonte terá ele bebido sua pretensa erudição?

Jaurès, o grande orador socialista, mais hábil se mostrou quando, a 1 de dezembro de 1904, tomou, na Câmara dos Deputados, a defesa deste original professor de História e logrou salvá-lo das penas disciplinares, que lhe seriam talvez impostas, indo haurir nas suas reminiscências da Escola os elementos para um arremedo de panegírico da grande caluniada. Em seu discurso, Joana não é mais a alucinada, que o professor do Liceu Condorcet pintara aos alunos. O orador se vê obrigado a conceder-lhe "uma grandeza maravilhosa de inspiração moral". Depois, atenua esta apreciação, sem dúvida muito espiritualista, encomiando excessivamente "a maravilhosa finura e a sutileza de espírito" da virgem, elo que a prende "ao antigo fundo gaulês de nossa raça".

Em seus artigos, conferências e brochuras, o Sr. Thalamas se revela tão alheio ao patriotismo e aos nobres sentimentos que formam o tecido da história da virgem, quanto às noções psíquicas e aos conhecimentos militares indispensáveis à boa compreensão e, sobretudo, à narração dessa história. A quem lhe perlustrar o opúsculo: *Jeanne d'Arc, l'Histoire et la Légende*, surpreenderá desde logo a leviandade com que ele se abalança a dar lições a historiadores, tais como Michelet, H. Martin e outros, que leram os textos, que os entenderam e interpretaram logicamente, numa bela linguagem, do ponto de vista psicológico, patriótico e humano, em que se colocaram. Não obstante fazer, aqui, ali, justiça à "esplêndida convicção" e mesmo ao "heroísmo" da virgem, a fisionomia da virgem lorena lhe sai esfumada, apagada, da pena; sua memória empalidece, seu papel se torna insignificante, passando ela a ser uma personagem de segunda ou terceira ordem.

Por vezes, adota a tática de compará-la a outros videntes: Catherine de La Rochelle e Perrinaïc a Bretã. Ora, fora inútil rebuscar, na existência destas duas pobres mulheres, um fato, um ato, uma palavra comparáveis aos que abundam na vida de Joana. Tal confronto evidencia uma premeditação, um desejo de amesquinhar a heroína.

Em suas conferências através da França, o Sr. Thalamas emitia a opinião de que os orleaneses sitiados podiam por si sós libertar-se; na brochura, seu parecer é inteiramente outro. A tomada de Orléans, diz (p. 34), em prazo mais ou menos longo, apesar da má direção do cerco, era igualmente fatal.

Os parisienses, em 1870, também podiam expulsar os alemães; não lhes faltavam nem homens, nem dinheiro, nem coragem. Faltou-lhes, porém, um chefe dotado de comunicativa fé e dos talentos militares precisos. Orléans encontrou tal chefe e foi salva por ele!

Entre os escritores, que se propuseram a tarefa de detratar Joana d'Arc, o Sr. Anatole France conquistou lugar saliente, publicando em 1908 dois grossos volumes in-oitavo. Sua obra, porém, tão importante na aparência, pela extensão e pela documentação, perde muito de valor, assim que submetida a uma atenta análise. O que nela predomina são as ironias pérfidas e as zombarias sutis. Não encerra brutalidades análogas às de Bérenger e outros críticos. O hábil acadêmico procede por insinuação. Tudo, no seu escrito, concorre para rebaixar a heroína e, muitas vezes, para cobri-la de ridículo.

Se é certo que, nalguns casos, se digna de lhe fazer justiça, não menos certo é que, na grande maioria dos outros, a deprime ao último ponto e lhe atribui a condição de uma imbecil. Assim é que, vindo Loyseleur inúmeras vezes falar-lhe demoradamente na prisão, ora em trajes de sapateiro, ora vestido de eclesiástico, ela não chega nunca a perceber que o indivíduo é sempre o mesmo.

O primeiro volume do Sr. France era notável pelo estilo e pela coordenação das ideias. Suas páginas denunciavam o fino literato. O segundo surgiu incoerente, escrito num estilo frouxo, recheado de anedotas jocosas ou trágicas, de fatos curiosos, não raro estranhos ao assunto, cujas narrativas, entretanto, fazendo amena a leitura, lhe garantiram a voga. Mas inutilmente se buscaria em toda a obra um sentimento elevado e alguma grandeza. Qualidades são essas desconhecidas do autor. E quantos erros intencionais!

O Sr. Achille Luchaire, professor da Sorbonne, um dos mestres incontestados nos estudos sobre a Idade Média, foi dos primeiros a assinalar tais erros. Um exemplo: no cavaleiro Robert de Baudricourt descobriu o Sr. Anatole France um homem "simples e jovial" e, afirmando-o, cita (*Processo*, t. III, p. 86), página onde absolutamente não se encontra a menor referência a essa personagem. (Luchaire, *Grande Revue*, 25 de março de 1908, p. 231, nota). O Sr. France empresta ao mesmo Baudricourt a opinião de que "Joana daria uma bela ribalda e que seria um apetitoso bocado para os soldados". "Mas o *Processo* (t. III, p. 85), a que o Sr. France se reporta para esta citação, diz o Sr. Luchaire, não alude a outra coisa que não seja a entrevista de Chinon e o cerco de Orléans, nada dizendo com relação ao comandante de Vaucouleurs." (*Grande Revue*, 25 mar. 1908, p. 230, nota).[283]

Ainda outros exemplos enumera o Sr. Luchaire. Na *Revue Critique*, idênticas comprovações se encontram, feitas pelo Sr. Salomon Reinach. O Sr. France escreve: "Ela ouviu a voz que lhe dizia: Ei-lo!", e cita numa nota o *Processo* (t. II, p. 456), onde não se acha coisa alguma que com isso se pareça (*Revue Critique*, 19 mar. 1908, p. 214). Ao mesmo trabalho se deu o Sr. Andrew Lang, na *Fortnightly Review*. A propósito de uma pretendida profecia que os padres teriam revelado a alguns devotos, no número dos quais estava Joana d'Arc, o Sr. Lang pondera: "Em apoio do que avança, indica o Sr. France uma passagem do *Processo*, que prova exatamente o contrário do que ele acaba de afirmar".

Noutro ponto, o Sr. France relata viagens que Joana teria empreendido a Toul, a fim de comparecer aí perante o Vigário Geral, sob a acusação de haver faltado a uma promessa de casamento, e o Sr. Lang objeta: "Apoiando suas narrativas, o Sr. France aponta três páginas do *Processo* (t. I e II). Uma delas (t. II, p. 476) não existe, as duas outras em nada confirmam o que ele narra, e uma das páginas seguintes o contradiz".

Num artigo bibliográfico, publicado pela *Revue Hebdomadaire*,[284] o Sr. Funck-Brentano realça com precisão estas imperfeições graves da obra do Sr. France:

> As inexatidões se sucedem ininterruptamente. São de causar surpresa, partindo de um escritor que, no correr do seu prefácio, se mostra tão severo para com os que o precederam; isso, entretanto, não passa de pecado venial. Fica-se, porém, perplexo, relativamente ao valor histórico da obra de France, quando se verifica que os textos têm uma inteligência diversa da que lhes ele atribui. Se já é lamentável que um historiador force seu pensamento na direção de ideias preconcebidas, que se há de dizer daqueles que sujeitam à igual violência os próprios documentos? Os diferentes críticos

---

[283] Ver *Revue Hebdomadaire*, 4 de julho de 1908.
[284] *Revue Hebdomadaire*, 4 jul. 1908.

que até hoje se ocuparam com a obra retumbante do Sr. France, dessa *Vie de Jeanne d'Arc* que tanto ruído produziu antes mesmo que aparecesse, tomaram-se de espanto verificando, em muitos pontos, a propósito dos textos citados pelo autor como fundamento de sua narrativa ou de suas opiniões, que, não só esses textos estavam reproduzidos ou comentados inexatamente, mas que não continham o que quer que se relacionasse, próxima ou remotamente, com o que o autor os obrigava a dizer.

O senso comum, diz o Sr. France, raramente é o senso do justo e do verdadeiro (t. I, p. 327). Por isso, o senso comum foi excluído de seu livro, com meticuloso cuidado, e substituído, para gozo do leitor, por pitorescas e inesperadas histórias. No tomo I, página 532, tratando do dom, atribuído aos nossos antigos reis, de curar as escrófulas[285], o nosso atraente historiador afirma que, na velha França, as virgens possuíam o mesmo dom, com a condição de estarem completamente nuas e de invocarem Apolo. Aí tendes uma coisa que, quando menos, qualificar se deve de imprevista! A citação indica Leber (*Des cérémonies du sacre*). O Sr. Salomon Reinach a verificou: trata-se de um tópico de Plínio, que vivia no primeiro século, aproveitado por um clérigo!

No mesmo artigo, o Sr. Funck-Brentano cita ainda a opinião de Andrew Lang, autor de apreciada obra sobre Joana d'Arc, publicada em inglês:

> O Sr. Lang assinala a eterna e displicente chacota com que o Sr. France martiriza literalmente os seus leitores. O termo chacota é, sem dúvida, um pouco duro. O Sr. France não chacoteia. Não vai além do fino sorriso de um ironista amável. Porém, a ironia não é História. O ironista moteja e o historiador deve explicar. Que é a História? A explicação dos fatos do passado. Mas voltemos ao Sr. Lang, que diz: A primeira qualidade do verdadeiro historiador é a imaginação simpática que, só ela, permite ao leitor compreender a época de que o historiador fala, conhecer-lhe os pensamentos e sentimentos e, de certo modo, reviver a vida dos homens de outrora. Ao Sr. Anatole France falece tal dom, por maneira surpreendente.
> O Sr. France é um admirável sofista, tomada esta expressão no seu verdadeiro sentido.

---

285 N.E.: Aumento do volume dos gânglios linfáticos, associado à tuberculose.

Finalmente, o Sr. Funck-Brentano comenta um artigo do crítico alemão Max Nordau, sobre a *Joana d'Arc* de Anatole France. Começa o artigo por estas palavras, tomadas a Schiller, a propósito da *Pucela d'Orléans*: "O mundo gosta de empanar tudo o que brilha, de arrastar pelo pó o que é elevado". A conclusão correspondia a este intróito:

> Depois do trabalho de Anatole France, difícil nos será passar, sem um movimento de ombros, por diante da estátua equestre da virgem d'Orléans. Sem brutalidade, com a mão leve, cariciosa e delicada de uma criadinha, ele a despojou de sua legenda e eis que, privada dos ricos enfeites formados de contos e de tradições, Joana d'Arc não mais inspira senão piedade; não mais pode pretender admiração, nem mesmo simpatia.

Estas linhas acentuam fortemente o caráter pérfido e malfazejo da obra de um escritor que se diz racionalista, mas que, não compreendendo os efeitos, tem no entanto a pretensão de lhes indicar as causas, que não hesita em desfigurar os textos, para falsear a opinião.

A obra do Sr. Anatole France é, sob certos pontos de vista, um erro grosseiro e uma ação má. Podem ser-lhe aplicadas estas palavras de *Mme*. de Staël a propósito da "virgem" de Voltaire: "É um crime de lesa-pátria!".

A essas diatribes vamos opor a opinião de contemporâneos ilustres, que não se deixaram cegar pelo ódio político.

Já no fim do século passado, um jornalista, Ivan de Woestyne, tendo tido a ideia de pedir aos membros da Academia Francesa suas opiniões sobre Joana d'Arc, colheu uma série de manifestações de sentimento, que constitui o mais precioso elogio da inspirada.[286] Esses homens, que são os mais graduados representantes do talento e do espírito em nosso país, timbraram em depor aos pés da heroína tributos de admiração e de reconhecimento.

Pasteur escrevia: "A grandeza das ações humanas se mede pela inspiração de que decorrem; sublime prova desse asserto nos dá a vida de Joana d'Arc".

Gaston Boissier exclamava por sua vez: "Reconhecemo-la; ela é bem de nossa raça e de nosso sangue: francesa pelas qualidades do espírito, tanto quanto por seu amor à França".

---

[286] Ver o suplemento do *Le Figaro*, 13 ago. 1887.

Mézières, loreno, lhe consagra os seguintes versos:

Si tu ressuscitais, ó ma bonne Lorraine, Tu conduirais au feu, par les monts, par la plaine, Nos jeunes bataillons vengeurs de leurs ainés.

Léon Say dizia: "Quando as desgraças afligem a pátria, resta aos franceses um consolo. Lembram-se de que houve uma Joana d'Arc e de que a História se repete".

Enfim, Alexandre Dumas Filho, numa fórmula concisa, exprimiu os sentimentos do país inteiro: "Creio que, na França, toda a gente pensa de Joana d'Arc o que eu penso. Admiro-a, tenho-lhe saudades, espero-a".

Muitos outros pensadores e políticos se associaram a esta manifestação. Num discurso que pronunciou no *Cirque Américain*, Gambetta exclamava:[287] "Precisamos pôr termo às contendas históricas. Devemos admirar apaixonadamente a figura da lorena, que surgiu no século XV para abater o estrangeiro e nos restituir a pátria".

De seu lado, Jules Favre fez em Antuérpia um panegírico de Joana d'Arc, terminando assim:

Joana, Virgem d'Orléans, é a França! a França bem-amada, a quem devemos dedicar-nos tanto mais quanto maiores forem os seus infortúnios; é mais ainda, é o dever, é o sacrifício, é o heroísmo da virtude! Os séculos, cheios de gratidão, nunca a bendirão bastante. Felizes de nós, se os exemplos que ela nos legou puderem retemperar as almas, apaixoná-las pelo bem e espargir, por sobre a pátria inteira, os germens fecundos das inspirações nobres e das dedicações abnegadas!

Antes de Jules Favre, Eugène Pelletan admirara Joana como a padroeira da democracia. Também ele dizia:[288]

Oh! nobre virgem! Tiveste que pagar com teu sangue a glória mais sublime que já aureolou humana fronte. Teu martírio ainda mais divinizou a tua missão. Foste a mulher mais admirável que já habitou a terra dos viventes. És agora a mais pura estrela que brilha no horizonte da História!

---
287 Ver J. Fabre, *Processo de reabilitação*, t. II. "A festa nacional de Joana d'Arc".
288 J. Fabre — *Processo de reabilitação*, t. II.

Francisque Sarcey, inscrevendo-se nas listas do bispo de Verdun, declarava:

> [...] saudar com todo o seu patriotismo o dia em que as igrejas do país, sem exceção de nenhuma, se abrissem ao mesmo tempo para celebrar Joana e lhe consagrassem uma capela que as mulheres fossem alcatifar de flores.

Esta declaração nos reconduz ao campo adverso, ao campo dos que pensam haver remido o passado, colocando em seus altares a estátua da heroína.

Já nos explicamos suficientemente a este respeito, no lugar apropriado. Não temos, pois, que insistir. Nas mensagens, que deixamos transcritas, a própria Joana se pronunciou sobre esse ponto. Depois da sua, a nossa palavra careceria de autoridade.

Relembremos tão somente alguns conceitos e discursos, que singularmente destoam da afirmação dos escritores e oradores desse partido, conceitos e discursos segundo os quais o culto prestado à "nova santa" é um sentimento nobre e sem liga, uma das mais puras formas do amor ao país.

Numa circunstância solene, cercado de numerosa assistência, em que figuravam, na primeira linha, três grandes dignitários da Igreja, o bispo de Belley, monsenhor Luçon, usava da linguagem que se vai ler. A cena se passa na Vendeia, ao ser inaugurado o monumento de Cathelineau. Depois de fazer, como era inevitável na ocasião, o panegírico do movimento da Vendeia, o orador termina por esta adjuração: "Praza à Divina Providência consagrar um dia, na pessoa de Cathelineau, como fez relativamente à libertadora da França, no décimo quinto século, um dos mais belos modelos do heroísmo, devotando-se *pro aris et focis*".

Será verdadeiramente possível conciliar-se o amor da pátria com esta inflamada glorificação da guerra civil na pessoa de um dos seus chefes? Será patriotismo esta cegueira que confunde num só elogio a camponesa heroica, que outrora expulsava da França o inglês, e os vendeanos que o introduziam?

Cumpre também notar que *Le monde et l'univers* combateram vivamente a ideia de a República instituir uma festa de Joana d'Arc e sustentaram que só aos católicos e aos realistas competia celebrar a virgem.[289]

---

[289] Ver J. Fabre, *Processo de reabilitação*, t. II. "A festa nacional de Joana d'Arc".

Em diversos pontos da França, inúmeras manifestações políticas se têm levado a efeito, nas quais fizeram do nome de Joana d'Arc um troféu, uma arma de combate. Citemos um único exemplo:
Le Journal, de 5 de julho de 1909, publicou o seguinte:

> Lille, 4 de julho. — Efetuou-se esta tarde uma reunião realista em Lille, achando-se presentes quatrocentas pessoas. Depois de o Sr. Pierre Lasseyne, professor jubilado, haver exposto o programa realista, o Sr. Maurice Pujo fez uma conferência sobre Joana d'Arc e concitou os realistas a adotarem a conduta da heroína, isto é, a empregarem o método violento, para chegarem ao seu objetivo.

Certamente, é lícito aos católicos e aos realistas honrarem, a seu modo, tão bendita memória. Mas que não esqueçam uma coisa: que seria um ato culposo envolverem o nome da grande inspirada em nossas lutas, em nossas dissensões e, sob o pretexto de lhe rendermos homenagem, nos empenharmos em dividir os franceses, desacreditando, pelas violências, a causa a que julgamos servir.

Joana pereceu vítima das paixões políticas e religiosas de seu tempo, e vemos que ao presente não falta analogia com o passado, no que lhe diz respeito. Diversas correntes de opinião lhe arrastam a memória para todos os lados. Abandonada pelos republicanos da Câmara, que se dedignaram de sancionar a decisão do Senado, monopolizam-na os realistas, com intuitos muito interesseiros. Exaltada por uns, depreciada pelo espírito de oposição sistemática de outros, dar-se-á que seu prestígio soçobre nessa tempestade de ideias? Não, que a pura e nobre imagem da virgem lorena está gravada para sempre no coração do povo, que a saberá amar sem pensamentos preconcebidos. Nada conseguirá riscá-la dali!

Em meio de nossas discórdias, o nome de Joana d'Arc ainda é o único capaz de congregar todos os franceses para o culto da pátria. O amor da França arrefeceu no coração de seus filhos. Profundos dissídios os separam; os partidos se guerreiam sem tréguas. As reivindicações violentas de uns, o egoísmo e o ressentimento de outros, tudo concorre para fragmentar a família francesa. Rareiam os grandes sentimentos; os apetites, as cobiças e as paixões reinam soberanamente. Como no tempo de Joana, a voz dos Espíritos se faz ouvir e nos fala, senão do ponto de vista material, pelo menos do ponto de vista moral, "da grande lástima em que está a terra da França".

Elevemos nossas almas acima das misérias e dos esfacelamentos da hora que passa. Aprendamos, nos exemplos e nas palavras da heroína, a amar a pátria, do modo por que ela a soube amar, a servi-la com desinteresse e ânimo de sacrifício. Repitamos bem alto que Joana não pertence nem a um partido político, nem a uma Igreja qualquer. Joana pertence à França, a todos os franceses.

Nenhuma crítica, nenhuma controvérsia logrará manchar a auréola de santidade que a envolve. Graças a um movimento nacional irresistível, sua prodigiosa figura subirá cada vez mais alto no céu do pensamento calmo, concentrado, liberto de preocupações egoísticas. Ela aparece, não mais como uma personalidade de primeira plana, mas como o ideal realizado da beleza moral. A História enumera brilhantes plêiades de seres geniais, de pensadores e de santos. Só menciona, porém, uma Joana d'Arc!

Alma feita de poesia, de paixão patriótica e de fé celestial, ela se destaca fulgurante do conjunto das mais belas vidas humanas. Mostra-se sem véu ao nosso século de ceticismo e de desencantamento, como pura emanação do mundo superior, fonte de toda a força, de toda a consolação, de toda a luz, desse mundo que tanto temos esquecido e para o qual devem agora voltar-se os nossos olhares.

Joana d'Arc volve ao nosso meio, não apenas pela lembrança, mas por uma presença real e por uma ação soberana. Convida-nos a contar com o futuro e com Deus. Sob a sua égide, a comunhão dos dois mundos, unidos em um só pensamento de amor e de fé, pode ainda realizar-se, a bem da regeneração da vida moral que expira, da renovação do pensamento e da consciência da Humanidade!

XXI
Joana d'Arc no estrangeiro

Na Inglaterra, consideramos Joana a maior heroína que o mundo já conheceu; lamentamos quanto com ela fizeram, o que tudo foi muito malfeito.

Edward Clarke

A vida e a obra de Joana d'Arc suscitaram a admiração de todos os nossos vizinhos. A virgem lorena, criticada, vilipendiada na França, é, fora de suas fronteiras, objeto de respeito e simpatia universais.

Domremy se tornou um lugar de peregrinações internacionais. A 14 de junho de 1909, os jornais de Nanci publicaram a seguinte notícia: "Três trens especiais conduziram quinta-feira a Domremy senhoras italianas, que vieram em piedosa romaria à casa onde nasceu Joana d'Arc".

Do seu lado, os ingleses para lá afluem, quer em grupos, quer isoladamente. Na pequenina aldeia também se encontram americanos, russos, holandeses, belgas, alemães, etc.

A Inglaterra inteira se tomou de entusiasmo pela grande inspirada, e seus filhos não perdem ocasião de glorificá-la.

Às festas normandas, que se celebram no mês de maio em Rouen, assistem todos os anos delegações inglesas, que atravessam a Mancha para, com solenidade, prestar culto à memória da virgem. Em 1904, o Sr. Tree, presidente da municipalidade de Hastings, compareceu com pomposo cerimonial, revestido de seus trajos de gala, precedido pelos dois maceiros tradicionais, para depor um ramo de lírios, de ferro forjado, exatamente no local em que Joana foi supliciada.

Em 1909, esse belo gesto se repetiu. Numeroso cortejo de ingleses concorreu às festas de Rouen. O Sr. Edward Clarke, vice-presidente da "União Joana d'Arc de Rouen", e que então desempenhava as funções que em 1904 eram exercidas pelo Sr. Tree, tomara a iniciativa dessa manifestação. Alguns dias antes, escrevia ele ao *maire* da importante cidade normanda:

> Não há neste fato uma lição aos franceses a renderem sincera homenagem a Joana d'Arc. Na Inglaterra, consideramos Joana a maior heroína que o mundo já conheceu; lamentamos quanto com ela fizeram, o que tudo foi muito malfeito.[290]

A 30 de maio de 1909, *Sir* Edward Clarke, em nome da delegação inglesa a que presidia, renovava essas tocantes declarações, que provocaram muitos aplausos.

Em 1885, tendo um italiano, o conde Balsami, descoberto nos arquivos do Vaticano uma memória do décimo quinto século sobre os "milagres" praticados por Joana, constituiu-se uma comissão a fim de esmerilhar e verificar tal documento.

Para chefiá-la foi designado um cardeal inglês, o eminente Howard, de ilustre ascendência, o qual, a propósito desse encargo, se exprimiu de maneira nobilíssima: "Não é com ensanguentadas mãos que vou folhear as páginas desta sublime história; ao virá-las, meus dedos serão movidos pelo arrependimento".

A Inglaterra já repudiara o crime de Bedford, desde o dia em que a rainha Vitória, querendo ter sob os olhos a imagem da nossa Joana, mandou pintar-lhe o retrato.

Católica, a Inglaterra não procurara intimidar Roma, quando foi do processo de reabilitação; já protestante, auxiliou quanto pôde a beatificação.

Espetáculo comovedor: o leopardo se estira aos pés da virgem de Domremy e lhe implora o perdão!

---

[290] Ver *Le Journal*, 31 maio 1909.

Não há neste fato uma lição aos franceses? um convite a que teçam a mais bela das coroas para a sua heroína e a que, como os nossos vizinhos de além-Mancha, se penitenciem diante daquela para com quem todos os partidos se fizeram criminosos? Certamente que sim, criminosos! Eram católicos franceses os que a condenaram, exatamente quando os realistas a abandonavam à sua cruel sorte, e os livres-pensadores não procederam melhor: um de seus chefes, Voltaire, a profanou, e ainda hoje é entre eles que se enfileiram os que a detratam.

* * *

Indaguemos de que modo a memória de Joana conquistou pouco a pouco a opinião pública na Inglaterra e na Alemanha. Neste exame, inspirar-nos-emos muito especialmente no trabalho do Sr. James Darmesteter: *Nouvelles Études Anglaises* e na interessante brochura do Sr. Jorge Goyau: *Jeane d'Arc Devant l'Opinion Allemande*.

Antes de tudo, no que concerne à opinião inglesa, citemos Darmesteter:

> Na Inglaterra, a vida de Joana d'Arc, a partir de sua morte até nossos dias, se divide em três períodos: feiticeira, heroína, santa; primeiramente, dois séculos de insultos e de ódio; depois, um século de justiça humana; finalmente, em 1793, uma era se abre de adoração e de apoteose!

Pertencem ao primeiro período as crônicas de Caxton e Holinshed, e o *Henrique VI*, atribuído a Shakespeare. Aí para a onda de rancor e de calúnia, que a obra de Joana d'Arc levantou. Em 1679, o Dr. Howell já reconhece que a "famosa pastora Joana de Lorena fez bem grandes coisas".

Em 1747, o historiógrafo conservador William Guthrie escreve, a propósito do julgamento da virgem: "Como o ouro, ela saiu mais pura de cada prova". Pouco depois, John Wesley, comentando a narração de Guthrie, acrescenta: "Ela certamente não merecia aquela sorte, fosse uma entusiasta convencida, ou uma pessoa que aprouvera a Deus fazer nascer para a libertação de seu país".

Em 1796, aparece a célebre obra de Southey: *Joan of Arc*, poema-épico cheio de lacunas e de erros, mas impregnado de um sentimento generoso. Destacaremos algumas de suas passagens.

Joana, a caminho de Chinon, conta aos companheiros de viagem, entre os quais o autor coloca Dunois, as impressões de sua meninice e como se inteirou da missão que lhe fora confiada. Os seus não a estimam; ela reside em casa de um tio e apascenta o rebanho do pai nas margens do Mosa. A beleza da paisagem e a solidão dos bosques pouco a pouco lhe atuam na alma contemplativa; a morte de uma amiga lhe abre o coração aos sofrimentos humanos; uma conversação entusiástica a abala e exalta.

Ideias guerreiras — diz ela — assediam-me o espírito, ao ponto de me não ser possível adormecer, senão quando raia a alvorada. O sono, porém, não me acalmou o espírito sobre-excitado, pois que surgiram visões, mandadas, estou crente, pelo Altíssimo! Vi uma cidade fortificada por todos os lados, guarnecida de altas torres e cercada pelo inimigo. A fome a espreitava com olhos chamejantes e, pousado perto de um monte de esqueletos, um corvo devorava despojos sangrentos. Voltei-me então para o campo dos sitiados e notei que lá havia festa; gargalhadas grosseiras ressoavam estrepitosamente aos meus ouvidos e admirei aqueles chefes, que até durante os festins concertavam planos de morticínio.
Confrangeu-me o coração, e imenso desgosto me invadiu a alma. Pareceu-me, depois, que de uma nuvem, tão negra como as que geram a tempestade, um braço gigantesco surgiu e deixou cair uma espada, que riscou, qual relâmpago, as trevas da noite. Escutei então uma voz que de novo ressoará na hora de terrível júbilo em que, exânime, o inimigo desmaiará diante da minha cólera. Desde essa noite, senti minha alma cheia de cuidados, a palpitar sob a ação da força divina que se infiltrava no meu ser. Pus-me a cismar, pensando nos dias vindouros, sem ver o que se passava à volta de mim e sem me preocupar com coisa alguma, mergulhada nessa modorra da alma em que todos os sentidos corporais ficam como que entorpecidos e em que só o Espírito se mantém vigilante. Ouvi desconhecidas vozes, no sibilar do vento à tarde; formas estranhas, mal distinguíveis, povoavam, em multidão, o espaço, à hora do crepúsculo. Espantaram-se os que me tinham conhecido outrora jovial e descuidosa. (Livro I, versos 440 e seguintes).

"Sim, capitão", diz ela a Dunois, "o mundo, cedo, acreditará na minha missão, porque o Senhor fará com que a indignação se avolume e derramará sua cólera sobre os que oprimem, e eles perecerão" (Livro I, os quatro últimos versos).

O autor não pinta Joana como uma devota: ela declara, aos teólogos que a interrogam, que, na contemplação da Natureza e não nas práticas exteriores da piedade, é que agora se lhe depara o conforto e a comunhão divina (Livro III, versos 400 e seguintes). Têm-na por herética e querem submetê-la ao julgamento de Deus; mas eis que Joana exclama, apontando para um túmulo próximo:

> A espada de Deus está aqui; a tumba vai falar para prová-lo. Ouvis? Lá estão as armas que espalharão o terror no exército inimigo; empunhá-las-ei na presença do nosso rei e do povo reunido; tirá-las-ei deste túmulo onde se acham enterradas há longo tempo, incorruptíveis, ocultas, destinadas a mim, a enviada do Céu!

Não sem dificuldade Joana consegue pôr-se a caminho, para ir ao encontro do exército. Enverga o arnês no santuário de Santa Catarina. Vai partir desassombradamente, não obstante saber de que maneira morrerá:

> Corria a última noite que passei em Domremy; sentara-me perto do regato, com a alma transbordante do espírito divino. Divisei então uma tropa de bandidos, cercando uma fogueira; no poste, estava amarrada uma mulher; os ferros lhe magoavam o peito, e em torno de seus membros o fogo lançava ardentes labaredas. Observei-lhe os traços e me reconheci. (Livro IV, linhas 310 e seguintes).

A obra de Southey acentuou a reviravolta da opinião em prol de Joana. Certos críticos ingleses, entretanto, a consideraram insuficiente. Thomas de Quincey, um dos mais eruditos escritores daquele tempo, censura o poeta, por haver posto termo à carreira da heroína na sagração de Reims e por se ter esquivado de tratar da sua paixão. Diz a este respeito:

> Tudo o que lhe cumpria fazer estava feito; restava-lhe sofrer. Jamais, desde que os primeiros fundamentos da Terra foram lançados, houve processo comparável ao seu, se pudéssemos desdobrá-lo em toda a sublimidade da defesa produzida, em todo o horror infernal dos ataques

suportados. Oh! filha da França, pastora, camponesa calcada aos pés por todos os que te cercam!

Há um século a Inglaterra não cessa de render à memória de Joana as mais calorosas homenagens. Richard Green a considera como "a figura toda pureza que se destaca do seio da avidez, da luxúria, do egoísmo, da incredulidade do tempo". Multiplicam-se as biografias, as apologias da heroína. Citemos também estas palavras de Carlyle:

> Joana d'Arc deve ter sido uma criatura de sonhos cheios de sombras profundas e de intensa luz, de sentimentos indizíveis, de pensamentos que erravam pela eternidade. Quem pode descrever as provações e os triunfos, as esplendências e os terrores que tiveram por palco aquele Espírito simples?

Há sessenta anos, o jovem pastor e poeta John Stirling celebrava, a seu turno, a nossa libertadora, e nela via "a personagem talvez mais maravilhosa, mais delicada, mais completa de toda a história do mundo". E acrescenta:

> Muito alto, entre os mortos que dão melhor vida aos que vivem, vede brilhar, vestindo a sua sagrada couraça, a jovem camponesa que o Senhor da paz e da guerra enviou, qual carro chamejante, bem longe do aprisco materno.

A obra recentíssima do escritor escocês Andrew Lang, sobre Joana d'Arc,[291] veio completar este acervo de trabalhos e constitui magnífica defesa da heroína, cuja causa o autor sustenta com chiste e sagacidade, contra os ataques dissimulados de Anatole France. Desde que, pelo meado do século XVIII, diz ele, David Hume, graças aos cronistas escoceses, pôde convencer-se da iniquidade que presidiu à condenação de Joana, toda a gente na Inglaterra ficou esclarecida a respeito deste acontecimento histórico.

Daí por diante, glorificaram a mártir de muitas maneiras. Todas as crenças lhe conhecem a história sem paralelo, afirma Andrew Lang. Quaisquer que fossem as dificuldades que se apresentassem, Joana as compreendia imediatamente, resolvia o problema e, conforme as circunstâncias, procedia como um capitão, como um sábio, ou como grande dama (p. 6). Na

---

[291] Andrew Lang — *The Maid of France*. Longmans, Green and C°, 39, Paternoster Row, London, 1909.

virgem, o que, sobretudo, lhe causa admiração é a vontade, a tenacidade (p. 193). Nada consegue descoroçoá-la, quando se trata de chegar ao que considera ser em benefício do reino. Em Rouen, é sublime de coragem e de resolução, quando se nega a prometer sob palavra que não se evadirá, preferindo assim suportar a odiosa companhia de "malfeitores", a sacrificar seu legítimo direito! (p. 252).

Quanto às forças de que a Inglaterra lançou mão para invadir a França, afirma o autor, baseado em documentos até agora inéditos, que, para infundir terror ainda nos mais audaciosos corações franceses, a nação inglesa fez preparativos consideráveis e despesas sem conta, aproveitando as últimas invenções da arte militar (p. 66). Mas, acrescenta, os ingleses não eram em número bastante para conservar a conquista.

Andrew Lang se vê forçado a confessar que a Ciência não pode explicar tudo o que se nota na vida de Joana d'Arc. Espera, entretanto, que o consiga um dia (p. 14). Sua expectativa não será vã.

A América também possui uma *Vida de Joana d'Arc* [292] muito apreciada e devida à pena de Francis Lowell.

* * *

Na Alemanha, os feitos heroicos de Joana d'Arc, diz-nos o Sr. Jorge Goyau,[293] eram conhecidos e acompanhados dia a dia, do que existem provas escritas; por exemplo — o *Memorial* de Eberhard de Windecke, historiógrafo do imperador Sigismundo.

Um século mais tarde, pelos fins do reinado de Francisco I, na mesma ocasião em que Du Maillan, cronista privilegiado dos Valois, difamava a virgem e em que Étienne Pasquier testemunhava com dor o descrédito em que sua memória caíra em nosso país, um jovem prussiano, Eustache de Knobelsdorf, improvisava patético elogio da grande inspirada.

Em 1800, Schiller, que a Convenção honrara com o título de cidadão francês, num poema trágico de belo surto, vingava Joana d'Arc das insânias de Voltaire.

Esse poema foi levado à cena e obteve em toda a Alemanha extraordinária aceitação. De 1801 a 1843, representou-se a "Virgem de Orléans"

---

[292] F. Lowell — *Life of Joan of Arc*.
[293] J. Goyau — *Jeanne d'Arc devant l'Opinion Allemande*.

nada menos de 241 vezes, unicamente em Berlim; não se cansavam de aplaudi-la. Assim é que, diz Goyau, graças à obra de Friedrich Schiller, a glória da heroína lorena se confunde com a glória literária da Alemanha.

Goethe escrevia a Schiller:[294] "Sua obra é tão boa, tão boa e tão bela, que não vejo o que se lhe possa comparar".

Longe, no entanto, está ela da perfeição.

O autor viu em Joana uma alma inflamada pelo patriotismo, mas, em seu drama,[295] deturpou completamente a História.

O poema, não obstante, contém passagens que merecem assinaladas. Aqui está, primeiramente, como Schiller nos apresenta a heroína:

> Um campônio traz de Vaucouleurs um capacete, que uma cigana, por assim dizer, lhe impusera. Ao notá-lo, Joana se aproxima e, vendo nesse capacete um sinal do Céu, dele se apodera e avidamente escuta a narração do lavrador, que acaba de ser informado da situação angustiosa de Orléans e da desunião dos franceses. Inspirada, ela profetisa a ressurreição da pátria com o auxílio de Deus. Ganha Chinon, onde, imediatamente, a vitória que alcança num combate e a sua clarividência, muitas vezes verificada, lhe granjeiam a benevolência da corte.

A partir daí o drama se transforma em puro romance. No fim, Joana, capturada pelos ingleses, lhes propõe altivamente, em nome do rei Carlos VII, um tratado de paz, se concordarem em restituir à França o que lhe tomaram, advertindo-os de que chega a seu termo o poder de que se orgulhavam. Enquanto isso se passa, o exército francês tenta libertar Joana, que os inimigos desejam sacrificar. Do alto da torre em que a enclausuraram, sob a guarda de Isabeau, encarregada de lhe dar o golpe de misericórdia se os ingleses levassem a pior, a heroína segue emocionada as peripécias do combate, conforme lhe é descrito por um soldado, que ocupa um posto de observação. As preces da virgem acompanham os franceses. Eis, porém, que os adversários cercam o rei! Uma invocação ardente dá a Joana o poder de despedaçar as grossas cadeias que a prendem e de correr em socorro dos seus. Da torre, veem-na libertando o monarca e alcançando a vitória para os franceses, mas a troco da vida. Morre assim gloriosamente, no campo

---
294 *Correspondance entre Goethe et Schiller*, tradução Saint-René-Taillandier, t. II, p. 229.
295 *Die Jungfrau von Orleans. Eine Romantische Tragödie*, von Fr. von Schiller.

de batalha, tendo uma última visão, em que a Virgem Santíssima a acolhe sorrindo. A um aceno do rei, todos os estandartes delicadamente cobrem o belo corpo enregelado da virgem.

Indubitavelmente, não conseguiríamos reconhecer a nossa Joana na personagem do poeta alemão, que não atentou fielmente à verdade histórica. Seu drama passará, todavia, à posteridade, porque documenta o nobre ideal do autor, em versos, ora incisivos, que se gravam na memória como sentenças, ora tão tocantes, tão verdadeiramente humanos, que deixam na alma funda impressão.

Um crítico eminente, A.-W. Schlegel, exprimia nestes termos a admiração que lhe causava o caráter de Joana d'Arc, na obra de Schiller:[296] "A alta missão, de que se mostra consciente e que infunde respeito a quantos dela se acercam, produz um efeito extraordinário e prenhe de grandeza".

Schlegel, ilustre amigo de *Mme*. de Staël, consagrou uma peça em verso ao suplício da heroína. Nessa obra, censura violentamente a Voltaire e parece mesmo pedir contas a todo o povo francês do erro cometido pelo filósofo: "Um poeta", diz, "não! um insultador da piedosa vidente ultraja a criatura puríssima; a glória da História, num poema infame, vos serve de repugnante passatempo". E, com veemência, trata os franceses de "raça sem coração, alheia à lealdade e ao direito, ora opressora ora escrava, nunca branda, nunca livre".[297] Por outro lado, *Mme*. de Staël escrevia no seu livro *De l'Allemagne:* "Só os franceses permitiram que se insultasse a memória de Joana; é um grande erro do nosso país não resistir ao motejo, quando se lhe apresenta sob uma forma picante".[298] Schlegel, diz J. Goyau,[299] traduzia em invectivas a severa observação de *Mme*. de Staël; para lhe reprimir a torrente de injúrias, seria bastante dizer-lhe, numa palavra, que a França de Voltaire não é a França inteira.

Aí termina a odisseia literária da virgem, na Alemanha.

Depois de 1815, um publicista bávaro, Friedrich Gottlob Wetzel, escreveu uma tragédia sobre Joana d'Arc.

O barão de la Motte-Fouqué, descendente de refugiados protestantes, para celebrar a heroína, se faz tradutor e adaptou ao gosto alemão a *História de Joana d'Arc*, de Lebrun des Charmettes.

---

296 *Cours de Littérature Dramatique*, t. II, p. 309 e 310. Paris e Genebra. Paschoud, 1814.
297 A.-W. Schiegel — *Poetische Werke*, t. I, p. 233 a 236. (Heidelberg, Mohr e Zimer, 1811).
298 *Mme*. de Staël — *De l'Allemagne*, edição Garnier, p. 242.
299 J. Goyau — *Jeanne d'Arc Devant l'Opinion Allemande*, p. 43 e 44.

Porém, a obra mais rigorosamente histórica, consagrada, além Reno, à nossa Joana, é a de Guido Goerres. Joseph Goerres e seu filho Guido escreveram um livro "em que depunham aos pés da virgem francesa as homenagens da Alemanha".

Joana d'Arc é a enviada de Deus para a salvação da França: tal a tese que Joseph Goerres sustenta, no prefácio que compôs para o livro do filho. Explica-nos ele:

> Já de muito longe se vinha preparando a Reforma e, de mais longe ainda, a Revolução; ora; nem uma nem outra devia encontrar a Inglaterra e a França reunidas sob o mesmo cetro, porquanto, no estado de completo absolutismo que houvera pesado sobre o mundo europeu, elas teriam sido sufocadas pela força puramente material, ou, então, estendendo-se vitoriosamente por sobre esta parte do globo, teriam produzido uma anarquia desenfreada, e, num caso como no outro, a dissolução da ordem social. Era, além disso, destino dos franceses tornarem-se, nas mãos de Deus, durante as eras subsequentes, um látego e um aguilhão para os demais povos, e à França não fora possível desempenhar esse papel providencial, se se não livrasse da dominação estrangeira e não conservasse a sua individualidade.[300]

Segundo Joseph Goerres, Joana pertencia a dois mundos, ao da Terra e ao do Céu; fora chamada a exercer sua ação num, como enviada do outro. Assim sendo, pertencia a todos os povos, ao povo francês pelo sangue, aos outros pelos seus nobres feitos.

Por pouco Guido Goerres não precedeu Quicherat em suas pesquisas. Montalembert tivera a intenção de atacar este grande assunto; mas o trabalho de Guido Goerres, afigurando-se-lhe muito importante, fê-lo desistir da empresa, conforme comunicou ao pai desse escritor, em carta que lhe dirigiu. Guido, depois de passar algum tempo em Orléans, veio a Paris, frequentou a Biblioteca Nacional e projetava novo livro sobre a virgem, mais documentado do que o primeiro, quando foi chamado à Alemanha, onde outros trabalhos lhe ocuparam a atenção.

---

300 Guido Goerres — *Jeanne d'Arc*, tradução de Léon Boré, p. 11 e 12.

Dessa época em diante, uma plêiade de sábios, de historiadores, de escritores de todas as categorias, se pôs, além Reno, a comentar a epopeia da virgem lorena.

Pela pena dos dois Goerres, o Catolicismo alemão rendera homenagem à virgem; e Carlos Hase, em 1850, lhe trouxe as homenagens do Protestantismo.[301] Hase é também um admirador apaixonado de Joana d'Arc. Guido Goerres instaurara, entre os católicos da Alemanha, uma espécie de culto de Joana d'Arc; Carlos Hase instituiu, entre os protestantes, uma espécie de religiosidade de Joana.

O historiador Reinhold Pauli, em 1860, declarava que "para todos os espíritos imparciais, ela era um enigma".[302]

Um dos biógrafos alemães de Joana,[303] o professor Hermann Semmig, ousava escrever, em 1883: "Na França, fora de Orléans, a virgem em parte alguma é tão cara ao povo francês, quanto ao alemão".[304]

Escreve ainda J. Goyau:[305]

> A Alemanha parece afetar uma espécie de coquetismo para com a virgem; e esse coquetismo, na expressão de que se reveste, quase que nos é ofensivo. Se a França pudesse ser acusada de esquecer Joana, aí estaria a Alemanha para festejá-la; se algum francês difama a donzela, surge logo um alemão como seu cavalheiro. Dir-se-ia que a Alemanha literária e sábia, constantemente enamorada da antiga Velléda, tem uma certa inveja dos franceses.

Esse interesse apaixonado pela nossa heroína demonstra até que ponto os alemães amam o ideal. Entre eles, os escritores de todas as escolas: racionalistas e espiritualistas, fisiologistas e místicos, dirigiram os olhares para essa figura tão francesa, que projeta, através dos séculos, uma faixa luminosa.

* * *

A Itália conta, sobre o mesmo assunto, *A crônica geral de Veneza* ou *Diário*, de Antonio Morosini, recentemente traduzida e publicada.[306]

---

301 *Heilige und Propheten, Zweiter Teil* (8. ed., 1893, Leipzig, Breitkopt e Haertel).
302 *Bilder aus Alt-England* (Gotha, Perthes, 1860).
303 Semmig — *Die Jungfrau von Orleans und ihre Zeitgenossen*. Leipzig, Unflad, 1885.
304 *Die Gartenlaub*, 1883, n° 18, p. 291.
305 J. Goyau — *Jeanne d'Arc Devant l'Opinion Allemande*. p. 76 e 77.
306 *Chronique d'Antonio Morosini*. Comentário e tradução Ed. G.L. – P. et Léon Dorez.

A. Morosini, nobre veneziano e negociante armador de real mérito, redigiu com esse título um "jornal", mantido sem interrupção desde 1404 até 1434, a respeito do qual fez a *Revue Hebdomadaire* os comentários seguintes:

> Observador perspicaz e judicioso, Morosini intercalou no texto 25 cartas ou grupos de cartas, em que se relatavam as ações da virgem, à medida que iam sendo praticadas. Ficou assim composto, espontaneamente, o mais sincero dos conjuntos, a "série" mais cativante de noções, de impressões e de sensações, redigidas não só semana a semana, mas quase que dia a dia. A maior parte dessa correspondência proveio de Bruges, a grande praça comercial de Flandres, centro de negócios, de transações e de informações. As missivas, algumas vezes, são resumos de cartas de várias procedências, da Borgonha, de Paris, da Bretanha. Outras procedem diretamente de Avignon, de Marselha, de Gênova, de Milão, de Monferrat. Têm por principal autor o veneziano Pancrazio Giustiniani, residente em Bruges. A seu lado, aparece também Giovanni de Molino, estabelecido em Avignon. Em muito poucos dias, a 10 de maio talvez, com uma rapidez verdadeiramente assombrosa, chegava de Orléans a Flandres a notícia do combate das Tourelles, que se ferira a 7, com a previsão do levantamento imediato do cerco. Pelo correio ordinário, na mala que viaja entre Bruges e a cidade dos Doges, Pancrazio Giustiniani a expede quase que imediatamente para Veneza, endereçada a seu pai. No mesmo dia, 18 de junho, Antonio Morosini transcreve a carta, a preserva e salva. Em seguida, com intervalos mais ou menos curtos, registra, copia ou resume contínuas missivas. A retirada dos ingleses, Patay, a sagração e a marcha sobre Paris são anunciadas, observadas, transmitidas, refletindo a estupefação e o entusiasmo produzidos por essas incompreensíveis realidades. Mesmo depois do horrível regresso a Loire, do desastre de Compiègne, as simpatias continuam. Correm boatos de invasão e de reabertura da campanha. Até ao suplício de Rouen, o drama é acompanhado com uma emoção que não desfalece.[307]

Por este rápido estudo, pode ver-se como Joana, glorificada em toda a parte no estrangeiro, mesmo por seus inimigos de antanho, só encontrou

---

[307] G. Lefévre-Pontalis — "Jeanne d'Arc et ses Contemporains". *Revue Hebdomadaire*, 17 abr. 1909, p. 313.

detratores no país de que ela fez uma nação livre e vitoriosa. O culto que lhe é prestado fora da França não será de molde a tocar os seus depreciadores, que se dizem animados de sentimentos internacionalistas? Somente na França, Joana foi infamada, por escritores talvez de mérito, mas incapazes de compreendê-la, porque nela o humano e o divino se confundem e harmonizam numa ideal figura, que de muito nos sobrepuja a todos.

Sua vida é como que um reflexo da do Cristo. Como o Nazareno, nasceu entre os humildes; como ele, sofreu a injustiça e a crueldade dos homens. Morta ainda jovem, iluminaram-lhe a breve e dolorosa existência, como iluminaram a do Cristo, os raios cintilantes do Mundo Invisível. Nota-se mesmo a mais, na da virgem, um especial elemento de poesia: é que ela era mulher e, entre as mulheres, uma das mais sensíveis e das mais ternas. Coisa singular e emocionante: essa guerreira teve o dom de pacificar e de unir. Tudo ela atrai a si. Os ingleses, que a imolaram, são hoje os seus mais ardorosos partidários; na própria França, para todos aqueles cujas almas o vento do ceticismo não secou, as divergências na maneira de ver o que lhe diz respeito se esbatem e desvanecem numa veneração comum.

Falamos das almas ressecadas. Grande é o número delas entre nós. Há um século, o ceticismo vem fazendo a sua obra, que se traduz no empobrecimento cada vez maior das fontes da vida e do pensamento. Longe de constituir uma força, uma qualidade, ele é antes uma doença do Espírito. Destrói, aniquila a confiança que devemos depositar em nós mesmos, em nossos recursos ocultos; a confiança na possibilidade de nos desenvolvermos, engrandecermos e elevarmos, por um esforço contínuo, através dos planos magníficos do Universo; a confiança na Lei suprema, que tira o ser do fundo dos abismos da vida e lhe abre à iniciativa, ao voo, as infinitas perspectivas do tempo e o vasto teatro dos mundos.

O ceticismo bambeia pouco a pouco as molas da alma, amolece os caracteres, extingue a ação fecunda e criadora. Poderoso para destruir, jamais criou qualquer coisa de grande. Crescendo, pode tornar-se um flagelo, causa de decadência e de morte para um povo.

O criticismo é produto do espírito cético do nosso tempo e já executou lento trabalho de desagregação, reduzindo a pó tudo o que compunha a força e a grandeza do espírito humano. Tem na literatura seu principal meio de influenciar. Nesse domínio, Renan foi um criador e um como modelo do gênero. Anatole France é atualmente o mais ilustre representante dessa escola, que todos os dias recruta numerosos prosélitos entre a nossa juventude. A nova geração se deixa seduzir pela forma elegante da linguagem e pela magia da expressão, nos seus predecessores, e também pela consideração mórbida de que é mais fácil criticar e zombar, do que estudar a fundo um assunto e tirar conclusões lógicas. Renunciam, assim, gradativamente, a toda e qualquer convicção, para se comprazerem numa espécie de diletantismo vago e estéril. É de bom-tom ostentar uma atitude de desiludido, considerar vão todo esforço e inacessível a verdade, fugir de todas as tarefas penosas, satisfazendo-se com a comparação das opiniões e das ideias, para tratá-las com ironia e lançá-las ao ridículo.

Tão indigente é o método, quanto funesto, pois que debilita a inteligência e o discernimento, resultando daí, afinal, um amesquinhamento sensível das qualidades viris de nossa raça, uma despreocupação dos grandes deveres da existência, um desconhecimento do objetivo da vida, que avançam, passo a passo, penetram no coração do povo e tendem a secar as fontes da energia nacional.

Os progressos do ceticismo se explicam, até certo ponto, pelo fato de que, entre nós, as formas da fé não mais correspondem às exigências do espírito moderno e da lei de evolução. A religião carece de bases racionais, em que se possa edificar uma convicção forte. O Espiritualismo experimental vem preencher essa lacuna e oferecer à alma contemporânea um terreno de observação, um conjunto de provas e de fenômenos, capaz de constituir apoio firme para as crenças do futuro.

Como nas épocas de Joana e do Cristo, o sopro do invisível passa sobre o mundo e vai reanimar as coragens abatidas, despertar as almas que pareciam mortas. Cumpre não desesperar jamais do porvir de nossa raça. O gérmen da ressurreição está dentro de nós, em nossos espíritos, em nossos corações. A fé esclarecida, a confiança e o amor são as alavancas da alma; quando esses sentimentos a inspiram, sustentam e arrebatam, não há culminância que ela não possa atingir!

Conclusões

Da vida de Joana d'Arc, três grandes lições se destacam em traços de luz. Ei-las:

Nas horas de crise e de provação, a Humanidade não fica abandonada a si mesma. Do Alto, socorros, forças, inspirações descem para a sustentá-la e guiar em sua marcha. Quando o mal triunfa, quando a adversidade se encarniça contra um povo, Deus intervém por meio de seus mensageiros. A vida de Joana é uma das manifestações mais brilhantes da Providência na História.

Fortíssima comunhão existe entre todos os planos da vida, visíveis ou invisíveis. Para as almas sensíveis e adiantadas na evolução, nas quais os sentidos interiores, as faculdades psíquicas se acham desenvolvidas, essa comunhão se estabelece desde este mundo, no decurso da vida terrestre. É tanto mais íntima e fecunda, quanto mais puras e libertas das influências inferiores são as almas e melhor preparadas para as missões que lhes incumbem. Tais os médiuns, na sua maioria. Ao número deles pertence Joana, que foi um dos maiores.

Dessa comunhão entre os vivos e os mortos, entre os habitantes da Terra e os do Espaço, cada um de nós é chamado a participar no futuro, pela evolução psíquica e pelo aperfeiçoamento moral, até que as duas humanidades, terrena e celeste, formem uma só e imensa família, unida no pensamento de Deus.

Desde agora, liames subsistem entre os homens e os que desapareceram. Misteriosos fios ligam todos os Espíritos que se têm encontrado na Terra. O presente é solidário com o passado e com o futuro, e o destino dos seres se desenrola em espiral ascendente, do nosso humilde planeta até às profundezas do céu estrelado.

De lá, dessas alturas, descem os messias, os mensageiros providenciais. O aparecerem no nosso mundo constitui uma completa revelação. Estudando-os, aprendendo a conhecê-los, levantamos uma ponta do véu que nos oculta os Mundos Superiores e Divinos a que eles pertencem, mundos de que os homens mal suspeitam, esmagados como se encontram, na sua maioria, pela pesada crisálida material.

Nas grandes datas da História, Deus oferece tais vidas como exemplos e lições à Humanidade. Para essas figuras de heróis e de mártires é que devem volver o olhar os que duvidam, os que sofrem. Entre elas, nenhuma tão suave como a de Joana d'Arc. Seus atos e suas palavras são, a um tempo, ingênuos e sublimes. Uma existência tão breve, mas tão maravilhosa, não pode deixar de ser tida como um dos mais belos dons feitos por Deus à França e, para o século XIX; será uma glória haver, em meio de tantos erros e faltas, posto em foco este nobre perfil de virgem. Nenhuma nação conta em seus anais fato comparável a esta vida. Ela é, como bem escreveu Étienne Pasquier, "um verdadeiro prodígio da mão de Deus".

Sua ação no passado foi o início de uma renovação nacional; no presente, é o sinal de uma renovação religiosa, diversa das precedentes, mas adaptando-se melhor às necessidades da nossa evolução. Seríamos mais exatos se, em vez de religiosa, disséssemos científica e filosófica. O que é certo, porém, é que vão ser renovadas as crenças da Humanidade. Perecerá, por isso, o sentimento religioso? Não, sem dúvida; apenas se transformará, para revestir aspectos novos. A fé não pode extinguir-se no coração do homem. Se desaparecer, por instante, é unicamente para dar lugar a uma fé mais elevada. Para que os sóis da noite se acendam e a imensidade estrelada se ostente aos nossos olhos, não importa que o astro rei se suma no horizonte? Quando o dia descamba, parece que o Universo se cobre com um véu e que a vida vai ter fim. No entanto, sem a extinção da luz diurna, veríamos, no fundo do céu, o formigueiro dos astros? O mesmo se dá com as formas atuais da religião e da crença, que não morrem aparentemente, senão para renascerem mais amplas e mais belas. A ação de Joana e das grandes almas do Espaço prepara esse renascimento, para o qual nós, do nosso lado, no plano terrestre, trabalhamos sem descanso, há longo tempo, sob a égide da gloriosa inspirada, cujos conselhos e instruções ainda nos não faltaram.

Por isso mesmo é que, votando-lhe ardente simpatia, consagrando-lhe terna veneração e vivo reconhecimento, escrevi este livro. Concebi-o em horas de recolhimento, longe das agitações do mundo. À medida que o curso de minha vida se precipita, mais triste se torna o aspecto das coisas, e as sombras se condensam à volta de mim. Mas, vindo do Alto, um raio de luz me ilumina todo o ser, e esse raio emana do Espírito de Joana. Foi ele quem me esclareceu e guiou na minha tarefa.

Vai para meio século, muito se há escrito, dissertado, discutido a respeito da virgem lorena. Polêmicas violentas, bulhentas manifestações se têm produzido em diversos sentidos; quase que em seu nome batalhas se travaram. No torvelinho dessas contradições, dessas lutas, acompanhando-as com entristecido olhar, quis ela fazer ouvida a sua voz e dignou-se de entrar em comunicação conosco, divisando em nós um servidor devotado da causa que hoje está debaixo da sua proteção. Estas páginas são a expressão fiel do seu pensamento, do seu modo de ver. A este título é que, com a maior humildade pessoal, apresento-o aos que, neste mundo, prestam honras a Joana e amam a França.

FEB editora
Livro espírita para um novo mundo
www.febeditora.com.br
@febeditoraoficial
@febeditora

Conselho Editorial:
Carlos Roberto Campetti
Cirne Ferreira de Araújo
Evandro Noleto Bezerra
Geraldo Campetti Sobrinho – Coord. Editorial
Jorge Godinho Barreto Nery – Presidente
Maria de Lourdes Pereira de Oliveira
Miriam Lúcia Herrera Masotti Dusi

Produção Editorial:
Elizabete de Jesus Moreira

Revisão:
Elizabete de Jesus Moreira

Capa:
Ingrid Saori Furuta

Projeto Gráfico:
Eward Bonasser Júnior

Diagramação:
Rones José Silvano de Lima – instagram.com/bookebooks_designer

Normalização Técnica:
Biblioteca de Obras Raras e Documentos Patrimoniais do Livro

Esta edição foi impressa no sistema de Impressão pequenas tiragens, em formato fechado de 155x230 mm e com mancha de 120x190 mm. Os papéis utilizados foram Off white 80 g/m² para o miolo e o Cartão 250 g/m² para a capa. O texto principal foi composto em fonte Adobe Garamond Pro 12/15 e os títulos em Adobe Garamond Pro 28/34. Impresso no Brasil. *Presita en Brazilo.*